Mauvaises pensées d'un travailleur social

Du même auteur

Information Mystification
Épi, 1973

Traité des censures
Épi, 1975

L'Illustre inconnu
UGE, 10/18, 1978

J.M. Geng

Mauvaises pensées d'un travailleur social

Éditions du Seuil

La première édition de cet ouvrage
a paru dans la collection « Combats »

ISBN 2-02-005620-8.
(ISBN 2-02-004640-7, 1re publication).

Préface à la deuxième édition

1

Je comprends et partage le sentiment de tous ceux que l'annonce de la deuxième édition de mes *Mauvaises Pensées* plonge dans l'effarement et l'indignation. Quoi, ce livre impur, dilettante, atypique, ce tissu de dénigrements systématiques, de polémiques stériles, d'ironies faciles et de plaisanteries douteuses a pu trouver dix mille lecteurs, et, entrant dans une collection de poche estimée du grand public, en trouvera des milliers d'autres! Ce n'est pas croyable. A quoi auront servi l'hostilité active des responsables du secteur, la consternation bégayante des philanthropes et le silence courageux des spécialistes de l'éducation? Il faudrait une loi pour protéger les certitudes acquises.

Comment ne m'associerais-je pas aux manifestations d'inquiétude de tous ceux qui, de près ou de loin, ont jeté des racines dans le malheur d'autrui, et qui trouvent, étalés au grand jour, les petits artifices d'un commerce si gratifiant? D'une certaine façon, je trempe dans la corporation : cela fait quelques années que j'y suis mêlé, à ce commerce, petitement et d'assez loin il est vrai, dans la mesure où je tente, sous couvert d'enseigner la sociologie et sans grand succès d'ailleurs, de propager le virus de l'insoumission critique parmi les nombreux amis du genre humain qui se sont spécialisés dans l'amour des enfants.

Je vais aggraver mon cas, en affirmant que les affaires vont assez mal, et en annonçant qu'elles iront plus mal encore. Jusqu'il y a peu, la politique sociale paraissait floue, peu cernable, à supposer qu'elle existât. Cette fois, les choses sont claires : nous avons une politique sociale. Faire des économies est devenu l'axe visible et cohérent déterminant les choix du gouvernement dans le domaine social. On ferme un peu partout, on pratique des coupes sombres, on rapetisse et on rabote. Sincèrement, je m'en réjouis : il ne sera plus possible aux travailleurs sociaux de suçoter tranquillement la plus-value sanitaire et sociale en œuvrant sur leurs deux oreilles et en attendant que ça vienne. L'austérité, c'est connu, fait penser.

Or, faire penser était le but, naïf mais explicite, de ces *Mauvaises Pensées* : à quoi pourrait servir un livre qui ne provoquerait pas à la critique? On trouve encore des éducateurs ou des animateurs pour penser qu'on peut se passer de penser. « Lorsque je fais quelque chose, je ne le fais pas en fonction d'une théorie. Si je le fais, c'est que je ressens cette chose au plus profond de moi, avec mes tripes. [...] Si je ne sens pas avec mes tripes, si je ne puis me donner à fond, m'engager totalement et pleinement, je ne continue pas, je m'arrête et je fais autre chose! Cela me paraît aberrant ce besoin de théorie, notamment dans la formation d'éducateur, dans le milieu de l'enfance inadaptée. Qu'est-ce que c'est qu'un éducateur qui ne sent pas ce qu'il fait avec ses tripes, qui fait son travail sans ses tripes? Qu'est-ce que c'est qu'un éducateur théoricien? »

Ce que formule le jeune éducateur en formation que je cite est en parfait accord avec ce que *pensent* — c'est un grand mot — de nombreux activistes des pédagogies tripales.

L'impensé de cet écrit est précisément la théorie : on peut le vérifier à ceci que la théorie naïve qui l'articule (théorie banale d'ailleurs, en général abandonnée au sortir de l'adolescence) est celle d'une discrimination entre la pensée « par soi-même » et la pensée « par les livres », la première étant la seule recevable puisque authentique. Cette théorie de la non-théoricité du sujet s'écroule dès lors qu'on s'avise de rechercher ce qui pense dans la pensée par soi-même. Et là pas de doute : ce qui pense ou se dégueule dans ce texte, se dégueule jusques aux tripes, c'est l'idéologie, soit la représentation que peut avoir (hérité) de lui-même, en tant que sujet « pensant » un petit bourgeois infatué de son petit moi au sortir de papa-maman.

En publiant ces *pensées*, je ne proposais pas une théorie générale du travail social. Je doute qu'il en existe, malgré Mme Verdès-Leroux qui croit l'avoir écrite. Et si j'en doute, ce n'est pas que le champ social manque de théoriciens pour le quadriller, certes non! C'est plutôt que l'idée même de théorie générale semble tourner court, si du moins on accepte de penser que ni le marxisme ni la psychanalyse ne suffisent, même brillamment conjugués, à dire le réel. L'heure n'est plus à la théorie, mais à la suspicion générale vis-à-vis de tous les gestes de maîtrise, et notamment de maîtrise théorique. Certes, j'aurais dû ménager mes pairs en psychosociologie, éviter d'affirmer que l'entrecroisement interdisciplinaire hautement louable des « théories » sociales n'a guère produit plus qu'un volume impressionnant de papier impressionné : mais voilà, un, c'est vrai, deux, j'enregistre sans déplaisir les grincements de dents autorisées.

D'autres, plus pragmatiques, ont voulu y trouver des leçons, des conseils, des modèles. Pourquoi pas? Que l'anti-éducateur (voir chap. VIII) aille au diable s'il est impossible que ceux qui l'évoquent ne le substantialisent en principe d'imitation et ne le monnayent en projet pédagogique! S'il faut trouver une leçon dans ce livre, c'est celle de l'indépendance intellectuelle, qui n'accepte guère de recevoir de leçon. Rien d'obscurantiste, là : l'indépendance intellectuelle ne décrète pas qu'il ne faut lire aucun livre, se garder de toute influence; ça veut dire qu'on résiste à la fascination des modes, et qu'on ne passe pas, comme certains de nos gourous les plus en vue, d'une passion maoïste à une servilité giscardienne avec la *même* conviction.

Alors quoi? Deux choses étaient visées délibérément : ruiner l'autorité morale, usurpée et nocive, qu'exercent, protégés par l'immunité philanthropique, un petit nombre d'individus responsables sur l'ensemble des professions sociales, et parmi eux, disons le mot, quelques franches canailles; inciter les travailleurs sociaux à ne pas reproduire, pour leur propre compte, les mécanismes d'invalidation que subissent ceux qui font appel à (ou se voient imposer) leurs services.

2

En théorie, l'aide sociale et le système économique capitaliste sont incompatibles — si du moins on entend par *aide* autre chose que le contrôle social ou que le discours de la bienfaisance. Incompatibles, car il n'y a pas d'exception à la loi du profit, pas d'entorse à la vérité dominante de l'intérêt. Dans la dureté des rapports sociaux, les pratiques altruistes sont, comme les autres, impitoyables.

Voilà ce que j'ai affirmé, après quelques autres. Ceux qui connaissent de l'intérieur sans s'y être enlisés la structure des rapports d'assistance n'en seront pas surpris. Au XIXe siècle, la philanthropie était l'envers complice de l'exploitation : la même classe, la bourgeoise, exténuait les travailleurs qui produisaient les richesses, et récupérait petits mendiants et vagabonds qu'elle produisait en entretenant la pauvreté.

Aujourd'hui si le contrôle étatique permet en général de freiner les appétits altruistes de l'initiative privée quand ils se montrent excessifs, on voit néanmoins coexister, par exemple, l'automatisation des DDASS (directions départementales de l'action sanitaire et sociale) et le règne sans partage des « notables de la charité »; ou, dans telle maison d'enfants, une pédagogie dite institutionnelle et une structure de pouvoir de type patriarcal. J'exagère? Allez-y voir. Epluchez la liste des membres d'un conseil d'administration. Ahurissant? Mais non, c'est le frayage logique, inévitable, imposé à l'initiative privée en terrain capitaliste (même fortement bureaucratisé) : tout est tellement plus simple, pour obtenir financement, locaux, personnels, autorisations, etc., si vous enracinez votre conseil d'administration dans les sphères dirigeantes de la société, à la source des pouvoirs! La coloration politique du CA d'un établissement de rééducation est plus déterminante, dans les dotations budgétaires, que la qualité du travail éducatif qui s'y mène.

Les conséquences de cette gestion archaïque, féodale, sont connues des éducateurs, mais rarement du public. Quelques despotes obscurs et douceâtres des deux sexes font régner leur loi. Des exemples? Ils ne manquent pas dans ces *Mauvaises Pensées*. J'en ajoute deux récents.

Il était une fois une grande maison grise et sinistre comme la mine d'un secrétaire d'État à la Santé s'apprêtant à embrasser une jeune mongolienne lors d'une inauguration, il était une fois un éducateur qui avait trouvé, pour lui-même et le groupe d'enfants dont il avait la charge, une occupation simple et plaisante. La surface ne manquant pas, il avait défriché quelques dizaines de m² de terrain et avait planté des carottes, des salades, toutes sortes de légumes. La terre, bonne mère, commençait à donner, les enfants jardinaient à qui mieux mieux et une première récolte avait permis de prolonger cette saine occupation en activité culinaire. L'éducateur, hélas, une forte tête, était en conflit ouvert avec son directeur. En congé pour quelques jours, il eut la surprise de trouver à son retour son lopin de terre goudronné et transformé en parking.

Ailleurs, pas loin, une jeune fille de 15 ans placée, sur la demande de ses parents, dans un IMP (institut médico-pédagogique), tenu par des religieuses. Un dimanche soir, après un week-end chez ses parents, elle fugue. Le lendemain matin, la directrice, une sœur, l'aperçoit aux abords de la gare. « Ou tu rentres au foyer de plein gré, et on oublie tout, ou la police te conduit à Pasteur. » A Colmar (Haut-Rhin), Pasteur, c'est l'hôpital psychiatrique. La jeune fille se range à l'argument d'autorité et suit la religieuse. Le soir même, on la transfère à Pasteur, où elle séjournera trois semaines : visite chez le gynéco (au cas où...), neuroleptiques et ergothérapie. Elle ne fuguera plus.

Ce n'est là que l'ordinaire du secteur : vous en savez de pires. Pour un jeune travailleur social débarquant dans le milieu, la juxtaposition de contrôles tatillons pour les uns, et d'une autonomie royale pour les autres, peut laisser rêveur. Ou révolter. Beaucoup se blasent : les pratiques les plus abusives dans les soins, la rééducation ou la prévention, n'étonnent plus. On peut se demander si l'abus n'est pas structurellement inscrit dans l'organisation juridique du secteur : trop peu d'individus incontrôlés contrôlent une trop grande part de l'existence de trop d'individus. La vie de centaines de milliers de personnes — enfants, adolescents, adultes handicapés ou inadaptés sociaux — est en France déterminée arbitrairement par les croyances, les habitudes, les humeurs, les projets ou regrets pédagogiques, voire les perversions d'un petit nombre de tyrans domestiques, oh, pas toujours méchants (après l'affaire de l'Espélidou — chap. III —, les aumôniers militaires se font rares à la tête des établissements), mais souvent médiocrisants. C'est ainsi.

Le contraste est saisissant entre le discours réglé de l'autosatisfaction des responsables, ponctué d'invocations rituelles « au bien de l'enfant, au service du jeune inadapté », et la réalité de l'échec massif et concret des prises en charge pour les usagers. *Echecs*, oui, mais ce sont les plus visibles : les délinquants qui terminent en prison, les caractériels en HP, les débiles qu'on affole, les psychotiques qu'on débilise dans une cohabitation insensée. L'échec est structurel dans le secteur : il est dans la réinsertion même, qui se fait toujours au plus bas de l'échelle sociale (manœuvres, OS, femmes de ménage). Les jeunes inadaptés sont, pour le monde du travail, les immigrés de l'intérieur : comme disent les patrons, encore heureux qu'on les prenne !

Echecs scolaires, psychologiques et professionnels. C'est le succès qui étonne : « Quoi, vous avez quelqu'un qui prépare le bac dans votre maison ? » Certes, le plus souvent, les agents ne sont pas directement responsables de ces échecs, même quand ils ne sont pas conscients de leur impuissance réelle (ce qui commence à devenir rare). En fait, dans les conditions actuelles, la prise en charge ne prend pas, l'intervention sociale ne mord pas. Le déficit affectif, mental ou social de départ est souvent irrémédiable; sans famille, ou pire, mal aimé dans sa famille, on s'en tire mal et rarement. Sans inscrire une fatalité, le rejet et l'abandon pèsent plus que la mort accidentelle d'un père ou d'une mère aimants. Le placement le mieux « réussi », en foyer ou dans une famille adoptive, n'éliminera pas sa cause — douleur active irradiant tout le sujet, quand il y revient par le souvenir.

Autre exemple d'échec irrémédiable : le handicap physique. L'accepter, le sublimer, vivre avec, on connaît la chanson. Ne pas avoir de jambes est inacceptable comme la mort : inutiles, esprits religieux-et-éducatifs, de vous évertuer à faire pousser à leur place l'acceptation stoïcienne de leur mutilation. Oui, je le dis, après mûre réflexion, mieux vaut ne pas refouler cette haine universelle de l'existant qui flocule dans l'âme du bâtard.

Localiser les points d'impuissance, ce n'est pas résignation; au contraire, c'est déterminer les endroits sur lesquels doivent se concentrer les forces de transformation. Ce serait un grand progrès, dans le secteur sanitaire et social, de voir les gens modérer leurs ambitions à la volonté de transformer le transformable; cela supposerait une interrogation de grande envergure sur les causes de l'inadaptation, et sur les causes de l'inadaptation des structures actuelles du secteur.

Il ne faut pas compter sur les dignitaires, les patrons, les notables de l'aide sociale : leurs positions éminentes dans l'organisation du secteur, le prestige qu'ils en tirent, leur interdisent d'être les porteurs actifs de cette interrogation, et *a fortiori* les propagateurs d'une volonté de transformation réelle.

3

Sombre tableau. J'invite ceux qui m'accusent de l'avoir noirci et de projeter du crépuscule à plaisir sur l'état présent du travail social à plonger courageusement dans la réalité concrète, quotidienne du cloaque. La question est de déterminer ce qui peut encore être sauvé. Ce qui peut changer doit l'être de façon urgente, sans même que l'on attende de pouvoir peser sur les causes sociales de l'inadaptation.

La perspective de toucher aux cadres juridiques et administratifs de l'action sociale effraie beaucoup de monde. Il faudra bien y venir, malgré la considération attachée à l'initiative privée dans ce qu'elle pourrait avoir d'inventif et de dynamisant. La pièce maîtresse dans l'organisation juridique du secteur est la fameuse loi de 1901 sur les associations, qui a pu constituer un progrès historique, mais dont le caractère équivoque autorise toutes les manipulations politiques à partir du moment où elles se font dans les allées du pouvoir et sous le regard des préfectures. Elle entraîne aujourd'hui, comme conséquence essentielle pour le secteur, la subordination de professionnels spécialisés aux desseins des *notables bénévoles* (donc doublement intouchables) qui les encadrent. Ainsi quand un conflit se produit entre une équipe de travailleurs sociaux et le conseil d'administration de l'association qui les emploie, situation très fréquente, c'est ce dernier qui l'emporte par définition. On change l'équipe ou, plus grave, on ferme l'établissement ou le service, quitte à rouvrir ailleurs avec d'autres plus dociles, et tant pis pour les usagers !

Des expériences pédagogiques intéressantes ont tourné court parce qu'un patron d'IMP s'est senti dessaisi ; parce que des membres du personnel voulaient fonder une section syndicale ; parce que les enfants « sont livrés à eux-mêmes », ce qui a déplu à madame la présidente, etc. Cette organisation archaïque du secteur entre pour une bonne part dans l'action pathogène de certains équipements, qui reproduisent de l'inadaptation à d'autres niveaux.

Il ne s'agit pas ici de trancher en faveur du secteur public, dont les insuffisances, la torpeur bureaucratique sont connues, ni d'appeler à une déprivatisation volontariste des équipements de l'action sociale, qui ne changerait pas grand-chose. C'est un fait : le coût total des prises en charge ne cesse de croître pour des résultats médiocres (pour autant qu'on puisse les mesurer). Il est urgent que la collectivité se donne les moyens de contrôler où va l'argent (qui est public, lui) et ce qu'on en fait.

Dans l'état actuel, les contrôles ne manquent pas. Mais la philosophie qui les inspire est celle du bon fonctionnement social en général. Il faudrait imaginer et imposer des contrôles qui visent en dernière analyse à faciliter la protection et le recours des usagers. C'est un point capital. Le fonctionnement des équipements sociaux, surtout quand il s'agit d'unités de grandes dimensions, a tendance à sécréter une logique propre, conservatrice, dans laquelle les finalités d'origine se perdent ou se pervertissent. De nombreuses institutions de soin, de rééducation ou de prévention semblent n'avoir pour objectif que de persister dans l'être et sont incapables de mesurer l'efficacité réelle de leurs interventions. Ce sont souvent celles qui offrent le plus grand nombre d'emplois.

Ailleurs on voit échouer des expériences micro-sociales, riches d'enseignements et bénéfiques pour les usagers, en raison de leur caractère atypique et de la difficulté de leur reproduction à grande échelle. Sans compter l'hostilité de l'environnement ni les coups fourrés des intervenants classiques. Maud Mannoni, Deligny et quelques autres en savent quelque chose. Il faudrait pour le secteur sanitaire et social, comme pour d'autres, une politique permettant une synthèse du contrôle social et des expériences marginales. C'est possible, mais le veut-on? Rien n'est moins sûr. On ne peut en même temps assurer le maintien de l'ordre établi *et* — si cet ordre est pathogène, s'il ne cesse de sécréter l'inadaptation sociale — le bien de ceux qui en sont exclus.

Ajoutons qu'une telle politique devrait pouvoir s'incarner dans une tête. M. Lenoir, à défaut d'avoir de l'audace, avait quelques idées. Celui qui lui succède — un compatriote, diable! — semble n'apporter qu'une attention distraite aux problèmes du secteur, préoccupé qu'il est de faire miroiter où il peut sa brillante identité de ministricule alsacien.

4

On lira le texte, inchangé [1], de la première édition. Cela peut surprendre. La situation a changé et je ne suis plus le même. C'est vrai, il y a des choses que je ne signe plus aujourd'hui. Mais d'abord, ce livre, je ne l'écrirais plus. Il fallait de la santé pour instruire, de l'extérieur, un tel procès, pour s'engager seul (je veux dire sans même le prétexte d'une commande universitaire, ni le soutien d'une posture autorisée) dans ce panier de crabes bénis et de pédérastes illuminés, et de conserver, intact, le rire des commencements !

Le livre a été rédigé, pour sa plus grande part, durant l'été 1976. On y trouve, particulièrement dans le dernier chapitre et la conclusion, la marque d'une espérance politique, aujourd'hui anéantie. Je reconnais m'être trompé : je croyais, à cette époque-là et avec beaucoup d'autres, qu'il y avait en France des hommes politiques, à gauche, prêts à ployer leurs ambitions ou leurs convictions idéologiques à l'espérance de transformation populaire. Je croyais les communistes sur la pente de l'indépendance, et l'ignoble grand frère soviétique à Moscou. Ces politiciens m'ont détrompé et m'ont rappelé que le crachat est le seul salut que je leur doive. Cela dit, je n'ai pas tout bradé dans le grand reflux. A d'autres le cynisme désenchanté des coquettes ! On peut encore me voir à l'occasion porter à *Libération* ou au *Matin* quelque dossier fumant pas toujours remisé au panier. Le ponctuel et le concret : défendre un enseignant ou un éducateur injustement licencié, dénoncer les saloperies qu'on a sous les yeux, intervenir où on est et comme on peut, tout cela sans aucun plaisir de justicier, mouillé comme les autres. Le paradoxe est simple et vieux : nous ne sommes pas des Justes, et nous devons nous battre contre l'injuste. Préférer le subir à s'y faire une place.

1. On trouvera toutefois une annexe supplémentaire : le texte d'un "Éloge de la dissimulation" paru dans *Le Monde* du 21 février 1979.

On n'amende pas une passion (fût-elle de la vérité), on ne corrige pas des emportements. Il était nécessaire, au risque de faire symptôme, de donner à lire dans sa version originale ce constat amer et brûlant de la réalité du travail social. Il m'est arrivé plus d'une fois, en me relisant, de ricaner devant le péremptoire d'une affirmation, le sommaire d'une analyse. De hausser les épaules, murmurant : à quoi bon? Lisez ce tonitruant « Manifeste d'Amiens » (Annexe I) : comme il a vieilli, comme nous avions raison!

Aujourd'hui, cette intense mutation idéologique dans laquelle nous (nous) débattons, je l'enregistre pour mon compte et la traduis à mon usage : en désertant la théorie [1]. C'est ma façon de refuser d'être réaliste, de rechigner au praticable, à la réorganisation, à l'efficacité sociale, à toutes les formes, la critique y comprise, de la maîtrise. Ma façon de réclamer le droit à la dissimulation, à l'incohérence. De dire : je est un autre, la vraie vie est absente, je ne suis personne, je ne sais pas où ça va.

5

Et alors? Dérision, mise en crise et rage rentrée ne font pas une solution. Que proposez-vous là, tout de suite?

Je n'ai pas de solution globale à offrir. Nous avons appris à nous méfier des totalisations — le global annonce souvent le final : prudence. Mais une assez longue pratique du secteur, des voyages dans toute la France pour défendre ces *Mauvaises Pensées*, des rencontres — avec des usagers, des travailleurs sociaux de toutes les catégories, des responsables, des militants, des chercheurs, des parents de jeunes inadaptés — m'ont donné à réfléchir et, à défaut d'un remède général, des perspectives concrètes de transformation possible. Les aspects positifs et constructifs, oui, je ne crains pas le mot, de ce livre n'auront pas échappé aux lecteurs de bonne foi. Que l'imagination réformatrice, le désir de parer au plus urgent et

1. Au moment où je rédige cette préface, s'achève *La Prise de Genève* ou *Du bon usage de la pseudonymie* (à paraître début 1980 chez Bueb et Reumaux), livre qui est le récit de cette liquidation-conversion.

le refus de « substituer impunément les signes de la charité à la réalité de la justice » comme l'a dit Barthes de l'abbé Pierre, que cela travaille autant le texte que ne le stimulent les acidités de l'emportement polémique, on peut le vérifier en relisant la fin du chap. III ; dans le chap. IV le paragraphe intitulé *Que faire ?*; le chap. V; dans le chap. VI les paragraphes *Critique et technique* et *La question des « techniques éducatives »*; dans le chap. VII le passage sur la suppression des ghettos du troisième âge; enfin le chap. VIII *(Sur l'anti-éducation, positions et propositions)*.

L'ensemble de ces propositions, parfois très concrètes, ont pour objectif de convaincre les travailleurs sociaux de la nécessité de détourner les dispositifs d'aide de leur finalité sociale au sens large, pour les mettre au service des besoins spécifiques des groupes humains les plus défavorisés. Prenez une équipe de prévention sur un quartier. Sa fonction officielle, rarement formulée comme telle : réduire la délinquance. Mais cette équipe peut aussi bien décider de se laisser utiliser par les jeunes du quartier, éventuellement par leurs familles, au mieux de leurs intérêts immédiats ou lointains. On abandonne les activités socioculturelles de type occupationnel (les éternels labo-photos, ateliers de menuiserie ou de tissage, boxe française et imparfait du subjonctif), et on emmène tout le monde — disons le plus de monde possible — au soleil pendant trois semaines. La pédagogie du soleil et du grand air est excellente pour les nerfs. De retour, on s'aperçoit qu'on n'a pas avancé d'un centimètre dans la question du mal-être des jeunes du quartier. Qu'à cela ne tienne : on essaiera autre chose, qui sera peut-être moins immédiatement gratifiant.

Tout cela suppose pour les travailleurs sociaux une reformulation de leurs objectifs en fonction, non pas des « impératifs » sociaux en général (de contrôle des populations, de gestion des inadaptations, de régulation des comportements, de prévention des conduites anti-sociales, etc.), mais en fonction des besoins réels des populations concernées. Il est évident que les choses sont très différentes, pour les agents de ce secteur, selon que leurs interventions sont essentiellement tournées vers la satisfaction de la demande sociale vis-à-vis des exclus (qu'ils crèvent dans leur coin sans bouger, non, je n'exagère pas, pensez aux réactions de masse lors des minces tentatives de libéralisation du système pénitentier), ou au contraire tournées vers l'aide, donc l'écoute, le partage, la relation humaine, voire la fraternisation.

De ce point de vue, qui est le seul réellement humanitaire, on peut conseiller à ceux qui auront fait le choix — c'est une question éthique, les formes et les moyens suivront — d'être du côté des exclus, de procéder selon le système, largement utilisé ailleurs, du *fonctionnement par objectifs*, qui a le mérite de la clarté et de la précision, même si son aspect programmatique peut rebuter les défenseurs de la grande effusion affective, thérapeutique et consolatrice. De nombreux responsables, chercheurs et militants (tel le docteur Antoine Lazarus, licencié de la prison de Fresnes après une courageuse intervention télévisée, et l'un des animateurs des comités d'action des prisonniers) utilisent cette méthode. Il s'agit d'enregistrer ou de repérer (quand ils ne sont pas formulés) les besoins et les problèmes spécifiques de la population prise en charge; de définir les priorités; de se donner des objectifs réalistes et révisables (après évaluation); de choisir les moyens et les modes d'intervention; d'évaluer les résultats au terme d'une période définie à l'avance et selon des procédures qui doivent évoluer avec l'ensemble du processus.

On peut par exemple imaginer des éducateurs chargés de venir en aide à des enfants retirés à leurs familles et placés dans une institution spécialisée. Dans un premier temps, ils estiment que le problème fondamental est celui du traumatisme du placement : on travaillera dans la relation, en faisant appel à des psychologues, ou en envoyant les cas les plus perturbés en psychothérapie analytique. Après un an de ce fonctionnement, et devant la médiocrité des résultats, les fugues, les crises caractérielles et les tentatives de suicide, on change complètement de cap : impasse sur l'affectif et le relationnel, tout sur le scolaire, c'est-à-dire sur l'avenir; chaque enfant est suivi individuellement et intensément, on engage des éducateurs-répétiteurs, plutôt des étudiants en maths ou en lettres que des psychologues au chômage, on crée des formes d'émulation à l'intérieur du foyer, etc. Après deux ans de résistance farouche à l'intolérance bien connue du milieu scolaire aux enfants placés, constat d'échec. Tout à refaire. On tâte de la pédagogie de groupe, ou, au contraire, on ouvre sur le « monde extérieur », les enfants sont invités à sortir au maximum, à voyager, à s'inscrire dans des activités socioculturelles. Finalement, l'échec aidant et la nuit portant conseil, on peut imaginer nos éducateurs rassemblés un soir de Noël dans la salle commune autour d'une mystérieuse mallette noire et chantant « Ce n'est qu'un au revoir, mes frères... », tandis que le directeur avec dignité allume la mèche. A moins, et plus sérieusement, qu'ils ne soient conduits à reconsidérer la structure elle-même, et à conclure à l'impossibilité, dans ce cadre-là, en milieu fermé, d'apporter une aide réelle aux enfants dont ils ont la charge, tant leurs problèmes spécifiques sont recouverts par ceux que leur créent les conditions mêmes du placement. Logiques avec eux-mêmes, ils déserteront l'internat au profit de l'AEMO (aide éducative en milieu ouvert) ou de l'expérience microsociale, surtout soucieux d'éviter le pire : que la conservation de la structure devienne l'objectif, voire la hantise, de la structure.

Outre l'universalité de ses applications, la méthode du fonctionnement par objectifs présente l'avantage non négligeable de tirer les praticiens et travailleurs sociaux de la déprime chronique dans laquelle les enfonce le sentiment vif de leur inutilité. Elle permet de substituer au flou habituel des conflits d'équipe, gros consommateurs d'énergie, la conscience progressive des enjeux et contradictions réels. Dans le meilleur des cas, elle peut alerter les travailleurs sociaux sur le risque de voir leur champ d'intervention manipulé par le pouvoir, qui n'a jamais répugné à tester, dans le laboratoire du champ social, de nouvelles techniques d'observation des comportements, de nouvelles formules de contrôle, pour les appliquer, le moment venu, sur l'ensemble de la population.

Cette méthode présente cependant un inconvénient majeur : elle s'inscrit dans des schémas, à la fois conceptuels et pratiques, de rationalisation assez proches de ceux mis en œuvre par les technocrates du pouvoir actuel. Mauvaise pensée de mauvais coucheur? Peut-être, mais vous m'accorderez que cette accentuation de la prise technicienne des problèmes risque de recouvrir l'essentiel : que la question est avant tout éthique (ou, plus précisément, éthico-politique).

Oui, éthique : il faut traiter avec des individus, avec des sujets, pas avec des cas, des objets de prise en charge, encore moins avec des systèmes (fussent-ils réduits, comme un groupe). Cela suppose que l'on favorise la mise en place ou la conservation des structures légères et que l'on facilite le dépérissement des lourdes. C'est l'inverse qui se produit, de toute évidence. Les grandes unités de soin ou de rééducation, directement pathogènes du fait de la bureaucratisation et de la déshumanisation qu'elles entraînent, tiennent bon. On sait même pourquoi. Les milliers de « travailleurs » de la santé qui y ont pris racine le savent aussi : nous ne laisserons pas détruire l'outil de production! Allons, camarades, un effort d'imagination. Les usines à fous rendent fous, et les foyers de l'enfance malheureux. Comment casser cette logique absurde qui asphyxie le sain et fait se développer le pathogène? D'abord en acceptant de reconnaître la situation comme elle est. Oui, c'est un appel aux syndicats : ce pouvoir-ci est à prendre, d'imaginer une solution d'ensemble pour les structures, un plan à long terme qui prenne en compte *et* la question de l'efficacité réelle des équipements *et* le problème humain de l'emploi des travailleurs. Mais je renverse les priorités : d'abord l'aide, ensuite l'emploi. La veuve et l'orphelin. Il faut réinventer la chevalerie.

novembre 1979.

Introduction

L'usage, dans un écrit de cette espèce, commande à l'auteur d'indiquer dès l'abord d'où il parle; de quelle place, de quelle fonction il peut se prévaloir dans le champ qu'il interroge; sur quelle expérience il se fonde, de quel savoir il s'autorise.

Mais ici, parler d'usage suffit à déclencher une première mauvaise pensée. On me demande d'où je parle. Je réponds : d'où posez-vous cette question? Qu'est-ce qui vous autorise à remonter du texte à celui qui l'énonce? Donc à en suspendre la lecture (l'écoute)? Et je renverse la suspicion : quelle curiosité mal placée! Quelle impertinente façon de se dérober à ce qui est dit — qui choque, irrite, fait grincer des dents peut-être! Comme si pour être écouté, pour être lu et cru, il fallait être tombé dans tous les panneaux, pris aux mêmes pièges! Il faut une longue, une solide expérience de travailleur social pour... Allons donc, mes pairs! A moi, vous ne me la ferez pas. Deligny, Mannoni, qui ont de l'ancienneté dans le secteur de l'Enfance inadaptée, sont toujours aussi seuls. Vénérés, oui, mais de loin.

D'où? Je vais pourtant répondre. Imaginez pour rire, dans un parc, entre Sade et Kafka, un de ces châteaux à débiles, sombre et glacé, héritage du siècle de la philanthropie, et dont la fonction principale semble être de protéger les braves gens du spectacle de la bâtardise. Dans le fond, un rideau d'arbres : voilà où je me tiens et d'où je parle, si vous voulez le savoir, dedans *et* dehors, il suffit que j'écarte une branche pour ne rien manquer de ce qui s'y passe. Et qu'observe-t-on dans cette posture d'intime éloignement — au cœur distancié du problème? Une agitation d'adultes-éducateurs, la danse de l'intelligence (représentée par le personnel soignant) autour de la débilité, la sinistre jovialité du médecin psychiatre, la place réservée, sur le macadam de la cour, à la voiture du directeur. Parfois, contournant les ifs taillés en forme de normalité, la silhouette inquiétante d'un père Fabre[1]. Les enfants, on ne les voit qu'après coup, tant le dispositif prend de place.

Mais, tends l'oreille, n'entends-tu pas cette rumeur qui gronde? N'entends-tu pas, sur un fond de voix d'enfants (cris, rires, plaintes, appels), cette incantation religieuse et martelante dont se détachent de plus en plus fort quelques bribes (détache, martèle chaque syllabe en lisant) : le bien de l'enfant, autonomie, socialisation, réinsertion, épanouissement?

Je ne parlerai pas du bien des enfants, puisque tout le monde s'en recommande. Pas une réunion d'éducateurs, pas une assemblée de responsables de services ou d'établissements où quelqu'un ne se lève pour dire : « Et les enfants dans tout ça, on n'en a pas parlé! » Ce qui est sans réplique. Vous pensez : le bien des enfants! Quand on a dit ça, on a tout dit.

Il faut d'abord, pour y voir clair, s'arracher à cette figure de rhétorique, l'euphémisme, sur lequel s'est construite l'aide sociale. Marque et masque d'une censure, l'euphémisme (qui n'est pas la litote) interdit l'échange des significations : à force de ne pas appeler un chat un chat, on nommera pédagogie la répression et aide sociale le contrôle social. Ou encore : usager (d'un service) la victime (d'un sévice).

Ne pas se laisser prendre aux discours. Les ronds de jambe personnalistes sur lesquels on a coutume de conclure un écrit bien pensant dans ce secteur (des échantillons de ce style : « au-delà des dossiers, des étiquettes, il y a des hommes pris dans une histoire », « pour permettre à chacun de réaliser son projet d'humanité »), cette violence symbolique qui écrase en douceur, cette rhétorique infâme et sirupeuse du bien de l'enfant, du service des jeunes inadaptés, du respect de l'autre, etc. — il faut s'y arracher pour avoir quelque chance de comprendre la situation actuelle du travail social. Où faire mal aux enfants, inadapter les jeunes et mépriser l'autre sont la règle.

Ne pas se laisser prendre aux discours. La cruauté, la violence objectives de la prise en charge de l'inadaptation sont homogènes à la

1. Voir chapitre III, p. 69, note 1.

violence capitaliste elle-même; voire homogènes à la violence initiale des groupes humains dans leur répression des faibles et des mutilés. Que veulent d'abord les parents d'enfants débiles ou déficients? Trois fois sur quatre, en être débarrassés. Quant à résoudre les problèmes posés par les jeunes « caractériels » ou délinquants, inutile de s'illusionner là-dessus, les procédures les plus expéditives ne répugnent pas à la bonté des masses. Le succès, aux USA, des méthodes behaviouristes de redressement du comportement le vérifie.

Je n'ai pas pris de gants. En prend-on avec les gosses? Je raconte ce que j'ai vu, je n'ai rien inventé : il n'y a dans ce texte rien d'outrancier — l'objet lui-même est excessif —, rien d'objectif non plus : quatre ans d'espionnage systématique (d'abord comme éducateur, puis comme formateur dans une école d'éducateurs) ne m'ont toujours pas conduit à l'acceptation commune de cette horreur quotidienne et feutrée. J'ai manqué d'objectivité par défaut de cynisme. Ce qui est attristant pour un jeteur de mauvaises pensées.

Attiré, en sociologue, par ce que l'on cache ou censure, je me suis intéressé plus facilement à la circulation de l'argent, à l'homosexualité refoulée, aux notables de la charité, à l'envers de la pédagogie qu'à ce qui est manifesté, de l'action sociale, par les autorités officielles. Ce qui va diviser mes lecteurs (tant mieux!) : si j'écris que le bénévolat fait partie des signes extérieurs de richesse, j'énonce pour le sociologue une évidence, pour le riche une indignité, et pour le bénévole un sujet de perplexité!

Ici, dans ce que nous conviendrons de nommer *le* secteur, dans cette juxtaposition de drames sordides et d'interventions loufoques — *le scandale à l'état normal*, une sorte d'extension sociologique du grotesque —, la différence juridique communément admise entre la calomnie et la médisance vacille. Croyant calomnier, on ne fait que médire : non pas parler en mal, mais parler le mal qui est fait aux individus pris en charge. Et il n'y a pas que l'Espélidou (ce père Fabre a décidément bon dos!) pour démontrer que la réalité y dépasse la fiction; que l'objectivité inconsciente de l'institution excède le pouvoir explicite de l'analyse.

Bref, transporté dans le secteur de l'enfance inadaptée, le sociologue devient criminologiste. Crime fondateur, comme l'a vu Freud, du consensus social.

Pour toutes ces raisons, il ne faut pas espérer trouver ici une sociologie du travail social qui se tiendrait dans une extériorité sereine et bienséante de ton et de méthode. Plutôt une socioclastie, puisqu'il faut d'abord briser le discours dominant. Qui est celui, pour parler un langage d'école, de la pédagogie des inadaptations. Il faut donc *un peu plus* que ce que peuvent apporter les sciences humaines à l'investigation du secteur, pour provoquer un tel éclatement. Pourquoi? Parce que les sciences humaines et le discours universitaire qui les expose sont relativement bien *adaptés* au contexte social; que *l'insertion sociale* du savoir universitaire délivre, à côté des effets de connaissance, des effets de censure; et que *la norme*, même contestée ou ébranlée, s'y trouve toujours, d'une façon ou d'une autre, relevée.

L'annexion récente, par la théorie et la critique universitaires, du champ social, ne s'est pas contentée d'un raccrochage tardif à Marx et à Freud. Elle a trouvé ses modèles méthodologiques dans des champs voisins, et notamment :

— dans le geste généalogique de Foucault qui, dans son *Histoire de la folie*, a situé au XVIIIe siècle le moment (le Grand Renfermement) où se sont constitués le concept moderne de la folie, l'exclusion sociale qui en découlait et donc le champ psychiatrique lui-même;

— dans le courant antipsychiatrique, qui a traité la maladie mentale, non plus comme essence, mais comme processus, susceptible d'être interprété socialement;

— dans la critique, conduite par Illich, de l'objectivité inconsciente des institutions, avec le thème de la déprofessionnalisation (la professionnalisation étant en elle-même pathogène, puisqu'elle pose la nécessité de faire durer, voire de conserver farouchement l'inadaptation).

On peut affirmer que l'ensemble des productions théoriques qui, ces dernières années, ont visé l'objet « travail social », se sont inscrites dans le sillage, calculé ou non, de ces recherches. Et je ne parle pas de la très riche littérature psychopédagogique, qui en général est encore en-deçà : en pleine (dé)confiture idéaliste!

Il ne s'agit pas de postuler un naïf et impossible dépassement théorique; d'une certaine façon, le champ est cerné : il n'y a plus rien à comprendre. Les thésards, les chercheurs sont pris de vitesse. Mais croire que la théorie générale du travail social ne serait qu'un appendice de la critique de l'économie politique, qu'une extension de l'économie libidinale, c'est laisser perdre ce petit supplément (aux sciences humaines) qui ronge la pensée occidentale et travaille dans les écrits-limites, en général non théoriques, qui brouillent du dehors la compacité de l'ordre intellectuel dominant.

C'est cet excès que l'on pourra, sans rire ou avec, voir à l'œuvre ici. Nos compagnons seront plutôt Nietzsche, l'inéducable Rimbaud, Bataille, l'insociable Artaud, et, tenez, Lautréamont qui nous frôle d'une aile vive. Pour le dévouement, aucune dévotion; nous serons impitoyables pour la pitié. Bas les masques, sus aux canailles!

Que l'on observe les mécanismes d'invalidation, que l'on décrive les structures d'assistance (qui perpétuent l'exclusion), que l'on s'intéresse aux pratiques altruistes, tout pointe, dénonce le capitalisme : des deux premiers au dernier chapitre de ce livre, le trajet est direct. Une idée simple et massive s'en dégage : incompatibilité en profondeur de l'aide sociale et du capitalisme. Dans les rapports sociaux actuels, aucune solidarité réelle n'est possible. La nécessité d'un combat social s'y montre éclatante.

Mais pourquoi, du chapitre III au chapitre VIII, un si long détour? Parce que tout n'est pas politique : spécificité du secteur, du travail social. Il fallait montrer la puissance des sorciers, médecins, psychiatres, psychologues : et les montrer à l'œuvre, dans un établissement précis (chapitres III et IV). Il fallait décoder les messages éducatifs, déconstruire le discours latent de la pédagogie (chapitre V); produire au grand jour les contradictions du travail social dans ce révélateur qu'est la formation (chapitre VI); démasquer l'aide sociale dans son œuvre de mort (chapitre VII). Il fallait enfin dresser contre l'existant la stature, à peine mythique, de cet anti-éducateur, vers lequel se tournent les jeunes travailleurs sociaux, ceux du moins que la machine n'a pas encore assimilés (chapitre VIII).

De nombreuses personnes, attachées au travail social, ont contribué, par leurs travaux, leurs interventions, leurs remarques critiques, à l'élaboration de ce livre. Et notamment R. Bertaux, M. Ehrhard, B. Ginisty, G. Gromer, A.-N. Henri, Y. Paya et Marie Pesenti. Elles trouveront ici l'expression de ma reconnaissance.

CHAPITRE I

Le champ social : mécanismes d'invalidation, structures d'assistance

Ouvrons le champ.

Sur-le-champ doit vous sauter à la figure une vive impression de complexité nauséabonde. Comment, pour la connaître, diviser cette masse informe — équivoque dans son énonciation même — du travail social ?

D'abord désapprendre la signification marxiste du travail social (le social désignant, chez Marx, le tout des rapports sociaux, en tant qu'ils sont déterminés, historiquement et matériellement, par les rapports de production). Ici, « social » dénote une sphère particulière de l'activité sociale : rien que l'ombre portée de la philanthropie du siècle dernier. Le social est donc ce genre, bâtard, qui réunit toutes les espèces de la bâtardise : inadaptations, idiotie, handicaps, délinquance, perturbations caractérielles, toutes les formes qui corrompent — à proximité de la folie, du monstrueux, du crime — la pureté (introuvable) de la contradiction du normal et du pathologique.

Une épine : la question du commencement. Il est généreux de partir des gens qui ont à faire avec l'Aide sanitaire et sociale; mais plus juste, plus cohérent, puisque ceux-là n'y sont que passivement (au titre d'*objets :* de soins, d'attentions, d'observations, de mesures, etc.), de décrire d'abord les équipements mis en place et les politiques qu'ils supportent.

Pour débrouiller, il faut décrire ces mécanismes de l'invalidation sociale (honte et humiliation) que sur un champ voisin les antipsychiatres ont déjà rencontrés; répertorier et classer les intervenants qui les mettent en œuvre ou s'y heurtent; enfin, et pour en saisir les objectifs réels de *contrôle social*, déterminer à leurs points de plus grande évidence les modes d'organisation et de fonctionnement de l'ensemble.

Comment on fait honte aux gens

La générosité des discours et des textes ne masque pas le cynisme de la loi : *l'assisté est l'inférieur* (c'est cette infériorité en quoi que ce soit — quotient intellectuel, contrôle émotionnel, force physique, adaptabilité, etc. — qui provoque l'assistance : handicap supplémentaire).

Tout le champ social se structure sur cet axiome, et le masque poli, respectueux, du travailleur social dans ses œuvres n'y changera rien (l'hypocrite est le porteur de masque : l'acteur). Entre l'assistant et l'assisté — un abîme. La différence de classe est amplifiée par la différence des rôles. La connaissance des inadaptations, la psychologie — dont les travailleurs sociaux commencent à être armés — fournissent des outils d'observation et des modèles pratiques *à l'usage* de ceux que l'on a tendance à nommer charitablement, par une assez dérisoire volonté de cacher le mépris des structures sous le feutré des mots, les usagers ou les clients.

Chez nous, le client est roi. Rire épais, crachat.

Première impertinence (et que personne ne rie) : qu'y a-t-il de commun entre le débile profond et nous? Selon les moments et les points de vue, la distance peut paraître immense ou de pure convention; la valorisation par le christianisme de l'état d'innocence, de la vertu de faiblesse conduit à l'acceptation débile, voire à la célébration, de la débilité. Heureux les simples d'esprit! Il n'évolue pas? Ainsi soit-il. En quel nom intervenir chez un enfant dont l'intelligence ne se développe pas normalement? La possession des attributs sociaux de l'intelligence ne rend pas plus heureux.

Soit, mais le respect témoigné par les gens intelligents à l'idiot ne le rend pas plus intelligent. Il n'y a pas d'amour de l'idiotie qui ne soit, en dernière instance, mystique; et, en vérité je vous le dis, il n'y a pas de mysticisme qui ne soit mystifiant (Nietzsche avait noté cette complicité de la religion et de la débilité).

Pourtant, la prostration du débile lourd est *aussi,* comme la folie, la paralysie, l'amnésie ou le crime, à l'horizon de chacun. Ceux qui ont éprouvé physiquement la contingence des normes et la conventionnalité des lois, ceux qui sont allés loin dans le délire ou la transgression, ceux-là savent combien est fragile la distinction des rôles. Salut, Cooper.

C'est encore plus vrai dans le secteur de l'Enfance inadaptée, où il y a peu de fous et de criminels (du moins chez les « usagers »), mais de nombreux caractériels, débiles légers, prédélinquants, c'est-à-dire des gens comme vous et moi, qui s'emportent facilement, qui ont eu une scolarité courte et pas bonne, et qui ont tendance à être athées en matière de propriété.

Les soignants soignent, les assistants assistent, les éducateurs éduquent, bref les valides invalident. Où commence l'humiliation? Dans l'origine de classe, dans les vêtements, dans le discours, dans le simple énoncé d'une identité : nom, naissance, profession. Autant de motifs de honte. Père alcoolique, mère pute. Le père est en prison, la mère fait des ménages. Ou le chômage. Ou l'hôpital psychiatrique. L'invalidation peut être un processus de longue haleine : déclassement, lent engloutissement de la famille dans la gêne, puis la détresse. Souvent c'est foudroyant : crime ou crise (de démence) ou faillite, ça éclabousse toute la famille. Abaissement et dépossession. Le voisinage guette. Quand viendra l'assistante sociale (officialiser la chute), la rumeur va se faire information.

La production à grande échelle de l'humiliation et de la honte n'est pas que le fait de l'appareil juridique et administratif décrétant les mesures d'assistance, les placements, les mises sous tutelle financière, ou frappant d'indignité des parents (jugés) défaillants. Mais c'est là, dans l'appareil, qu'elle s'institue comme système : ce qui autorise à parler de *mécanismes* d'invalidation. Il n'est pas rare que l'indignité soit simplement morale; en tout cas, elle frappe presque exclusivement les enfants pauvres ou modestes — alors que les enfants battus, mutilés, rendus fous ou assassinés par leurs parents appartiennent à toutes les classes de la société.

On invalide beaucoup de monde, et ça n'empêche pas, comme l'a montré Tony Duvert [1], beaucoup d'enfants d'y passer. En matière de « protection » de l'enfance, la plupart des pays sont sous-développés; en France, par exemple, l'indignation populaire est canalisée sur les cas exceptionnellement rares d'enlèvement avec demande de rançon, et détournée [2] de la masse des meurtres familiaux. Au tribunal même, l'excès passionnel d'un père infanticide est jugé d'une tout autre nature que le calcul meurtrier de l'auteur d'un rapt d'enfant.

Tout cela s'entend bien : la protection de l'enfance ne va jamais jusqu'au cœur de ce qui la menace, qui est précisément le *pouvoir* du protecteur (le père, l'éducateur, le prêtre). La religion, par exemple, que Nietzsche définit comme système de cruauté, n'est jamais inquiétée : et pourtant elle fait peur aux enfants, elle bloque leur développement, investit leurs corps, conduit leurs langues, oriente leurs désirs... Modèle vampirique de tous les systèmes d'éducation : certains enfants juifs sont voués dès le plus jeune âge à une méditation monstrueusement carcérale des textes bibliques, des jeunes chrétiens « pratiquants » sont acculés à intérioriser une répression, une culpabilité et une mortification dont la marque restera irréductible, des enfants musulmans sont apprivoisés très tôt à l'obscurantisme coranique, etc.; on n'en finirait pas de décrire cette imposition générale de conduites mimétiques par rapport à l'ensemble des croyances et des mœurs dont la religion fournit les recettes et les techniques, rôdées depuis des millénaires. Et il n'est pas impertinent de poser ici la question de l'éducation dans les pays de l'Est, où rien ne « protège » l'enfance du pouvoir exorbitant de l'État.

On peut suivre le cheminement de la honte. Par exemple, du père déchu à l'enfant placé. Ou de la famille sous tutelle aux gosses en observation. Dans les conditions actuelles d'aide et de protection de l'enfance, ce cheminement est difficilement évitable. Placements et tutelles constituent l'inscription sociale de la honte, l'effectuation la plus visible du mécanisme de l'invalidation. Décrivons-les brièvement.

1. Dans *Le Bon Sexe illustré*, Paris, Éd. de Minuit, 1974.

2. Il serait naïf de rapporter ce détournement à la seule évaluation de la charge d'originalité dont un événement est porteur. L'information protège la famille, comme la Justice pardonne à la passion.

a. Le placement pose la question de la puissance paternelle. Au-dessus du père, l'État. Au-dessus de la famille, la société. Le père est le premier invalidé : il perd la puissance paternelle (il y a des pères indignes qui n'en bandent plus). Puis la famille, à laquelle on retire l'enfant. Les modalités de placement sont très diverses : la famille peut s'invalider elle-même, reconnaître, de son propre chef, son impuissance éducative (tout le système y incite); c'est de plus en plus fréquent, en quelques années — bon débarras! — les demandes adressées aux services de l'Action sanitaire et sociale ou au juge des enfants ont doublé. Ne pas y voir le signe de la « désagrégation » de la famille étroite, qui est une illusion d'optique (elle n'a jamais été aussi accrochée au cœur de chaque individu, évidente et monstrueuse, insupportable et indispensable); plutôt celui de la relève, assurée par l'État, de fonctions autrefois assumées par elle. Cette complicité, étranglante, de la structure étatique du capitalisme et de la cellule familiale moderne avait déjà été perçue par Engels. De toute façon, et malgré la frustration affective, mieux vaut que l'enfant soit placé plutôt que martyrisé, ou subi.

Le placement peut aussi être décidé par le juge des enfants sur la demande (qui enfle également) des enfants et des adolescents eux-mêmes; le plus souvent, il se trouve prononcé à la suite d'un rapport établi par une assistante sociale des services de la Justice ou de ceux de la DDASS [1]. Dans l'économie de ce mécanisme, la situation des assistantes sociales, en amont de tous les dispositifs de prise en charge existants, est originale et inconfortable; leur fonction, préventive, de détection, de « suivi » des cas, leurs attributions les amènent à invalider pour protéger, à cerner les familles suspectes et les enfants à placer. Les critères de cette détection sont assez flous et changeants, il faut le dire. Il y a peu de temps encore, il n'était pas rare de voir des enfants retirés à leur mère, parce que celle-ci « recevait des hommes »; aujourd'hui l'enquête de moralité, faite dans le voisinage sur la base de rumeurs, voire de délations, tend à perdre de l'importance, dans la mesure où les jeunes assistantes sociales elles-mêmes revendiquent, pour les fonctions qu'elles assument, la reconnaissance d'une

1. Direction départementale de l'Action sanitaire et sociale.

technicité (plutôt que d'un dévouement); et depuis qu'il arrive à certaines d'entre elles de recevoir des hommes, de faire l'amour dans des postures plus ou moins « dignes », il y a moins de familles indignes, du moins pour cause de mœurs douteuses.

b. Les tutelles réalisent un degré supérieur de l'invalidation sociale. Bien que la mise sous tutelle soit souvent conjuguée avec une mesure de placement, cette dernière ne manifestait que la sollicitude sociale, ne visait que la protection de l'enfant. Avec la tutelle, l'administration produit sur les adultes eux-mêmes un mouvement de régression, puisque les parents sont remis en *état de minorité*, comme leurs enfants: ils sont incapables de gérer leurs ressources, généralement modestes (si l'on excepte les mises sous tutelle financière pour cause d'aliénation mentale, qui peuvent toucher de grandes fortunes et attirer de grandes convoitises [1]).

A Besançon, un Comité de lutte contre le chômage recueille en 1975 des témoignages qui peuvent donner une idée de la façon dont est vécue par une famille pauvre la mise sous tutelle (cité dans *le Quotidien du peuple*).

> *Mme P. :* C'est, je pense, sur une dénonciation d'une personne de ma famille; mais pourquoi? Je n'en sais rien. Je n'ai vu ni assistante sociale, ni personne. Un jour, j'ai reçu une lettre recommandée du tribunal m'annonçant ma mise en tutelle.

On le voit, l'invalidation procède d'une condamnation : ça vient du tribunal. L'administration joue sur le registre de la transcendance, la mesure tombe d'en haut (le tribunal, le juge, les tutelles représentent pour ces familles un Universel abstrait de droit divin). Ce que corrobore le témoignage suivant :

> *Mme B. :* Mon mari était au chômage suite à une faillite de l'entreprise où il travaillait. Nous habitions à l'extérieur d'un petit village. Un jour, deux femmes arrivent et demandent à ce que je leur montre mon dernier gosse. Je leur ai dit qu'il dormait et qu'il était bien.

1. Des experts judiciaires et liquidateurs de biens, dont les hôpitaux psychiatriques s'attachent les services, assurent la légalité de l'opération. Légalité fructueuse cependant, et pour toutes les parties...

> Elles ont insisté et, pour finir, j'ai entrouvert la porte de sa chambre en leur montrant et je les ai envoyées promener. Dans les huit jours qui ont suivi, le juge m'avertissait de notre mise en tutelle. Cela fait plus de cinq ans qu'on y est et on a demandé la mainlevée[1] des tutelles au moins quatre fois, sans résultat.

Ici pointe le contexte socio-économique : chômage, misère, alcoolisme; l'invalidation et la démoralisation s'y inscrivent comme sanctions (dans les deux sens du mot). La sollicitude sociale pourchasse jusqu'à la non-reconnaissance totale (raté, débris, pauv'type) celui qui n'a pas su (?) trouver une place dans les rapports de production, marquant les siens de la même honte.

Les mécanismes de l'invalidation sociale sont le prolongement naturel des rapports capitalistes de production; la bureaucratisation croissante de l'aide ne les réduit pas, c'est une litote, mais elle ne les crée pas à elle seule. Il ne suffit pas de décrire *l'exclusion*, ou de s'en indigner; il faut pouvoir y reconnaître la normalité monstrueuse du capitalisme. Ce qui veut dire qu'il n'y aura jamais d'aide sociale proprement dite en terrain capitaliste.

Une fois la honte installée — dans une biographie, dans un dossier ou dans l'intimité d'une structure subjective —, elle se cramponne. Si l'on étudie les procédures (ou critères) d'admission d'un enfant dans une maison d'éducation spécialisée, à tous les niveaux se reconnaît la marque de *l'invalidation d'origine*. L'enfant arrive, précédé et suivi d'un dossier. Pour humaniser l'admission, on a recours à un entretien. Mais là on ne fait qu'ajouter, au risque de fixation historique que comporte le dossier, un risque d'appréciation subjective. Et d'ailleurs, de quoi se compose un dossier? De données objectives et... d'entretiens. Comme l'entretien (avec un psychologue, un éducateur, une assistante sociale) n'est qu'une tentative d'articuler une présence sur une histoire, c'est le cercle. Tout y rappelle la tare fondatrice : le mécanisme est en marche.

1. Arrêt de la mesure de tutelle.

Qui sont les travailleurs sociaux?

La question de l'identité, donc du classement des travailleurs sociaux, est impertinente : politique. Elle rencontre l'hostilité de ceux qui craignent que soit enfouie, dans un statut uniformisé du travailleur social, la spécificité de tel ou tel type d'intervention. Comme de ceux qui veulent maintenir les écarts hiérarchiques entre les fonctions.

Il faut pourtant la poser, et pas seulement du point de vue, psychologique et réducteur, du retentissement de la fonction sur la subjectivité. Une profession à fort investissement relationnel menace « l'intégrité psychique » de celui qui l'exerce; à l'éducateur spécialisé, par exemple, se pose la question de son sexe (qui n'est pas résolue par le seul fait de porter la barbe) : je(u) des transferts et des contre-transferts. Tout cela ne fait que prolonger les analyses, connues, du feed-back de la folie sur le psychiatre.

Posons donc la question d'un point de vue sociologique. Que désigne l'expression « travailleur social »? Qui en est? Essayez de tracer le pourtour du travail social, vous n'y arriverez pas : les éducateurs spécialisés sont des travailleurs sociaux, mais les éducateurs scolaires ou techniques revendiquent une appartenance, contestée, au corps enseignant; les AMP (aides médico-psychologiques), qui en sont, font partie du personnel soignant, dans les instituts pour handicapés ou déficients mentaux, comme les infirmières et les puéricultrices, qui n'en sont pas. Aux frontières du scolaire, du sanitaire, du judiciaire, un *no man's land :* le travail social. Allez vous y retrouver.

En 1974, paraît un rapport, *les Professions sociales*, établi pour le secrétariat d'État à l'Action sociale. S'y trouve énoncé [1] le problème

1. Il est intéressant de noter que sur les 20 personnes qui sont à l'origine de ce rapport et qui ont participé à sa rédaction, il y a 5 hommes et 15 femmes; dont une seule est mariée. Ce rapport ministériel, que l'on pouvait croire sèchement bureaucratique, possède une détermination sexuelle : ce sont des demoiselles qui l'ont fait. Et qu'est-ce qu'une demoiselle? C'est une femme d'avant la différence sexuelle : ça ne veut pas entendre (et la bienséance interdit de lui) parler de sexe.

Or, il y a beaucoup de demoiselles parmi les travailleurs sociaux. Autrefois il d'une définition générale du travail social. On démontre d'abord que la diversification des professions sociales est un phénomène naturel; démonstration en trois temps :

> 1. L'homme est un tout, somatique, psychologique et social, en évolution et confrontation permanentes avec la société [...]

Idéalisme personnaliste : c'est le terrain idéologique; euphémisme (on parle de confrontation, non d'affrontement) : c'est la rhétorique.

> 2. Par voie de conséquence, est soutenue l'hypothèse que l'Action sociale doit être globale et non parcellaire [...]

Au nom de cette globalité, le totalitarisme thérapeutique du champ social.

> 3. Les professions sociales toutes issues d'une même souche se sont diversifiées pour répondre à des besoins immédiats de la personne ou du groupe familial [...]

Donc un mouvement naturel aurait conduit les personnes dévouées, de la Charité des premiers temps, à travers les associations philanthropiques du siècle dernier, à la prise en charge moderne (bureaucratique et technicienne) de l'inadaptation.

Le plus intéressant, dans ce rapport officiel, est la définition qui est donnée, dès l'introduction [1], de la notion de *dysfonctionnement social* (notion qui commande la définition du travail social, puisque c'est ce dysfonctionnement qui est la cause de la désadaptation) :

---

n'y avait même que ça. On sait comment naît la vocation de ce renoncement à l'habitation sexuelle du corps et du monde; on s'avise moins souvent d'en rechercher les conséquences, dans la pratique et dans la théorie. Que peut, à part Dieu, « connaître » une femme vierge?

La demoiselle est devant l'autre sexe comme devant la mort : pas d'expérience possible. Au mieux homosexualité de résignation; au pire, le pénis devient une montagne, qui accouchera d'une clitosouris — la castration d'une bonne sœur qui sourit.

1. P. 7, note 2.

Le dysfonctionnement social : « dys » de dysfonctionnement indique bien la difficulté, la défectuosité du fonctionnement et d'ordinaire les deux à la fois. Il indique les difficultés et les défectuosités du fonctionnement social de la personne ou de la société quelle qu'en soit l'origine. *Le dysfonctionnement somatique* (d'origine biologique, physiologique, ou psychologique) provoque une intervention médicale; *le dysfonctionnement social* de la personne ou du groupe (d'origine sociologique, psychologique, économique, de droit, anthropologique, ou culturel) entraîne une intervention d'ordre social [...]

Complicité, habituelle, de l'humanisme et du fonctionnalisme; conception statique, mécaniste du « tout » social : la négativité, la contradiction, la dialectique n'y ont pas de place. Bref, ça fonctionne, ça doit fonctionner — quand il y a des ratés, des « dysfonctionnements », il suffit de réparer la machine ou de guérir le corps (social). Impossible de penser dans cette machine idéologique-là un dysfonctionnement central, structurel : celui même que rencontrent, par expérience, les travailleurs sociaux, dès qu'ils approfondissent leur pratique. La méconnaissance des contradictions fondamentales du travail social en terrain capitaliste autorise la détermination de l'inadaptation (le « dysfonctionnement social de la personne ou du groupe ») *comme maladie*. Or l'intervention médicale n'est pas analogue à l'intervention « sociale », et pour une raison simple : le social ne se soigne pas.

Voilà pour la philosophie politique du rapport. Elle conduit à une classification hiérarchisée des travailleurs sociaux, sur la base de deux groupes de professions. Premier groupe :

— assistantes sociales [1],
— éducateurs spécialisés,
— éducateurs de justice,
— éducatrices spécialisées de jeunes enfants,
— conseillères en économie familiale,
— délégués à la tutelle,
— animateurs socioculturels.

Il s'agit là des professions sociales proprement dites, caractérisées par une intervention dont l'initiative, l'évaluation et la responsabilité appartiennent en propre à ceux qui la conduisent. Dans le second

1. Aujourd'hui nommées « assistants de services sociaux », en raison de l'entrée — timide : moins de 5 % — des hommes dans la profession.

groupe, sont classées les professions qui ont un rôle complémentaire, et dont l'intervention est commandée et contrôlée, soit par un professionnel du premier groupe, soit par un service de l'Action sanitaire et sociale [1] :

— aides familiales,
— travailleuses familiales,
— monitrices-éducatrices,
— aides médico-psychologiques,
— éducateurs de jeunes enfants.

Ce classement n'est pas entièrement arbitraire; il recoupe un fait d'expérience : le travail social a ses intellectuels et ses manuels, ses cadres et ses OS, ses grands clercs et ses petites mains. Mais c'est un classement dangereux (quand on ne se contente pas d'enregistrer la « réalité » telle quelle) parce que programmatique : il ne fait pas que décrire une situation, il l'homologue et en valide les conséquences les plus aberrantes.

Des exemples? Souvent, dans les établissements de rééducation, le personnel de service — concierge, ouvrier d'entretien, femme de ménage, etc. — a des contacts, en général prohibés, avec les enfants placés; or ces relations ont quelque chose de sain dans la mesure où elles échappent à la programmation thérapeutique ou pédagogique (qui codifie et impuissante largement les rapports entre éducateurs et « usagers »), et où s'y trouve activée une sorte de complicité entre ceux qui sont au bas de l'échelle sociale et ceux qui en sont exclus. Cooper et Gentis ont observé la même complicité dans les hôpitaux psychiatriques.

Autre exemple : la relation d'une travailleuse familiale avec la famille à laquelle elle apporte un soutien matériel est en fait plus « profonde », plus « psychologique », que celle de l'assistante sociale inspectant cette famille deux fois par an.

Quant aux gosses, il leur importe assez peu de déterminer la place exacte de celui ou de celle qui les « garde » dans la hiérarchie des fonc-

1. En 1975, les effectifs des travailleurs sociaux sont estimés à 220 000 personnes, dont trois quarts d'éducateurs; les assistantes sociales sont 21 000, mais les animateurs socioculturels, par exemple, quelques milliers seulement. Il est difficile de fournir des chiffres précis, notamment à cause de la grande mobilité professionnelle observée dans le travail social.

tions éducatives. Qui est le chef leur apparaît vite. Et la gifle d'une éducatrice spécialisée n'a pas plus de poids, ni moins, que celle d'une « simple » AMP!

Bref, une classification officielle dangereuse, renforçant la division actuelle du travail social, déjà passablement absurde. Le partage devrait se faire, non d'après la position hiérarchique de l'intervenant, mais d'après la nature de l'intervention. La fonction éducative *unifiée* pourrait fournir le critère d'une telle partition : d'un côté les rôles spécifiques d'assistante, d'animateur, d'aide à la famille, de l'autre tous les éducateurs (dans le même statut et au même indice!). C'est un vœu pieux en système capitaliste où la hiérarchie des fonctions et la complexité des structures ont un sens politique.

Il semble qu'actuellement, les pouvoirs publics s'orientent vers la distinction de deux grands axes[1] : le médico-psychopédagogique et le social. Les lignes de partage passeraient alors à l'intérieur de certaines des professions sociales existantes : et notamment, pour les éducateurs spécialisés, entre les fonctions de rééducation et les fonctions de prévention.

La diversification des professions sociales est incompréhensible sans référence à l'histoire. D'où viennent-elles? D'une politique sociale qui aurait pris en compte, pour les réduire, les « dysfonctionnements » réels apparus à la suite de l'industrialisation et de l'urbanisation massives de l'après-guerre? Pour décrire la genèse du travail social, il faudrait remonter aux origines du capitalisme philanthropique, et à l'intérêt manifesté par celui-ci pour les vagabonds et les mendiants. En 1810, en plein développement des manufactures, le Code pénal définit le vagabondage comme un délit contre la paix publique. Tout au long du XIXe siècle, développement des sociétés de bienfaisance[2] et extension juridique du délit de vagabondage vont de pair. Entraînant l'invention de la notion d'enfance en danger moral, déterminante dans l'institution de l'inadaptation et dans la

1. Sur la portée politique de cette distinction, voir le chapitre II.
2. Union française de sauvetage de l'enfance et de l'adolescence, Société générale des prisons, Ligue contre la mendicité des enfants, Société de patronage des détenus et jeunes libérés, etc.

diversification des modes de prise en charge : l'ancienne colonie pénitentiaire éclate en centres d'observation, en instituts de rééducation ou de liberté surveillée, pour aboutir en 1953 à l'organisation de l'AEMO (Action éducative en milieu ouvert [1]) et à la création de clubs de prévention dans les zones urbaines jugées les plus dangereuses pour l'ordre établi.

La diversification des professions sociales comme la spécification progressive de leurs interventions sont ainsi liées à l'aggravation de la superstructure juridique bourgeoise (surtout dans le domaine du droit de l'enfance) et, plus encore, à l'extension et à l'affinement de la capacité de contrôle social du pouvoir d'État [2].

Équipement, structures : l'audace du pouvoir

Taylor avait inventé l'OST : l'Organisation scientifique du travail. Pour l'aide sociale, on assiste, avec les moyens les plus sophistiqués, à une tentative comparable d'organisation scientifique du travail social. Ce ne sont donc pas les monstres, les grabataires, les incontinents, les furieux-baveux qui sont les plus effrayants dans le secteur; le plus effrayant, c'est la complexité même du dispositif, la rationalité industrielle de la prise en charge. Tout se monnaie en réseaux, filières, services, antennes, fichiers, programmes. La sollicitude sociale a déterminé le code et le cadre, a fixé l'équipement *défensif* opposé au grouillement des marginaux et des déviants.

Défensif en effet : le « secteur » reçoit sa limite du dehors. En général, ceux qui y sont n'ont pas revendiqué d'y être. L'aide sociale n'est que la prévention du risque de retour du refoulé. Le langage

1. La rééducation peut se faire dans des lieux clos : internats spécialisés, internats professionnels d'éducation surveillée, etc.; mais l'action éducative peut aussi être conduite dans la famille de l'enfant, dans son environnement habituel : c'est le milieu ouvert, qui évite le traumatisme du placement.

2. M. Foucault (*Surveiller et Punir*, Paris, Gallimard, 1975) et le CERFI (numéros de *Recherches* consacrés aux équipements collectifs du pouvoir) ont livré sur ces questions, et dans une perspective généalogique, des éclairages précieux.

trahit la violence de l'opération d'assistance : il faut *détecter* l'inadaptation, *couvrir* des besoins, *dépister* les handicaps, *surveiller* les populations à risques. Question d'hygiène (mentale et sociale)!

La défense la plus visible s'organise contre la délinquance. Il est vrai qu'aujourd'hui, même ceux qui dans les ministères sont chargés d'orner de paroles éclairées des politiques répressives, s'accordent pour voir dans la délinquance plus un symptôme ou un langage qu'une invincible propension à transgresser la loi. Avancée de la théorie : la mort structuraliste du sujet ébranle la notion de responsabilité pénale. On trouve ainsi dans une *Note d'orientation* du ministère de la Justice, qui vise à définir un programme d'éducation surveillée pour le VIIe Plan, une conception très moderne de la délinquance :

> [...] dans cette perspective, on n'étudie plus isolément, mais dans le contexte de la personnalité, de la famille et du milieu de vie, le passage à l'acte du délinquant. Ce passage à l'acte ainsi envisagé comme un symptôme, ne paraît d'ailleurs pas plus significatif de perturbations diverses que d'autres conduites plus ou moins licites [1].

Prenant en compte *l'origine* de l'inadaptation, cette orientation prolonge un mouvement de décriminalisation de la délinquance; au même but tendent la recherche de l'adhésion à la mesure (ordonnance de 1958) et le maintien, dans tous les cas où c'est possible, du mineur dans son milieu de vie (loi de 1970).

Concrètement, cette orientation devrait permettre d'alléger et de diversifier les équipements dont dispose l'éducation surveillée. On abandonne l'IPES (Internat professionnel d'éducation surveillée), décrit comme « lointain, massif, ségrégatif et ergothérapique [2] »,

1. Considéré dans les locaux d'un commissariat ou d'une gendarmerie, le passage à l'acte entraîne généralement le passage à tabac. Distance habituelle entre les propos mesurés des hauts fonctionnaires et la réalité de la répression policière des jeunes (délinquants ou non). La police étant la première et la plus expéditive des « juridictions » qu'ils rencontrent.

2. Ces internats étaient conçus (« le travail forme la jeunesse ») pour métamorphoser, en deux ou trois ans, le délinquant moyen en manœuvre.

pour l'ISES, Institution spéciale d'éducation surveillée. Simple changement de sigle? Presque; l'ISES rassemble des fonctions diverses (contrairement à l'internat traditionnel qui n'en exerce qu'une : observation *ou* rééducation) : observation et orientation éducative, hébergement, formation scolaire ou professionnelle, action éducative en milieu ouvert. Mais la transformation est plus sensible dans les bureaux du ministère que dans la vie quotidienne d'un petit loulou parisien soudainement « hébergé », après un casse, dans l'une de ces maisons de correction *new style*.

On peut reconduire les mêmes analyses pour ces foyers de semiliberté [1] où sont placés « cas sociaux » (familles défaillantes) et « caractériels » (enfants inéducables), comme pour les IMP (Instituts médicopsychopédagogiques, assurant la rééducation des handicapés et des déficients mentaux) : la pédagogie musclée fait place à la pédagogie institutionnelle, les éducatrices spécialisées prennent la place des bonnes sœurs et la psychologue celle du Bon Dieu, mais pour les « bénéficiaires », ça ne change guère.

Si l'on élargit la description à l'ensemble du système défensif, défini comme champ social, on s'aperçoit que ce qui se transforme réellement, et qui progresse dans les faits, c'est la circulation de l'information. Rien d'étonnant : la possibilité du contrôle social (fonction réelle, mais cachée, du secteur) est liée à la qualité des systèmes de communication mis en place. C'est curieux : à tous les niveaux, on sépare, on instaure des divisions, on découpe des secteurs, on multiplie les services, PUIS on pose le problème de la communication! Il est vrai que tout système bureaucratisé présente cette mouvance dialectique de cloisons et de passerelles, de sectorisation et de coordination.

Les DDASS, d'invention récente (1964), ont précisément pour objectifs la coordination des services et la centralisation des informations. Des services de *coordination médico-sociale* peuvent se créer, comme en Meurthe-et-Moselle [2]. Question : que véhiculent, politi-

1. Voir le chapitre IV.

2. Ce service est présenté par le Dr F. Gouilly, dans *Sauvegarde de l'enfance*, n° 1-4, janvier-avril 1975, p. 115.

quement et idéologiquement, de telles structures ? Au départ, il s'agissait d'améliorer l'information des puéricultrices et assistantes sociales, notamment dans les cas d'hospitalisation d'enfants. Par étapes successives, le service est chargé de la liaison avec l'hôpital, les cliniques d'accouchement, la DDASS, l'office d'hygiène sociale, la médecine préventive. Puis s'occupe de certains placements. Dans le même temps sont rassemblées des données sur chaque enfant, un dossier naît, l'information circule, un mode de surveillance particulier est institué pour les handicapés et les « enfants à risque [1] ». Bref on aboutit à un fichier, habituellement dédoublé en fichier d'identification et fichier de coordination.

Identifier les individus, coordonner les interventions : la surveillance n'en demande pas moins. En fait, ce qui se met en place, là comme ailleurs, possède une détermination politique qui peut être très éloignée des objectifs « conscients » formulés par les promoteurs de ces structures. Les justifications données (dans l'article cité) désignent l'enfant comme territoire total : l'espace de la surveillance est pansynoptique. Il faut alors :

> Considérer l'enfant dans son tout biologique, psychologique et affectif [...]; suivre l'enfant sans rupture, dans la continuité de son développement, depuis la période prénatale jusqu'à l'entrée dans la vie adulte [...] Ainsi la préoccupation initiale de l'information des hospitalisations d'enfants reste essentielle, mais elle est largement dépassée, et nous nous orientons vers une connaissance plus vaste, plus globale de l'enfant [...] Cette vue globale, dynamique, prospective doit nous permettre de faire un tri parmi tous les enfants qui nous sont signalés [...] (p. 120).

Le fait de centraliser l'information sanitaire et sociale permet peut-être de « traiter la personne dans son unité »; mais voilà, on ne vous traite pas en personne, on vous traite en *support de traitement*. La prise en charge médicale inscrit dans chaque biographie la possibilité du contrôle social, de la police sociale en général. Bien sûr, on est conscient du risque :

1. Enfants particulièrement prédisposés (fragilité somatique, hérédité) à contracter des maladies.

De nombreuses assistantes sociales expriment leur hésitation à transmettre au service des renseignements sociaux, en « cristallisant » une situation susceptible d'évoluer rapidement jusqu'à aboutir à un fichage d'allure policière (p. 121).

Ce risque, il ne suffit pas d'une « coopération plus étroite » entre les intervenants sociaux pour l'éviter.

Le fichier appelle l'ordinateur. Peut-il y avoir une bonne automatisation? Donc, une bonne bureaucratie? Sans parler des risques d'erreur, où est l'économie? Les usagers n'ont plus qu'un seul formulaire à remplir, contre quatre ou cinq dans l'ancien système. Oui, mais au prix de la mise en place d'un système compliqué d'encodage/décodage informatique.

Prenez l'automatisation des DDASS (le projet *Audass*) : toutes les informations sur deux fichiers, celui des « bénéficiaires » (handicapés, vieux, enfants placés, etc.), celui des fournisseurs de services (institutions et intervenants du secteur). Objectifs : homogénéiser le fonctionnement des structures hospitalières et celui des équipements contrôlés par les DDASS; normaliser les procédures d'information pour obtenir des statistiques exploitables au niveau national. Sinon dans la satisfaction des technocrates que cet Audass excite, on voit mal où est le gain; on voit bien par contre les dangers d'une comptabilité sociale automatisée. Et d'abord celui, pour les usagers, de ne compter pour rien, ou presque : support à identification et calcul statistiques, l'individu n'est plus que le prétexte de la prise en charge bureaucratique. Je n'insiste pas sur ce renversement, dont l'analyse fait partie de la vulgate sociologique : l'ordinateur est nominaliste, il n'enregistre que l'encodable; et justement, l'existence ne l'est pas.

Un autre danger, plus spécifique celui-là, est la confusion, peut-être recherchée, de ce qui relève de l'intervention soignante et de ce qui appartient au contrôle social. Pour le ministère, les choses sont claires :

Il n'est pas question de traiter séparément le sanitaire ou le social [...] On sait que le risque social peut se transformer en risque sanitaire et inversement, et que la limite entre les deux n'est pas toujours très nette.

Il n'est donc pas vrai, comme l'affirment aux travailleurs sociaux les technocrates, qu'il s'agit seulement de « mettre un certain ordre » ou de « faire circuler l'information »; il s'agit bien d'harmoniser entre elles les structures dites d'assistance, dans le cadre d'un contrôle social toujours plus étendu, toujours plus intense [1]. La question essentielle, comme le note un juriste [2], n'est d'ailleurs pas celle du classement des informations, mais celle de leur valeur (« Les données subjectives, c'est-à-dire les évaluations fondées par exemple sur un entretien, sont enregistrées dans un ordinateur et traitées par la suite comme des faits objectifs »); et plus encore celle de l'incidence de leur stockage électronique sur l'intervention du travailleur social, ou plus simplement sur la vie des gens qui ont affaire à l'aide sociale :

> Si dans le domaine sanitaire il peut être souhaitable de connaître tous les antécédents d'un sujet depuis sa naissance et même avant, il n'en est pas nécessairement de même en matière sociale. Une personne doit-elle être indéfiniment classée dans une catégorie? Doit-elle pour toujours demeurer un délinquant, une prostituée, un alcoolique, un inadapté ou même simplement un ancien délinquant, une ancienne prostituée, un ancien alcoolique ou un ancien inadapté? [...]
> C'est ce qui conduit à poser la question du « droit à l'oubli » qui se traduirait par l'effacement automatique des données anciennes.

Ainsi, l'automatisation des structures d'assistance, loin d'interdire la reproduction des mécanismes d'invalidation, la renforcerait plutôt.

1. Les informaticiens sont de fins psychologues : l'important, pour faire accepter ce type de projet, est la dénomination. *Audass* plaît; *Gamin* (Gestion automatisée de la médecine infantile) émeut. Et comme ce *Gamin* est pris dans la structure générale, on parlera, humour bureaucrate, d'un *Gamin d'Audass*.

Dans le même esprit, on appelle le fichier des malheureux bénéficiaires de l'aide sociale, le fichier-maître, et celui des fournisseurs d'aide, le fichier-esclave! Très drôle, pour qui sait comment s'ajuste en réalité la relation maître/esclave dans le secteur.

2. M. Bernard, « L'informatique, le secret professionnel et le droit », *Sauvegarde de l'enfance*, op. cit., p. 145.

Des intervenants, des structures, des projets, des discours : une petite approche du secteur. Hérétique dès l'abord, comme il se doit pour qui se méfie. Un autre abord eût été celui de la circulation monétaire dans le champ social : cette machine pompe le fric par trop de bouches. Grosse absorption de plus-value! Il semble, à voir à l'autre bout l'aspect misérable desdits bénéficiaires, qu'il s'en perde en chemin.

Prenez le budget d'une institution de rééducation; posez-le sur la première marche de l'escalier, en face du portail; à côté, placez une petite fille « inadaptée »; comparez: il y a quelque chose de pourri dans le royaume de Danemark.

Et, puisqu'il est question d'argent, parlons d'altruisme et de bénévolat.

CHAPITRE II

Sur les pratiques altruistes (capitalisme et philanthropie)

> « Margaret portait ce soir-là une très stricte petite robe de soie rose et verte, typiquement anglaise, et des bijoux plus discrets encore. Elle s'était déplacée, essentiellement pour rencontrer son grand ami Danny Kaye, qui, comme chacun sait, consacre désormais la majeure partie de son temps à des organisations charitables en faveur de l'enfance, telles que l'UNICEF et le Variety Club. » E. Schneider, *Jours de France*, n° 1087.

Jetons un regard critique sur l'altruisme. Sur les pulsions qui s'y concentrent, les discours qui s'y enracinent, les pratiques qui s'en autorisent. Je ne serai pas le premier à loucher vers les racines obscures de la philanthropie : pour ne citer que les inévitables référents de la modernité théorique, Marx[1], Nietzsche et Freud l'ont fait avant moi. Donc une psychopathologie de l'altruisme. On sait comment ça désire, chez ceux qui se livrent à la passion du dévouement ; on en sait moins sur les déterminants sociaux et politiques de cette passion. D'ailleurs, disent les bonnes gens, peu importent les mobiles, pourvu qu'il y ait de l'aide.

L'altruisme *intéresse* les pouvoirs publics : ça peut toujours servir. Pour parer aux effets du *soupçon psychopathologique*, les responsables de l'aide sociale ont abandonné le terme de bénévolat, trop connoté, pour celui de volontariat. Une belle jambe ! Parlons plus simplement de bénévolontariat... Avant d'en venir à ce soupçon (quitte à le soupçonner à son tour), quelques indications sur la politique sociale du pouvoir.

1. « La religion permet au riche de jouir en paix de ses rapines pourvu qu'il fasse quelques actes de charité facile. »

Coup d'œil sur une politique en trompe-l'œil

Il est toujours malaisé, mais particulièrement dans le domaine de l'action sociale, de décrire en quelques traits l'ensemble d'une politique. Surtout quand les objectifs réels n'en sont dévoilés que tardivement, sinon après coup, et quand la (ou les) stratégie(s) se limite(nt) à un zigzag dans une mouvance.

A première vue, donc, des indices : par exemple, le jeu du pouvoir avec le privé sous le couvert d'une politique « conventionnelle », qui permet un encadrement libéral (on contrôle, mais sans prendre de responsabilités) du secteur social. Autre exemple, le plus manifeste : le coup d'arrêt donné par le gouvernement en 1974 à l'extension des professions sociales, avec une spécialisation croissante des intervenants. De moins en moins d'agents de plus en plus diversifiés.

Deux considérations semblent expliquer ce freinage : dans une période de compression budgétaire, le secteur social, peu armé pour exercer des pressions, est une victime désignée; la professionnalisation croissante (jusqu'en 1974) des travailleurs sociaux, loin de contribuer à réduire les inadaptations, les renforcerait au contraire.

Il y a quelque chose d'étrange dans cette convergence d'un objectif économique et d'un constat sociologique obtenu avec le soutien (ou par le détournement) de l'appareil critique illichien. Il n'est donc pas interdit de soupçonner, à la mise en œuvre de cette austère redistribution des compétences parmi les travailleurs sociaux, des arrière-pensées politiques.

Des faits

Depuis l'arrivée de René Lenoir au secrétariat d'État à l'Action sociale (1974), le doute est, si j'ose dire, exclu. Le processus de « rééquilibrage » des intervenants sociaux, entamé il y a quelques années, en s'accentuant brutalement, fait apparaître le caractère politique, et non seulement technique ou pédagogique, de l'opération. Le poids de l'intervention est déplacé sur les techniciens de l'aide sociale (assistantes sociales, éducateurs techniques ou scolaires), alors que les éducateurs spécialisés, qui semblent la cible principalement visée, sont dessaisis d'une partie de leurs attributions.

Il faut préciser les tendances. Les éducateurs spécialisés sont l'objet d'une discrimination interne, sur la base de la distinction de deux fonctions principales : une fonction clinique, ou « médico-pédagogique », une fonction sociale (prévention, animation de rue, aide éducative en milieu « ouvert » — par opposition aux milieux fermés de l'internat de rééducation). Dans le premier cas, ils peuvent être remplacés par des aides médico-psychologiques, moins coûteuses, formées à grande vitesse, donc protégées d'une politisation destructurante ; ou par des éducateurs scolaires ou techniques, dont l'intervention est centrée sur les acquisitions. Les pouvoirs publics encouragent de nombreuses institutions à adopter ce type de fonctionnement.

Pour la prévention, il semble que le ministère de l'Intérieur sente s'affirmer une vocation déjà ancienne pour l'intervention sociale proprement dite. Des expériences nouvelles, surtout dans la banlieue parisienne et dans quelques grandes villes, sont reçues comme des modèles, dans la mesure où, pour la police du moins, elles ont fait la preuve d'une plus grande efficacité sociale. Le fichage et la surveillance des populations sont en effet facilités quand c'est directement le flic qui met le masque de l'éducateur.

L'extension des îlots en surface n'est qu'un signe, qui inquiète les travailleurs sociaux, d'un mouvement en profondeur. Pourtant ces procédés et ces tendances — l'îlotage, notamment — sont loin d'être nouveaux ou spécifiques à la France; les régimes forts (par exemple fascistes, ou staliniens) ont toujours mêlé les tâches de répression et de prévention, embrigadant les jeunes, codant les comportements, créant des réseaux de forces et des formes subtiles de surveillance réciproque. Sous l'Occupation à Paris, des policiers français étaient chargés des contacts avec certaines organisations de jeunesse, là où ils résidaient. L'îlotage consiste à faire jouer, dans la relation entre la police et la population, un facteur de confiance obtenu (ou non) par intégration de l'agent dans le milieu... L'inspecteur est un habitué de la Maison des jeunes (il y sera peut-être moniteur de judo), il est connu dans les centres sociaux, cherche à lier avec les éducateurs des clubs de prévention (plutôt embarrassés, quand ils ne sont pas hostiles); il peut se laisser pousser la barbe, porter les cheveux longs, parler l'arabe ou le portugais (c'est rare). D'une façon générale, les résultats, quand ils ne sont pas seulement exprimés en termes policiers, sont maigres, et flagrante l'allergie des jeunes à ce type d'encadrement, surtout quand est sollicité le registre « sympa ». La Préfecture se montre souvent plus favorable à une infiltration en douceur, par l'intermédiaire d'associations bénévoles conduites par quelque énergique commissaire de police et respectable père de famille.

On peut estimer que l'éducateur spécialisé, dans la mesure où il ne constitue plus, au regard du pouvoir, un support fiable pour sa politique sociale, est condamné. A disparaître ou à s'intégrer. La seule question : l'échéance. Les signes sont là : arrêt ou diminution du recrutement de jeunes éducateurs, restrictions budgétaires pour les centres de formation, *numerus clausus*, préférence donnée dans les Instituts médico-psychopédagogiques à des éducateurs scolaires et à des AMP, fermeture de clubs de prévention. Aux techniciens polyvalents de la relation, on préfère désormais des intervenants plus « légers » et plus sûrs, directement affectés à une catégorie d'inadaptés.

Cette préférence, et la condamnation des éducateurs spécialisés, s'expliquent par la nature de leur formation comme par l'étendue de leur compétence, qui n'est pas limitée à telle ou telle forme d'inadaptation ou de déviance; ils sont en position privilégiée pour rencontrer, théoriquement par la critique, pratiquement par leur engagement professionnel, les causes profondes de l'inadaptation. *La politisation des éducateurs spécialisés,* ces familiers de la dernière instance, *est une conséquence directe de l'incertitude dynamisante de leur fonction.*

Le pouvoir commence à s'en apercevoir. Il est clair que le démantèlement de la profession ne se fera pas brutalement, par décret, que les résistances des organisations professionnelles et syndicales seront peut-être insurmontables, et que le pouvoir, pour tout dire, n'est pas éternel. Mais l'objectif se dessine nettement : dans un premier temps, différencier les fonctions, sociale et soignante, en récupérant le maximum de professionnels dans la voie pacifique de la médication élargie, et en confiant à des agents plus sûrs le soin d'articuler scientifiquement surveillance préventive et dissuasion répressive.

Donc plutôt un éclatement qu'une suppression, dont l'effet serait, dans le calcul du gouvernement actuel, d'éviter la contamination de l'ensemble des professions sociales, encore peu « atteintes ». Le peu d'insistance à accélérer la mise en place des IRFTS (Instituts régionaux de formation des travailleurs sociaux) — pourtant envisagée depuis longtemps et avantageuse du point de vue du coût — procède du même calcul. D'un calcul dont la naïveté, la courte vue désarment la critique.

Des idées

Le trompe-l'œil, ici, consiste à donner comme une politique, comme une stratégie cohérente et finalisée, avec des objectifs déclarés, ce qui n'est qu'une adaptation à la situation existante (la gestion anarchique des invalidés sociaux par les invalideurs). Pour justifier cette « politique », le secrétaire d'État s'appuie sur des analyses récentes, souvent importées des pays anglo-saxons, qui tendraient à montrer qu'une professionnalisation massive des intervenants sociaux ne conduit pas à une régression significative des inadaptations — parfois même entraînerait l'inverse.

Une étude remarquable de Marjorie Samoff[1] met l'accent sur le développement actuel, dans le secteur social, d'un double processus de professionnalisation et de familialisation, qui ne ferait qu'accroître et aggraver les problèmes d'inadaptation. Elle cite, au début de son étude, les propos du doyen de l'École du travail social de l'université

1. « Familialisation et professionnalisation : l'évolution du travail social et la formation des éducateurs », *Publication du Centre technique national pour l'Enfance et l'Adolescence inadaptées*, décembre 1973, repris dans le n° 50 (avril 1974) de la revue *Orientations*.

de Washington : « Les nombreuses études [...] sur l'efficacité des travailleurs sociaux ont presque toutes abouti aux mêmes conclusions. Ces études montrent que les personnes qui ont "bénéficié" des services des travailleurs sociaux n'allaient pas mieux que celles (ayant les mêmes problèmes) qui n'en avaient pas bénéficié. »

Il faut noter que, sur les 22 livres ou articles cités dans les notes bibliographiques, 12 sont d'auteurs anglais ou américains. L'avance des chercheurs anglo-saxons ne doit pas faire oublier que la plupart de leurs recherches, même les plus « radicales », s'inscrivent dans l'ordre économique existant, souvent représenté, consciemment ou non, comme indépassable. Il est néanmoins regrettable que les organisations professionnelles de travailleurs sociaux n'accordent pas plus d'attention — quand elles ne se bouchent pas simplement les oreilles — à des analyses qui rejoignent par ailleurs tout ce que le courant antipsychiatrique a pu mettre au jour, en ce qui concerne les mécanismes de l'invalidation sociale. Cette attention, loin de (se) précipiter en culpabilité, pourrait conduire à une critique globale de la division du travail dans l'intervention sociale, et à l'éclaircissement du rôle d'avant-garde politique que les travailleurs sociaux pourraient être amenés à jouer, dans les conditions d'une venue au pouvoir des forces progressistes.

Quelle que soit la perspective dans laquelle on aborde le problème de la professionnalisation des travailleurs sociaux (progrès dialectique par rapport à l'état charismatique du travail social? phénomène pathogène renforçant l'institution de l'inadaptation?), la bureaucratisation croissante de « l'aide » sociale peut inquiéter à bon droit. Surtout si, dans un geste rigoureux de méfiance et de provocation, on perçoit dans cette aide sociale l'un des aspects du complot constant des riches et des forts contre les pauvres et les faibles en système capitaliste (quand le terrain idéologique n'est pas humaniste-chrétien, ni gaucho-existentialiste, cette aide peut se traduire par des solutions radicales comme l'enfermement systématique ou les camps d'extermination).

Opposer à cette inquiétude l'abstraite et vague proposition d'une prise en charge collective de l'aide sociale (proposition *calquée* sur la déscolarisation préconisée par Illich) peut satisfaire ceux qui ne perçoivent du secteur social que cette mouvance malodorante qui s'y montre à première vue. Cette prise en charge spontanée *dans le système actuel* pourrait être pour les « bénéficiaires » une expérience un peu traumatisante d'intégration violente.

Ces « idées » du pouvoir entrent en conflit avec les intérêts de la profession ? C'est une contradiction inessentielle, encore que les tenants d'une défense corporatiste peuvent toujours rétorquer, quand on leur parle de professionnalisation, que le nombre des flics augmente plus vite que celui des aides familiales ou des assistantes. Que par ailleurs les travailleurs sociaux *commencent* à se battre pour leurs droits, leurs conditions de travail, etc. — se situant ainsi comme des salariés vendant une force de travail — me paraît être un progrès pour tout le monde, et notamment *pour les usagers, qui savent alors à qui ils ont affaire*. Ce qu'ils ne savent jamais avec des bénévoles.

Il faut revenir sur cette notion d'efficacité du travail social, qui joue un rôle essentiel dans les analyses du pouvoir. Si cette efficacité se mesure aux services rendus à l'État et à la collectivité, si l'objectif est la réinsertion en douceur, la suture des plaies les plus criantes, l'enfermement silencieusement continué du secteur au profit des valides qui n'y sont pas et qui veulent dormir sur leurs deux oreilles, alors il faut reconnaître que les travailleurs sociaux ne peuvent exhiber que de maigres résultats. Que si le flicage relationnel n'a pas réussi, mieux vaut le flicage tout court, îlotier, banal ou gendarmant. Mais il est clair que cette efficacité-là est directement contraire aux intérêts réels des laissés-pour-compte et des invalidés sociaux : qui se foutent bien des régulations harmonieuses et des programmations du pouvoir.

Des mobiles

La critique de la bureaucratisation du secteur social masque donc la profonde déception du pouvoir face à des professionnels si réticents à se faire les agents dociles d'une politique sociale « avancée ». On leur demande de traiter des symptômes, ils remontent aux causes. On leur demande de régler des problèmes concrets, ils en posent de nouveaux. De réguler le rapport du normal au pathologique, ils en détournent le sens, en déplacent l'enjeu. Certains vont plus loin :

mandatés pour un certain travail, ils désertent, trahissent, passent du côté des marginaux et des inadaptés, bref *détournent leur mandat* et vont jusqu'à revendiquer l'invalidation sociale. Analystes conscients, quand les armes de la critique sont entre leurs mains, ou au moins analyseurs sociaux, ils font objectivement le jeu de ceux que le pouvoir tente d'inscrire et de contenir dans le secteur social. De ce point de vue — qui est loin d'être celui de l'ensemble des intervenants sociaux —, l'efficacité sociale des professionnels peut se mesurer au désenfouissement politique du secteur : ils montrent tous les jours (et pas seulement en théorie), à ceux qui sont dedans, comme à ceux qui dehors veulent se fermer les yeux, la réalité monstrueuse, destructurante et pathogène du capitalisme.

Ainsi s'éclairent les mobiles d'une revalorisation du volontariat, et se dessinent les motifs d'une politique visant à restructurer le travail social sur de nouvelles bases; ajoutons que ce n'est pas spécifique à la France et que c'est plus ancien que René Lenoir (qui, d'idéologue moderniste, a été « promu » technocrate zélé). Objectif politique : le démantèlement (ou au moins la réintégration, par division interne) des travailleurs sociaux, en tant que force de plus en plus rongeuse et politisée, avec à court terme une tentative de mise au pas des éducateurs spécialisés, conçus, à tort ou à raison, comme l'avant-garde.

« Associer la population à l'action sociale », « participation active des citoyens à l'action sociale » (Lenoir), « exercice actif de la fraternité » (Giscard) — autant de slogans mystificateurs, masquant la pauvreté des budgets comme les efforts du pouvoir pour réduire l'implantation professionnelle des travailleurs sociaux. Les nombreuses associations religieuses, qui avaient perdu du terrain dans les dernières années, se sentent rassurées par l'appel au bénévolat, qui reconnaît de fait la légitimité de l'exploitation gratuite de certains individus consentants (par masochisme ou mysticisme).

Le livre de Lenoir [1] fournit les thèmes et l'enrobement idéologique nécessaires à cette campagne; le regard critique y pointera les présupposés [2]. On sait l'intérêt du secrétaire d'État pour une « structuration

1. R. Lenoir, *Les Exclus*, Paris, Éd. du Seuil, 1974.

2. On trouve de tels regards dans le n° 16 de *Champ social*, qui livre aux travailleurs sociaux comme au public des informations décisives.

du tissu social » impliquant la participation des citoyens. L'inadaptation ne saurait être pensée en termes de classes sociales, de critique du capitalisme; elle serait irréductible à une historicité matérialiste (de tout temps, quel que soit le mode de production, l'organisation sociale a sécrété des inadaptés, etc.). L'idée profondément libérale du brassage nécessaire des classes sociales organise le discours de l'assistance : « Il est bon que l'école, le jardin public, le stade, le foyer socioculturel soient les lieux de brassage des enfants et des jeunes de toutes les catégories sociales. » Inutile de dire que cette fusion volontariste procède d'une confusion peut-être involontaire, qui classe dans le même registre des découpages hétérogènes, comme classes sociales, classes d'âge, catégories socioprofessionnelles, etc. Sous l'assainissement et la suture (du tissu social sans cesse « mutilé » : les métaphores biologiques de Lenoir, qui parle aussi de « la gangrène menaçant le corps social tout entier », doivent attirer l'attention de ceux qui pratiquent, sur ce genre d'écrits, une lecture méfiante et latérale), on trouve évidemment les idées de contrôle et de surveillance communautaires que *Champ social* rapproche avec raison des tendances actuelles de constitution de polices privées, bénévoles ou mercenaires, dans certaines villes.

Les mobiles profonds sont difficilement déclarables : il faut ménager les syndicats. Le travail au (Le)noir les inquiète. On les assurera que le volontariat n'est qu'un « complément », que les bénévoles seront encadrés, guidés, formés par les professionnels. Le voisinage de cette promotion du bénévolat et d'une politique de restrictions budgétaires, souvent réfractée par les institutions et services au détriment des professionnels les plus engagés, a donc une signification politique. Il ne s'agit pas seulement de substituer, à des agents salariés réfractaires au contrôle politique, des porteurs occasionnels et bien intentionnés d'une même politique, puisque l'introduction de bénévoles modifie considérablement l'équilibre du champ où ils interviennent.

Pour une sociopathologie du bénévolat

Une critique des valeurs et des pratiques altruistes, de la morale des bons sentiments, qui se sont maintenus dans le passage de la phase charismatique à la phase technicienne et professionnelle du travail social, conduit à un constat : le bénévolat, comme idéologie, masque l'échec des politiques sociales conduites en France durant la Ve République. Échec prévisible : les causes étant hors d'atteinte, on n'a pu traiter que des symptômes. Sur lesquels les meilleurs sentiments du monde se brisent également.

Mais d'abord s'arrêter sur la structure subjective de l'activiste en altruisme. Le bénévole n'est jamais frivole : il veut le bien d'autrui, il fait ça pour rien. Deux idées donc, également suspectes.

Le soupçon est ancien. Ainsi de Nietzsche, annonçant, dans l'avant-propos de *Généalogie de la morale*, qu'à celui qui pose le « problème de la valeur de la pitié et de la morale altruiste [...] une perspective nouvelle, immense s'ouvrira devant lui, la vision d'une possibilité le saisira comme un vertige, toutes espèces de méfiances, de soupçons, d'appréhensions se feront jour, la foi en la morale, en toute morale chancellera — enfin une exigence nouvelle élèvera la voix. Énonçons-la, cette *exigence nouvelle :* nous avons besoin d'une *critique* des valeurs morales ». Il se trouve que les travailleurs sociaux sont rarement des lecteurs de Nietzsche — la formation les en protège. Dommage : ce vieux malade (mori) gênant, qui a toujours refusé l'assistance, l'amitié et la chaleur humaine, est de bonne compagnie pour les habitués du bon sentiment. Son mépris pour les pédagogues et les éducateurs — qu'il entend au sens large, enseignants et pasteurs compris — n'est rien d'autre que la perception, dans l'attitude oblative, d'une passion dévorante et masochiste d'autodestruction normative.

Partout rôde la (triste) figure du *prêtre ascétique* (à laquelle tant de travailleurs sociaux semblent vouloir s'identifier, même au physique : traits émaciés, barbe et chevelure prophétiques, regard aigu, vêtement misérable ou ostensiblement artisanal, Christ, croix et castration), du grand Persécuteur intériorisé des tendresses militantes, chez qui Nietzsche voit dominer « un ressentiment sans exemple, celui d'un instinct qui n'est pas satisfait, d'un désir de puissance qui voudrait se rendre maître, non de quelque chose dans la vie, mais de la vie même » (toujours dans *Généalogie de la morale*, troisième dissertation). Et encore, puisqu'il faut insister : « On voit le regard haineux et mauvais se tourner même contre la prospérité physiologique, en particulier contre l'expression de cette prospérité, la beauté, la joie; tandis que les choses manquées, dégénérées, la souffrance, la maladie, la laideur, le dommage volontaire, la mutilation, les mortifications, le sacrifice de soi sont *recherchés* à l'égal d'une jouissance. »

Il y a là, dans l'incontournable imprécation nietzschéenne, une critique anthropologique, sans doute encore morale et religieuse (Nietzsche le soupçonne à la fin du livre : « Que signifie la volonté de la vérité?... ») des attitudes altruistes. La psychanalyse a sur le bénévolat (et sur son double postulat de moralité et de gratuité) un point de vue plus économique, presque plus mesquin, si l'on veut bien lire dans cette mesquinerie le rappel des déterminations libidinales de toute structure subjective. Détaillons :

1. La moralité du bénévolat : vouloir le bien de l'autre. Volonté équivoque (qui peut masquer le désir contraire). Il y a dans certaines bontés insistantes et impassibles (devant l'insulte, le pied de nez, la grimace « caractériels ») comme la manifestation renversée d'une volonté réductrice et despotique d'amener l'autre à merci. La haine tout court est évidemment moins organisée. Supériorité de la violence rentrée : religieuses et psychologues au masque-tout-sourire, vos bontés m'effraient.

La psychanalyse a pour cela un concept : l'ambivalence. Ainsi, dans cet article [1], on ne sera pas surpris de trouver Freud si proche de Nietzsche : « Considérant alors que les sujets atteints de névrose obsessionnelle sont contraints de développer une hypermoralité

1. Freud, « La prédisposition à la névrose obsessionnelle », *Revue française de psychanalyse*, 1929, n° 3, p. 446. Je souligne : Freud avait donc lu la *Généalogie*.

pour défendre leur amour envers l'objet contre l'hostilité toujours au guet derrière lui, on sera tenté de donner, au moins partiellement, cette particularité de l'évolution du moi comme caractéristique de la nature humaine, et d'expliquer la *faculté de créer une morale comme la conséquence de la précursion de l'amour par la haine au cours de l'évolution.* »

Aime-t-on les hommes de bien ? La question peut surprendre (qu'est-ce encore que ce détour ? une pique de plus ?), la réponse est sans surprise : bien sûr qu'on les aime. Et à la folie. Je veux parler de l'érotomanie. Qui est une sorte de folie, n'est-ce pas ? La preuve qu'il s'agit d'un délire est dans le « postulat » de l'érotomanie [1] : « C'est l'objet qui a commencé et c'est lui qui aime le plus. » Mais « l'objet » est-il tout à fait innocent ? Le médecin, le prêtre, le psychanalyste se déclarent au service (du bien) des autres : ils aiment les premiers, même si c'est sur le mode universel. Ils ont donc commencé, puisqu'ils s'intéressent, pour leur bien, aux autres. Érotomane et médecin : « rencontre d'une hystérique insatisfaite et d'un obsessionnel compensé », écrit François Perrier [2]. Non sans lucidité : il est analyste. Et encore : « Dès lors qu'il y a des fonctionnaires de l'altruisme, on est fondé à chercher ce qu'ils font naître en ceux qu'ils "altruisent" [...] Il nous semble que le lourd tribut que les médecins, prêtres, hauts fonctionnaires, et autres hommes de bien "oblatifs [3]" payent à l'aptitude érotomaniaque de la femme, ne doit jamais faire négliger la structure névrotique de l'objet comme élément inducteur et spécifiable. »

L'altruisme : renoncement au désir, donc ressentiment (que l'autre aussi renonce). L'altruisme est toujours militant et contagieux. Les techniciens languissants de la relation duelle connaissent le goût de cette confiture.

2. La gratuité du bénévolat : non seulement le bien de l'autre, mais tout ça pour rien. Le psychanalyste (qui sait de quoi il parle) ricane :

1. C'est Clérambault, le maître, qui énonce le postulat. Cf. *Œuvre psychiatrique*, Paris, PUF, 1942, tome I.

2. F. Perrier, « De l'érotomanie », *Le Désir et la Perversion*, Paris, Éd. du Seuil, coll. « Le champ freudien », 1967, p. 135.

3. Médecins oblatifs, tu parles ! A combien de l'heure ?

la gratuité, vieux concept idéaliste-chrétien, n'a pas *cours* ici, si l'on compte avec les pulsions et l'inconscient. La psychanalyse porte donc le scepticisme sur l'existence même du bénévolat. Je pose là des questions économiques : combien coûte le bénévolat? Qu'est-ce que ça rapporte? Comment les bénévoles se paient-ils? Au détriment de qui? Même si le bénéfice n'est pas monétaire, les gens (qui, au lieu de vendre leur force de travail, donnent, *contre remboursement* affectif ou fantasmatique, leur force morale) se payent toujours d'une façon ou d'une autre. C'est de bon cœur, désintéressé : je vous aime, je vous veux du bien, je ne veux rien pour moi — oui, mais *d'abord* ceci (qui est comme oublié dans l'échange) : prenez-moi. Parce qu'enfin il faut bien une victime, un « usager », un nécessiteux au cadeau empoisonné du bénévole. Et c'est un don liant, puissamment contraignant, puisque le donateur, contrairement au professionnel, peut se prévaloir du sacrifice de son intérêt « personnel ». Difficile de refuser : le bénévolat est une façon astucieuse d'assurer à la demande d'amour une heureuse issue.

Et là, Freud, méchamment : « Il est bien connu qu'un certain nombre de personnes homosexuelles se signalent par un développement particulier des motions pulsionnelles sociales et par leur dévouement à des intérêts d'utilité publique. On serait tenté d'en donner l'explication suivante : un homme qui voit dans d'autres hommes des objets d'amour possibles doit se conduire envers la communauté des hommes autrement qu'un autre qui est contraint de voir d'abord dans l'homme le rival auprès de la femme [1]. » Mais attention : qu'un individu ne soit pas confit dans l'hétérosexualité monogamique dominante, très bien; une sexualité libre et pratiquée comme recherche, par exemple homosexuelle, de jouissance, voilà satisfaites les conditions d'un rapport sain à l'enfance (jouir est encore le support le plus facile, le plus simple d'une relation entre deux êtres). Le rapport malsain à l'enfance, par exemple le rapport pédagogique (militaire et religieux), fonde sur une soi-disant période de latence chez l'enfant (invention de Freud) la nécessité pour l'éducateur de faire ostensible-

1. « Sur quelques mécanismes névrotiques dans la jalousie, la paranoïa et l'homosexualité », article de 1922, tome XIII des *Gesammelte Werke;* traduit par J. Lacan, *Revue française de psychanalyse*, 1932, n° 3, p. 391-401.

ment le sacrifice de ses pulsions. Bref, ce n'est pas avec des pédagogues refoulés qu'on protège les enfants (de la pédérastie des adultes).

Donc, *sous* la religiosité, l'homosexualité. Et ce « sous » peut être sans soutane. Ce qu'il faut craindre, chez le bénévole, c'est sa faculté de sublimation et de refoulement. « Du point de vue psychanalytique, nous sommes habitués à concevoir les sentiments sociaux comme des sublimations de positions d'objet homosexuelles. Chez les homosexuels doués de sens social, la séparation des sentiments sociaux et du choix d'objet ne serait pas complètement réussie. » Le danger, dans le bénévolat, est moins dans l'obscurité des motivations et des gratifications pulsionnelles (qui peuvent être narcissiques, sadomasochistes, etc.), que dans l'instauration fréquente d'une *logique de la compensation*, entraînant une dépendance de plus en plus étroite du « bénéficiaire » par rapport au donateur. Freud, qui cherchait des clients pour les psychanalystes, a donc beau jeu de conseiller, comme préparation à l'exercice de la profession d'enseignant ou d'éducateur, « l'action approfondie de la psychanalyse », comme une « mesure prophylactique efficace » et facilement réalisable.

Enfance, sexualité. Il ne suffit donc pas d'aimer. Et aimer peut faire mal. Vampirisme, meurtre. Écarter le bénévole qui rôde. A tous les exploiteurs du corps de l'enfant, héros, masos, mystiques, je dis : allez vendre ailleurs votre force oblative.

Voilà qui est bien dit, mais qui éclaire peu le contexte social du bénévolat, comme institution (art de la transition). Ce qui ouvre de nouvelles questions : quel(s) message(s) émet l'institution du bénévolat? Qui est, en dernière instance, l'instituant? Comment se fait le recrutement, selon quelles filières? Dans quels classes sociales? Qui organise le bénévolat, et comment : supports, relais, principes? Et toujours à la clef, mais d'un autre point de vue : qui paie?

Autant de questions justifiant une recherche séparée et développée. Ici, sur quelques points déjà élucidés, quelques certitudes; sur d'autres, encore peu frayés, des hypothèses. Au lecteur d'inventer le reste : après tout, sauf s'il est critique de livres, ou s'il lit pour le compte de la CIA ou du CNRS, il est aussi un bénévole.

Les professionnels du champ social dénoncent dans le volontariat un danger permanent : concurrence déloyale, etc. On pourrait penser qu'entre le système capitaliste du profit et l'institution du bénévolat, la contradiction est insurmontable. Il n'en est rien : le capitalisme (qui, comme la psychanalyse, ne connaît pas la gratuité) tire un bénéfice secondaire, latéral, de l'organisation du dévouement. Le bénévolat, souvent patronné... par les patrons, *signifie* la possibilité d'en finir *à l'amiable* avec le travail salarié, dont il se pose moins en négation qu'en dépassement humaniste. Le travail bénévole, entendu comme exploitation consentie, constitue donc, dans tous les sens, une caution *économique* pour le système actuel des rapports de production et son idéologie humaniste.

Voilà — à la jonction de l'économique et de l'idéologique — le message le plus insistant que diffuse l'institution du bénévolat. Et qui pèse sur la nature même de l'intervention du bénévole, particulièrement dans le domaine de l'aide sociale, de la relation, de la prévention (dans le domaine du soin, le message pèse moins, marque peu : quand on tombe dans les pommes, peu importe d'être relevé par une infirmière ou par miss Charité). Le moniteur bénévole, par sa seule présence (quelles que soient la qualité du discours ou de l'écoute, la pureté des intentions), occulte, aux yeux de celui qu'il assiste et qui aura à la rencontrer, la (dure) réalité du salariat, comme vente de la force de travail. Des éducateurs salariés, et qui se présentent comme tels (quitte à devoir éponger quelques frustrations projectives : non, je suis pas ton frangin, ton copain, etc.), c'est-à-dire comme travailleurs, et non comme pseudo-donateurs charismatiques, constituent des supports d'identification beaucoup plus sains que ces êtres bénévoles et dévoués, qui ne peuvent *mettre en avant*, à défaut de pulsions et fantasmes moins avouables, que leur foi, leur tendresse débordante pour l'humanité, leur Amour — tout cela devant contenir, et faire oublier, l'institution qui les nourrit.

Parce qu'il y a toujours quelqu'un qui paye, les travailleurs sociaux doivent pouvoir apporter une réponse claire à la question des gosses ou des familles : « Qui vous paye ? » Et si la question n'est pas articulée (elle gêne tout le monde), à eux de la provoquer.

Pour être en mesure de se dévouer, il faut : avoir de l'argent pour vivre (pas nécessairement beaucoup) et du temps, en avoir envie ou y être induit par un cheminement socioculturel. Moins naïvement : l'essentiel est dans la vente de la force de travail; si tout est vendu, s'il reste peu d'énergie (psychique, affective) à investir, la question du bénévolat ne se pose pas. Le prolétariat, les exploités peuvent donc être mis hors de cause. Ce que confirment les enquêtes, malheureusement peu accessibles, qui ont été faites par les directions régionales de l'Action sanitaire et sociale.

De toutes ces déterminations, l'appartenance de classe est, on pouvait s'en douter, la seule basale : les autres y renvoyant toujours en dernière instance. Ainsi le « groupe de référence », qui joue un rôle, n'est qu'un affinement, en termes de code, de culte, de culturel, de la détermination de classe. Si l'on met de côté ce qui peut rester de sœurs, de religieux, de mystiques, de salutistes, de moonistes, on découvrira une régression équivalente dans les œuvres de charité, traditionnellement animées par les femmes aisées. Émancipation féminine aidant, le refoulement est moins fort, le bénévolat ménager moins prégnant, et plus large l'éventail des sublimations possibles. Il reste des bastions puissants pour les femmes de cadres supérieurs, d'officiers, de hauts fonctionnaires chrétiens : la Croix-Rouge, par exemple. Mais dans l'ensemble, la tendance est à la dévaluation du dévouement dans les classes possédantes.

On trouve, dans le numéro de décembre 1975 de la revue *Armées d'aujourd'hui* [1], une confirmation de cette tendance. Le sociologue de la revue constate qu'avec l'avancement de l'âge au mariage des officiers, rien n'est plus comme avant : le jeune officier tient à ses horaires, revendique, bref se désengage partiellement. C'est sa femme qui le pousse. Exerçant un métier, elle est donc « habituée au mode de vie des civils, au courant des indices, des revendications, des pressions, et surtout de ses droits. Elle connaît les programmes politiques.

1. Trouvé dans *Charlie Hebdo*, qui signale que cette revue est distribuée gratuitement dans les lycées, et commente : « Enfin, on sait toute la vérité! Si l'armée n'a plus le moral, c'est la faute aux bonnes femmes! » Oui, justement.

N'est-on pas dans l'année de la femme? ». Comme dans la Bible, le mal vient *par* la femme : « C'est par la femme que s'insinue, ainsi, la revendication dans les armées... » Avec une conséquence importante : « La femme qui travaille, parce qu'elle est plus indépendante, manque de disponibilité pour participer aux activités sociales qui étaient autrefois, et qui sont encore aujourd'hui, inhérentes à la condition d'épouse d'officier. Il existe souvent de leur part un refus systématique de s'intégrer dans les relations traditionnelles d'un régiment. L'épouse d'un officier nouvellement affecté dans un corps aura tendance à ne pas faire de visite protocolaire à la femme du colonel. Les raisons de ce refus tiennent autant à la timidité qu'à la crainte qu'elle éprouve de perdre une parcelle de sa liberté en se trouvant embrigadée dans des activités annexes qui ne l'intéressent pas. »

On ne peut être surpris qu'en se démonétisant rapidement chez les bourgeois, les pratiques altruistes, comme signes extérieurs de richesse, fascinent une partie de la jeunesse des classes montantes. Le bénévolat se rajeunit et se démocratise : tous les « responsables » le disent. Des jeunes, hommes et femmes, pas nécessairement aisés, pas toujours de la petite bourgeoisie intellectuelle, mais qui ont du temps et l'envie d'exercer des responsabilités ou d'aimer les autres (au bureau, à l'atelier, au magasin : ni amour, ni responsabilité) *s'adonnent* à des activités bénévoles : secourisme, sport, tourisme, socioculturel, catéchisme, militantisme, majorettes, etc. Que diable vient faire le militantisme là-dedans? Et pourquoi n'y serait-il pas convoqué, puisqu'on parle de bénévolat, de religiosité, d'homosexualité, etc.? Mais voyons, le bénévolat, ce n'est pas politique. Le bénévole milite pour l'apolitisme. Tous frères, tout secours, tout sourire. Qu'il y ait chez certains militants d'extrême gauche en France une propension à l'évocation fantasmatique du martyrologue, ne me fera pas réduire la lutte politique mondiale contre le capitalisme (et les trahisons du socialisme) à quelque effet pulsionnel, ni oublier les martyrs réels qui viennent ici, incontournables, au travers de mon analyse : Meins, Stagg, Overney, et tous les autres. Le soupçon psychopathologique, qui croyait alors pouvoir infiltrer « l'univers contestationnaire », fait pâle figure : et le contre-soupçon n'est pas loin, qui demandera ses titres, politiques et pulsionnels, à l'inquisition libidinale du militantisme.

La critique sociologique du bénévolat, dont quelques tracés viennent, trop rapidement, d'être dessinés, pourrait aussi découvrir dans les principes organisateurs des pratiques altruistes la marque du pouvoir économique (qui paie). Là aussi le dispositif (de soin, de prévention, de rééducation) mis en place est autoritaire et hiérarchisé. Le bénévolat n'est pas plus accessible à l'autogestion que le travail salarié. Rien d'étonnant à cela, s'il est l'envers complice de la division sociale du travail, et si ce qui l'organise est aussi ce qui l'institue.

Le capital est, historiquement, le promoteur du bénévolat. A la réflexion, c'est drôle; à l'expérience, pas tellement. Les classes possédantes ont, entre autres prérogatives, celle de promouvoir, de gérer et de contrôler les pratiques altruistes. Et de s'en faire trophée : aux pauvres, le dévouement des riches a toujours voulu se donner comme le signe d'une conciliation possible; entre riches, ce n'est qu'un signe extérieur de richesse, l'indice discriminatoire d'une appartenance exclusive. En fait, une facette méconnue du cynisme patronal.

Exemple : tel président de CREAI (Centre régional pour l'Enfance et l'Adolescence inadaptées) est aussi un patron de société, exploitant férocement des centaines d'ouvriers (auxquels il se targue de *donner* du travail), un habitué de la haute société et du Rotary Club. Ce n'est pas une exception : tous les travailleurs sociaux vous le diront, c'est partout comme ça [1]. Le système se caricature lui-même. Inutile, là encore, d'entrer dans le détail, de faire le recensement des têtes dans les conseils d'administration des associations gérant les œuvres charitables : rien que des notables, industriels, juges, supérieures de congrégations, directeurs de sociétés, commissaires de police, fondés de pouvoir. Plus quelques technocrates et petits-chefs. L'arrogante clique des poseurs de premières pierres et des crieurs sur tous les toits du BIEN DE L'ENFANT.

Et, notez, je ne suis pas démagogique, je ne parle pas des associations *à but lucratif*, dont certaines existent encore ouvertement. En général, la recherche dévouée du profit est plus camouflée de nos jours.

1. Disons presque partout. Le libéralisme de la loi de 1901 sur les associations a permis des initiatives progressistes — dont les effets tardent à se faire sentir.

Renversons l'image d'un secteur géré par l'État *et* par l'initiative privée, où quelques pionniers et promoteurs auraient ouvert les voies désormais frayées et balisées par les professionnels du travail social, avec l'appoint, l'aide complémentaire des bénévoles. *Ce sont les travailleurs sociaux qui sont encadrés par des bénévoles :* les notables dévoués de la charité en chambre, et les survivants ascétiques et banalisés de cultes qu'on ne cesse pas de dire agonisants et qui ont tout l'air de continuer à prospérer. Le bénévolat n'est donc pas qu'une idéologie, qu'une morale : c'est une structure déterminante du champ social.

Dans une telle perspective, et face à un pouvoir tapi dans l'ombre de la loi de 1901 sur les associations — loi qui peut être détournée —, les travailleurs sociaux savent à quoi s'en tenir sur l'apologie des pratiques altruistes. Et que ce monstre de bénévolontariat n'est que la *gestion libérale* de l'inadaptation par le capitalisme : que la colonisation des exclus par les bons sentiments.

Ils savent donc aussi ce qui reste à faire.

CHAPITRE III

La psychomédicalisation : ce que soigner veut dire

« L'important est de pouvoir discuter tous ensemble sur cette parole qui a été donnée par le gosse. » Un psy — en boîte.

Vous y êtes : personne n'y échappe. Majeurs et vaccinés. De la naissance à la mort, corps et âme, sexe et mémoire, *Lust und Leben*, homme et femme, *je* leur appartiens. Les progrès de la médecine ont doré la prison de la Santé. Le sanitaire est (aime, couvre, serre) le social. Et le secteur se découvre comme *hygiène :* mentale ou sociale. Être en vie (exaltation, peur, ébriété, foutre, merde, syncope, rire, vide : la poésie, quoi!), cela se soigne. On peut vous guérir de tout : de l'angoisse, du plaisir (homosexuel), de l'engagement (politique), de l'obstination (critique). Et même de vos doutes sur la valeur du traitement.

La psychomédicalisation de la vie, dans les pays capitalistes, mais aussi dans les pays de l'Est, a conduit au renforcement du contrôle social en général; elle représente l'impérialisme interne de l'État : ce qu'a montré, de façon éclatante, la sociologie des institutions médicale, psychiatrique et psychologique.

Les analyses sont faites : sur des textes majeurs (Laing, Cooper, Illich, Foucault, Deleuze, Guattari, etc.) a poussé cette vulgate antimédicale, antipsychiatrique, antipsychanalytique, qui hante, et de façon pas toujours révolutionnaire, les pensées des travailleurs sociaux. Et voilà où ils en sont aujourd'hui : à brûler les guérisseurs, mais poussés par quels nouveaux sorciers?

Pour moi, désertant, en solitaire, ce lieu trop commun, je me contenterai, en toute mauvaise foi, d'exhaler une assez méchante humeur. Ce qui va de soi, vous en conviendrez, s'agissant de médecine, de psys et de thérapeutes. Avant tout donc des prélèvements et des annotations. La médecine réalise une synthèse heureuse du dévouement et de l'intérêt; l'intérêt bien compris du médecin réside toujours dans le dévouement à la maladie du malade; doublement honorés, par la considération sociale attachée à leur fonction et par la spoliation légale du patient sous forme d'honoraires, ces nouveaux guérisseurs appellent le persiflage. On peut le dire : un médecin (non fonctionnaire) dont le revenu annuel n'atteint pas, en 1976, 200 000 F est ou un militant, ou un idiot fini.

Commençons donc par un rire franc, que nous autorise *la Croix* du 27 mars 1976. On y trouve, sur une page entière, l'interview d'un gynécologue... chrétien. Le journal le décrit ainsi :

> Totalement donné à sa tâche, dévoré par ses consultations, mais aussi par la nécessité de se tenir constamment à jour et par sa recherche de foi : « Être chrétien, pour moi, c'est soulager de mon mieux la détresse physique et morale. »

Pour lui, ça marche. En plus des consultations, il travaille dans une clinique et dans un hôpital. Comment soulage-t-il la détresse de celles qui se confient à lui? Comme il se plaint d'avoir trop de clientes, il écarte confidences et explications :

> Sauf dans certains cas précis, je freine la confidence. Si je m'attardais, au lieu de voir 15 personnes, j'en verrais 7 ou 8. [...] Tenez, une cliente est venue pour un fibrome. Je l'ai bien examinée et j'ai proposé une intervention. Elle est revenue avec son mari qui m'a dit : « Docteur, voici la radio de ma femme, nous avons tout notre temps, expliquez nous bien ce qui lui arrive, ce qu'on va lui faire. » Eh bien, non, je ne peux pas, pour chaque patiente, me lancer dans de longues explications anatomiques ou expliquer très en détail un traitement.

Bref, les médecins, comme le dit le journal, ont « la disponibilité dans la peau ».

La détresse et le lucre

La maladie, la détresse sociale constituent pour certains une source de profits; on sait que le secteur est pour la médecine un bon client : cible de choix pour la psychomédicalisation. Pas de maison d'enfants sans médecin-conseil, pédiatre, psychiatre ou généraliste; souvent, c'est la sainte trinité soignante : généraliste, psychiatre, psychologue. Il leur arrive de gérer directement des établissements de soins, de rééducation ou de formation (de nombreux instituts de formation de travailleurs sociaux ont à leur tête un psychologue ou un psychiatre); dans le secteur lucratif[1], ils contrôlent tout : c'est là que la chasse aux clients est la plus intense. Quand ils ne gèrent pas directement, ils sont là quand même : l'Ordre pratique le sous-main, ils s'infiltrent dans les conseils d'administration et les instances de tutelle, dans la tête des travailleurs sociaux comme dans celles de leurs clients.

Dans l'ensemble, l'état d'esprit est à la consommation : de médicaments, de services, de thérapies. Dans les internats, les frigos sont pauvrement remplis, mais non les armoires à pharmacie. L'anarchie dans l'organisation du secteur accentue cette tendance : des unités psychiatriques, des internats pour débiles « tournent » à 50 % de leur « capacité » : on recrute, on rabat, on prolonge le traitement. La création d'un nouvel IMP (Institut médico-psychopédagogique) provoque parfois, dans les établissements déjà existants, une intense mobilisation : des pétitions circulent, on alerte des notables locaux, on parle de suréquipement, de « compétition malsaine dans ce domaine ».

Le monopole des spécialistes et des guérisseurs se maintient malgré la remise en question générale des institutions de la Santé : l'Ordre des médecins subit une crise interne, les psychiatres sont anxieux, les psychologues divisés, mais surtout c'est la Sécurité sociale elle-même, comme institution, comme entreprise et comme idéologie qui est ébranlée. Le décalage entre dépenses et cotisations, dans le contexte inflationniste mondial, s'accroît; de tous les appareils bureaucratiques d'État, la Sécurité sociale semble le moins maîtrisable. Ce qui peut se vérifier dans la tentative de déposer « un rapport complet sur les principales charges supportées par les régimes de protection sociale et l'État », objectif d'une commission spéciale[2] mise en place fin 1974.

1. Les établissements à but lucratif sont encore nombreux dans le domaine de la Santé (cliniques, maisons de repos, etc.), beaucoup moins dans le secteur de l'Enfance inadaptée.

2. Il s'agit de la commission Grégoire, du nom de son président, conseiller d'État.

On attendait de cette commission qu'elle évaluât le montant des charges reconnues par la plupart des partenaires sociaux comme imputables à l'État : la fameuse question des charges indues [1]. On attend toujours. Ou plutôt la commission s'est tirée d'embarras en décidant de ne pas retenir le concept de charge indue. Pourquoi? Ce serait mettre en cause la légitimité des pouvoirs du Parlement et du gouvernement, qui procèdent à la définition et à la répartition des charges; mais surtout, déclarent ces zélés (hauts) fonctionnaires : il n'y a pas de définition explicite de la « nature » de la Sécurité sociale. Et là, ils sont dans le vrai : le malaise de la Sécu, ce n'est pas d'abord un déficit, c'est une incertitude idéologique. Comme banquier de la détresse, la Sécurité sociale sert les travailleurs *et* le capitalisme; comme institution, elle exploite les premiers et nourrit le second. Dans son organisation actuelle, elle couvre la dialectique infâme de la détresse et du lucre, dont le champ social offre à l'observateur la contemplation consternante.

Face à l'accroissement des coûts de la Santé et de l'Aide sociale, il existe des solutions techniques : pour un financement plus équitable (les transferts sociaux), mais surtout pour en diminuer le montant (recours à des méthodes préventives). On reste évidemment dans une vision économiste des problèmes : la prévention des accidents du travail diminuerait le nombre de handicapés, c'est un truisme; de même, sachant que de nombreux handicaps profonds (intellectuels ou physiques) se constituent dès la naissance, il est assuré qu'une surveillance préventive durant la gestation et les premiers jours et mois de la vie, et une amélioration des conditions de l'accouchement, épargneraient à beaucoup d'enfants d'entrer dans la vie comme tarés.

Toutefois, cette prévention médico-sociale risque d'être accompagnée d'un processus de bureaucratisation croissante des dispositifs de soin existants. Et la prévention reste un instrument technique : elle ne permet pas le dépassement des conditions objectives (écono-

1. On distingue deux sortes de charges indues : celles que le régime général de la Sécurité sociale n'a pas à assumer (frais d'enseignement des hôpitaux, amortissement des équipements, etc.), et celles provenant de l'insuffisance de cotisation de certaines catégories professionnelles. La question est donc en dernier ressort : qui paie pour qui? Un financement démocratique est-il envisageable, des institutions de l'État bourgeois?

miques et politiques), limitant la compétence de la Sécurité sociale à la régénération de la force de travail. Ainsi la recherche du profit n'est compatible avec la prophylaxie des accidents du travail que dans le cas où des investissements importants en matière d'équipements de sécurité sont jugés rentables. De même, si l'on considère le secteur de l'Enfance inadaptée dans son « organisation » actuelle, on s'aperçoit que des actions de prévention bien conduites *menaceraient les territoires, les privilèges et les féodalités consacrés des maîtres du soin et des conservateurs de l'inadaptation.* Lesquels ne sont pas prêts à lever le « tabou consécutif à un asservissement moral dépassé et qui, sous des formules d'une haute noblesse, masque une profonde volonté d'aliénation maintenue », comme l'écrit sans hésiter le président de la Mutuelle générale de l'Éducation nationale [1].

La contradiction principale (dont la Sécurité sociale tire à la fois son existence et ses structures) ne se dévoile que partiellement dans les questions de financement, de coûts, de charges indues. Elle apparaît beaucoup plus nettement dans les conflits opposant les médecins — l'Ordre ou la puissante Confédération des syndicats médicaux français, attachés à la défense du caractère libéral de la médecine comme « principe fondamental d'exercice de la médecine en France » — à la Sécurité sociale; par exemple, en 1975, quand la Caisse nationale d'assurance-maladie (CNAM) propose la création de centres de santé, à tous points de vue avantageux pour les usagers, mais qui eût porté atteinte au monopole du soin détenu par la médecine libérale.

Pour des raisons complexes, cette contradiction semble, à l'heure actuelle et en France du moins, neutralisée; la question n'en reste pas moins de savoir s'il est possible de juxtaposer, dans la même unité politique et sociale, une médecine libérale et une sécurité sociale. Contrôler, voire nationaliser la médecine (perspective réformiste, pourtant déjà vertigineuse tant l'Ordre est puissant), ne suffira pas à guérir la médecine du mandarinat des guérisseurs, ni à empêcher les spécialistes du soin de maintenir cupidement le malade dans un rapport malsain avec la maladie.

1. D. Forestier, *MGEN*, n° 31, novembre-décembre 1975, p. 5.

Position des psychiatres

> « Le père Fabre, dont le dévouement n'est pas en cause, passait toutefois pour un éducateur autoritaire, aux méthodes très personnelles, qui ne tolérait aucune ingérence dans la conduite de l'établissement. » *La Croix.*
>
> « [Ces témoins] précisent [...] avoir vu le père Fabre la traîner nue par un pied dans l'escalier, la tête heurtant les marches; lui donner des coups de pied; pendue les bras en croix dans sa camisole, les pieds ne touchant plus terre; battue à coups de corde; frappée violemment aux reins; la tête maintenue dans les W.C. sous la chasse d'eau; jetée en hiver toute habillée dans le bassin du jardin; dehors sans vêtements, en hiver, les bras attachés derrière le dos par une corde meurtrissant les chairs; bâillonnée de sparadrap ou d'une bande Velpeau; maintenue des heures dans la camisole; des nuits entières dans l'isoloir, baignant dans ses excréments; attachée ou pendue par des sangles à un tuyau dans la crypte ou la sacristie pendant les offices. » *Le Monde*[1].

Il faut d'abord parler des complices, de ceux qui sont du côté de l'ordre, de ceux qui se taisent, des éminences grises à tablier blanc qui s'entendent à ensevelir les « cas » sous la chape nosographique infamante de la psychiatrie traditionnelle. A l'Espélidou, on a beaucoup parlé du père Fabre, beaucoup moins du Dr André Savelli,

1. 23 juin 1976. Rappelons que le père Fabre était le directeur de l'Espélidou, cet établissement pour jeunes inadaptées de Saint-André-de-Sangonis (Hérault) où une enfant de 13 ans, Isabelle Le Menach, était morte le 15 février 1976, étranglée par un cordon de la camisole qu'elle portait.

directeur de l'UER de psychologie à Montpellier et neuropsychiatre attaché à l'établissement. Le Dr Savelli, grassement payé (comme Fabre, du reste, dont le salaire dépassait 10 000 F par mois) pour ses interventions, ne pouvait ignorer la « pédagogie » de la maison, ni le danger que représentaient l'isoloir et la camisole (d'usage courant à l'Espélidou) pour une enfant épileptique.

Ailleurs, dans tel IMP ou service d'aide aux toxicomanes, le psychiatre est aussi directeur technique; quand un conflit syndical éclate dans l'établissement, il fournira les arguments cliniques pour étoffer un dossier de licenciement (c'est quelqu'un qui a des « problèmes »: réduction, désormais classique [1], de la contestation à la motivation) et signifiera à qui veut l'entendre qu'il s'agissait d'une équipe psychotique ou que le délégué du personnel était un psychopathe.

On sait bien qu'après les réunions et les mises en commun du personnel, des conciliabules secrets rassemblent le directeur et le psychiatre : la psychiatrie fournit au pouvoir des armes remarquables pour déchiffrer le comportement des individus et signifier les événements de la vie en institution.

Il y a peu de structures dans le champ social qui ne soient l'objet de la sollicitude des médecins psychiatres. Lesquels écument en premier lieu les IMP et les IMPro [2] — la débilité est leur fort —, mais on les trouve aussi bien, à la vacation, dans les centres d'observation et les internats de semi-liberté, guettant le passage à l'acte qui fera du jeune caractériel un psychotique avéré; ils sont puissants dans les instituts de formation, qu'ils dirigent parfois, et présents dans la plupart des conseils d'établissements et des instances administratives gérant le secteur.

Il n'y a donc pas lieu d'opposer le cadre institutionnel psychiatrique surcodé par l'État aux associations régies par la loi de 1901, telles qu'on les trouve, apparemment plus libérales, dans l'Enfance

1. Classique depuis la tentative de réduction psychanalysante des événements de Mai 68 à quelque prurit adolescent patricide : et tant mieux si la mort du Père peut trouver à s'investir dans la lutte contre l'État bourgeois — il n'y aura jamais assez d'enragés pour cracher sur la figure du psychiatre ascétique, qui a pris la place, dans l'oreille du notable, des curés courtisans de l'Ancien Régime.

2. Instituts médico-professionnels, où se fait, pour les enfants et adolescents handicapés ou débiles, l'apprentissage du travail manuel.

inadaptée : il y a au contraire complicité et continuité, malgré l'hétérogénéité des structures, les établissements du secteur jouant le rôle de pourvoyeurs, parfois d'organes de sous-traitance, tandis que la psychiatrie y exporte ses cadres, ses modèles, ses méthodes. Si la notion d'homogénéité fonctionnelle a un sens, elle se dévoile ici comme l'unité en profondeur du tissu soignant.

La psychiatrisation *représente* en effet le modèle, toujours possible, toujours menaçant, de la prise en charge : sa vérité, au sens hégélien du mot [1]. Dans les processus d'invalidation, l'HP, l'hôpital psychiatrique, est la dernière instance, le *nec plus ultra*, la consécration du cas. On y aboutit rarement, *en tout cas*, de façon spontanée : mais quelqu'un peut pousser à la roue; il suffit d'une chiquenaude pour passer de la petite inadaptation à la grande folie. Tel enfant est insupporté dans sa famille (être sans famille ou de trop pour sa famille est un égal destin), on le place : il réagit, refuse, fugue, déserte l'école ou son travail; le psychiatre ou la psychologue de l'établissement commencent à s'intéresser à lui [2] (donnez à cet exemple banal le support visuel du film : images, au ralenti, de *l'éclosion du cas sous le regard des psys*, de leur connivence, de la jouissance nosographique), l'HP, qui fait un bon éducateur, le docilisera.

La lecture des rapports d'observation, des comptes rendus d'analyse psychologique démontre que la porte, ici, est toujours ouverte à la psychiatrisation. Les discours sur la folie et sur l'inadaptation se rencontrent dans le *cas*. Comment se constitue le cas? D'une activité biographique concentrée dans un dossier : le rôle du biographe est essentiel. Articulées dans le code psychiatrique, la présence et l'identité de l'enfant sont tout naturellement conduites au bord de l'invalidation; et tout naturel aussi est le passage du cas social au cas clinique. Deux exemples :

a. D'un rapport d'expertise récent (1975), établi par le Dr M., psychiatre, prélevons ceci :

> Le milieu familial ne peut être connu qu'à travers le dossier et les dires du garçon [...] *La faiblesse éducative des parents est assez évi-*

1. Comme l'animal est la vérité du végétal, ou le chêne la vérité du gland.
2. On trouvera, dans le chapitre suivant, le récit d'une telle « évolution ».

dente : ils sont littéralement désarmés devant ce garçon et ne semblent pas pouvoir se ressaisir [...] En ce qui concerne le garçon lui-même, *il y a incontestablement un physique qui traduit* une nervosité et une asthénie à la fois [...]
Au point de vue de l'intelligence [...]
Au point de vue caractériel [1] [...] Sa sensibilité, sans être très fine, est pourtant développée. Il éprouve de véritables regrets, *comme tous les instables de cette sorte.* Il souffre des situations désagréables dans lesquelles il se met, et en même temps il est incapable d'y faire face [...]
On se trouve donc en face d'un psychopathe instable intelligent [...]
Il est difficile maintenant de dissocier ce qui revient à la nature et au milieu [...]
Un traitement médicamenteux calmant est certainement à préconiser pour améliorer *la composante nerveuse.* Une psychothérapie n'est pas contre-indiquée, mais je pense qu'un régime d'internat, des attitudes pédagogiques bien adaptées peuvent en tenir largement lieu.
Le pronostic est évidemment très réservé : les rechutes sont constamment à craindre. [Je souligne, J. M. G.]

Dans ce rapport établi pour le compte d'un centre d'observation, rien de scandaleux, rien de crapuleux : c'est d'une psychiatrie ordinaire, la charpente de la description est des plus classiques (le milieu familial, l'environnement social, l'intelligence, le caractère, le diagnostic, le traitement conseillé et le pronostic). Le psychiatre, qui se projette ici, appartient plutôt à la vieille école : il n'hésite pas à parler de « nature », conseille volontiers les calmants, exprime des résistances (prudentes) devant la psychanalyse. Et pourtant, tout est truqué : cette observation n'est qu'une fiction [2] narrative, *déplaçant* le sujet du domaine des problèmes de l'adolescence dans celui de la maladie mentale. C'est là que réside la violence sémantique : dans ce léger déplacement, qui autorise toutes les évolutions, même les plus *réellement* pathogènes.

1. Caractériel est peut-être un lapsus. Après la description de l'intelligence, le Dr M. décrit le caractère : il fallait utiliser l'adjectif caractérologique. Lapsus qui fait signe : caractériel désigne une catégorie de l'inadaptation, l'antichambre de la folie.

2. Il est vrai que la biographie est un art de fiction.

b. Le même déplacement, mais dans un autre registre. Un garçon de 13 ans a des difficultés scolaires : trop choyé par sa mère, encore un peu bébé, pas de quoi dramatiser (mais c'est la fonction de l'écriture médicale, de dramatiser!). Ici, ce sont les difficultés scolaires qui sont traitées comme maladie; on en jugera sur ces échantillons :

> Cet enfant *présente* des difficultés scolaires *anciennes*, dans toutes les matières, *avec* désadaptation *aiguë* après une entrée en 6e [...]
> *Les antécédents* sont normaux.
> L'examen psychologique [...] *montre* des fonctions intellectuelles fort modestes, du niveau d'une débilité mentale légère, avec sentiments d'infériorité consécutifs à ce niveau modeste, infantilisme et immaturité [...]
> Il n'y a pas de *signes vraiment spécifiques* de dyslexie.
> Sur le plan médicamenteux, on pourrait l'aider en lui donnant deux mois sur trois, pendant les mois de classe : quinze jours de Cleregil adulte une ampoule matin, midi, quinze jours de Cerebrol une ampoule matin, midi [...]

Le lexique et la syntaxe (que j'ai soulignés) sont ceux du discours médical, le genre étant celui du tableau clinique. Donc, pour traiter l'angoisse des parents, des médicaments qui seront inutiles. Mais là c'est plus dangereux pour l'enfant, plus méchant : on parle de désadaptation aiguë, de débilité mentale légère — concepts creux, dont le pouvoir de fixation (du « cas »), le retentissement sur l'enfant sont énormes. C'est méchant et c'est bête, car les sentiments d'infériorité ne sont pas seulement « consécutifs à ce niveau modeste », mais aussi constitutifs du retard. Aucun sens de la dialectique chez ce docteur psychologue; ça n'étonnera pas le lecteur de Lacan : « [...] le médecin, qui entre tous les types d'intellectuels, est le plus constamment marqué d'une légère arriération dialectique. »

Il faut préciser l'angle d'attaque, distinguer entre amis et ennemis. Encore que nuire aussi gravement que possible à l'action et au développement de la psychiatrie me paraisse un objectif des plus honorables. Mais *la* psychiatrie, ça ne veut rien dire : ce n'est, comme le travail social, qu'un terrain de lutte idéologique et politique. La concurrence entre les thérapies, la percée de la psychanalyse, la relativisation des nosographies, l'analyse institutionnelle des structures psychiatriques ont dissipé le mythe d'une unité (aux effets contagieux) du traitement de la folie. Plus, dans le champ social, et notamment dans la formation des travailleurs sociaux, les « antipsychiatres » exercent une influence réelle; les agents de transformation sont parfois des psychiatres (toujours de formation analytique); et certains[1] d'entre eux ont connu, comme des assistantes sociales ou des éducateurs, répressions et licenciements. C'est un fait toutefois que les psychiatres opérant dans le secteur appartiennent, *pour la plupart et pour l'instant*, à l'ancienne école (c'est à cette condition qu'ils y ont d'abord été tolérés, avant d'y prendre le pouvoir que l'on sait). On peut raisonnablement conjecturer que l'investissement idéologique actuel de la folie (comme « grand voyage », etc.), le refus par les jeunes des valeurs et normes établies, produiront par réaction le retour du culte de la santé mentale. MM. Pauwels ou Dutourd y trouveront peut-être la matière d'un *Éloge de la normalité,* faisant culminer la nature humaine dans la possession d'une identité paisible, socialement repérable dans l'unité mécanographique d'un triangle, dont les côtés seraient constitués respectivement par le numéro de la carte d'identité, de la Sécurité sociale et du compte bancaire de chaque individu.

L'idéologie psychiatrique n'émane pas seulement des murs de l'asile : la sectorisation lui apporte de nouvelles forces. Disons que la sectorisation, c'est la psychiatrie du capitalisme bureaucratique moderne, de la même façon que l'HP était la psychiatrie du capitalisme manufacturier du XIXe siècle. Le secteur a l'ambition de la totalisation : il faut ramener le maximum d'individus dans le champ de la pathologie mentale. S'y inscriront donc la débilité, la délinquance, la névrose, l'alcoolisme, voire la drogue ou l'agitation politique. On trouve dans un prospectus détaillant les activités en 1971 d'une association de santé mentale (13e arrondissement de Paris) la remarque suivante, signée des Drs Lebovici et Paumelle, directeurs médicaux :

1. Comme on le lira au chapitre V.

> L'expérience menée au Centre de déficients moteurs et cérébraux a en effet montré qu'une action intensive et technifiée était susceptible de mobiliser profondément cette catégorie de sujets qu'on a tort d'exclure souvent du champ de la pathologie mentale.

L'élargissement du champ paraît être le souci primordial des promoteurs de cette association exemplaire, ce qui conduira à « ne pas négliger les couches les plus défavorisées de la population » et à accueillir les individus névrosés, dont « [l']invalidité sociale est aussi importante que celle des psychotiques » (*sic*). L'efficacité des dispositifs est d'abord quantitative et statistique : il s'agit de nourrir les « files de fonctionnement » (ensemble des sujets traités par un département), de diversifier les modes de prise en charge, de créer de nouveaux services, bref d'offrir au regard administratif le spectacle d'un organigramme somptueux. Tout cela fonctionnant sur le principe capitaliste de la conquête de nouveaux marchés; pas le moindre petit fou ne doit échapper à la machine. J'exagère à peine.

On dit volontiers que dans le secteur de l'Enfance inadaptée, l'idéologie médico-psychologique a remplacé l'idéologie religieuse. Nietzsche avait noté cette proximité historique du guérisseur et du prêtre. Ce qui se maintient, dans l'ère soignante, c'est bien la *croyance* dans la liberté d'action des intervenants, dans la suprématie de l'individu sur la détermination institutionnelle; voici, comme symptôme, ce qu'écrit[1] le secrétaire général du syndicat des psychiatres français :

> Il n'y a pas de bonne institution, ou, ce qui revient au même, toutes (ou à peu près) peuvent être bonnes ou mauvaises. Ni l'hôpital psychiatrique, ni le secteur, ni l'institution spécialisée, ni la psychiatrie de cabinet libéral ne sont des formules magiques. Elles vaudront toutes, exactement, ce que les hommes, chargés de les animer, sauront en faire.

Point de vue idéaliste, que l'organisation du travail social, et la place qu'y occupe la psychiatrie démentent visiblement. L'*assistance* idéologique apportée par la psychiatrie au travail social peut

1. Ch. Brisset, « Une dénonciation trop facile », *Autrement* (Guérir pour normaliser), n° 4, hiver 1975.

se vérifier *a contrario* dans la critique « antipsychiatrique » : la dénonciation d'Esterson, de Laing, de Cooper peut être étendue au secteur social. Quand Cooper décrit [1] le caractère irréversible et unidirectionnel de la communication entre le psychiatre et son patient, notant que la « réciprocité est impossible à l'intérieur de la structure paternaliste, infantilisante de l'institution psychiatrique », le travailleur social peut croire qu'il s'agit d'une description de l'institution rééducative. L'inférence lui paraîtra encore plus évidente dans ces propos tenus par Laing :

> [...] le personnel médical a sur ses malades, à l'hôpital, un pouvoir sans pareil ailleurs. Si le malade ne se conduit pas « correctement », s'il ne pense pas « correctement », on peut lui donner des médicaments, on peut lui faire faire des piqûres, des électrochocs, on peut le faire entrer dans un coma profond, l'enfermer, lui prendre ses vêtements, ses livres, son argent, on peut l'empêcher de voir des gens, d'avoir des responsabilités — même juridiques. Tout cela, on peut le lui faire, qu'il le veuille ou non [2].

Faits et dires de la psychologie ordinaire

La sainte parole psychologique n'est pas réservée, dans le champ social, aux seuls psychologues professionnels. Ce discours, tout le monde le tient — y est tenu —, est tenu de l'articuler. Une vulgate psychologisante organise les dispositifs, conduit les pédagogies, fixe les objectifs et les méthodes des intervenants. Prenez les techniques d'observation, dans les centres prévus à cet effet : tout se fait selon un code fixé par l'enseignement de la psychologie dans les instituts

1. D. Cooper, *Une grammaire à l'usage des vivants*, Paris, Éd. du Seuil, coll. « Combats », 1976.
2. *Le Monde*, interview du Dr Laing, 13 mars 1975. Est-ce pour faire contrepoids que s'y trouve juxtaposée une recension du Dr Escoffier-Lambiotte, qui parle des « théories plus ou moins délirantes » sur la schizophrénie, et affirme allègrement que « les expériences de R. Laing se sont traduites depuis dix ans par un tel laxisme nosologique et par de tels échecs thérapeutiques et sociaux que son influence a diminué dans les pays anglo-saxons »?

de formation. On parlera de « quête affective », de « modèles parentaux difficiles à supporter », « de père dévalorisant », de « situation œdipienne socialement saine », de « l'accès structurant au symbolique », de « projection sur l'image du grand frère secourable », etc. Bref, de la famille : via Rorschach, le MMPI (*Minnesota Multiphasic Personality Inventory*), ou le TAT (*Thematic Aperception Test*).

Que l'observation modifie le comportement des sujets observés, piégés dans l'imminence paralysante d'un jugement de valeur — intellectuel : tests de niveau; moral : tests de personnalité —, que la situation (d'observation, d'entretien, de test) puisse être vécue sur le mode du viol, que le jeu des relations interpersonnelles influe considérablement sur les résultats, tout cela, connu de tous les psychologues, n'apporte dans les faits que des éléments de pondération très limités, quand ils ne sont pas simplement négligés. Exemple (tiré du compte rendu d'un examen psychologique dans un centre d'observation) :

> En relation duelle, Agnès développe des défenses subtiles faites de [...]
> Le Rorschach dénote une affectivité très perturbée.

Mais oui : tout à fait banal, l'agencement signifiant se réduit au fonctionnement du code. Il est étrange que tant de travailleurs sociaux, après être passés au travers (durant les entretiens de sélection et les examens), éprouvent une telle fierté à s'en approprier les ressources discriminantes; non, pas étrange : manier le filtre ou le filet, ça vous structure la personnalité. On sait que si la situation d'examen produit des blocages chez les individus qui y sont soumis, elle produit des jouissances et des libérations (sadiques ou paranoïaques) chez les examinateurs. L'examen scolaire ou psychologique est dans un rapport métaphorique avec le jugement pénal : à la vie, à la mort. Et sous le juge, le bourreau. Une jeune fille, qui a des études (licence), écrit au journal *Libération* (16 février 1976) comment se sont passées les épreuves de sélection pour un poste d'éducatrice dans l'éducation surveillée; la hiérarchie des filtres, dossier, deux médecins à consulter, entretien avec la directrice et le chef du personnel, psychiatre, des tests psychologiques pendant huit heures, et enfin, pour couronner le tout, l'entretien avec le psychologue :

> J'apparais comme votre employeur en quelque sorte, de toute façon je serai payé pareil à la fin du mois, vous me cachez quelque chose, vous ne voulez pas tout me dire, avez-vous déjà été enceinte? Vous masturbiez-vous debout ou couchée? Nombre d'orgasmes? Vous êtes crispée, j'ai rarement vu quelqu'un d'aussi contracté que vous, ça ne m'étonne pas que vous soyez frigide, vous avez des relations sexuelles satisfaisantes quand même? Vous n'êtes pas souriante, comment s'appelle votre copain, que fait-il?

Elle refuse de raconter un rêve, dans les conditions de l'entretien :

> Vous saviez ce qui vous attendait, si vous le refusez, vous n'aviez qu'à pas venir, excusez-moi de vous avoir ennuyée, je suis méchant, j'ai peut-être envie de me défouler un peu, etc.

Tous les psychologues n'énoncent pas avec la même cordiale franchise le cynisme inhérent à leurs fonctions. Et tous pourtant sont amenés à classer, à éliminer, à invalider des individus *avant* éventuellement de les soigner. Psychologue est un nom noble mis pour *opérateur de tests*. Le test (qu'il soit d'intelligence ou de personnalité, pour reprendre le classement, très peu scientifique, des grandes catégories de tests) a toujours une finalité sociale : ce n'est pas pour aider le sujet à se connaître, mais bien pour le « situer » dans ses capacités [1], pour le classer, pour le retenir ou non dans le contexte du travail ou des études. Ce n'est pas un hasard si la définition psychologique et la mesure de l'intelligence (et donc la notion de débilité mentale) sont apparues au plus fort du développement des forces productives. En 1890, Kean Cattel, élève de Wundt et de Galton, utilise le concept de test mental; en 1911, Binet construit, avec Simon, une échelle d'intelligence, qui fonctionne toujours, dans la formule révisée par Zazzo [2]. Le pouvoir de mesurer l'intelligence donne le pouvoir de

1. Pichot (*Les Tests mentaux*, PUF, coll. « Que sais-je », 1967) définit le test mental comme « situation expérimentale standardisée d'un échantillon de conduite. Ce comportement est évalué par comparaison statistique avec celui d'autres individus placés dans la même situation, permettant ainsi de classer le sujet examiné soit quantitativement, soit typologiquement ».
2. *Nouvelle échelle métrique d'intelligence* : ou Zazzo dans le métri(que).

mesurer l'inintelligence : ainsi se constitue la notion, centrale dans le champ scolaire et dans le champ social, de déficit intellectuel.

Bien entendu, les psychologues ne veulent pas se laisser enfermer dans la fonction d'agents de tests, certains refusent d'en faire usage (se fiant à l'entretien, qui est encore un test, et des plus mauvais), tous conviennent des précautions à prendre dans la lecture des résultats. Ainsi Piaget, dans *Psychologie et Pédagogie* :

> L'inconvénient est que les tests ne mesurent que des résultantes et performances, sans atteindre leur mécanisme fonctionnel ou formateur. Il en résulte que, valables à titre diagnostique, ils sont insuffisants comme instruments pronostiques.

Or le système scolaire, et notamment ses dispositifs d'orientation, ne cessent pas de faire jouer les tests dans le pronostic : c'est même leur fonction essentielle; de même, le diagnostic de débilité est aussitôt converti, dans le secteur de l'Enfance inadaptée, en pronostic : c'est même sur lui que s'appuyent les institutions spécialisées. Dans un champ de forces politiques et institutionnelles, la distinction entre le diagnostic et le pronostic perd toute pertinence. Malheur aux simples d'esprit : le royaume des psys est à eux.

Testifouilleurs ou pas, les psychologues sont des opérateurs et des programmateurs dans la division du travail. Leur fonction essentielle reste de déterminer l'aptitude au travail des individus (orientation scolaire *et* professionnelle), de détecter et d'éliminer ceux pour lesquels un investissement en formation serait improductif. Les tests qu'ils mettent en œuvre viennent pour la plupart des USA (comme les théories et les méthodes qu'ils utilisent par ailleurs), où ils ont été confectionnés dans une dépendance étroite avec le développement économique et technologique. Le Wechsler, qui date de 1939, est le plus fréquemment utilisé en France (dans une version récemment réétalonnée); il permet à chacun de se situer dans la population selon le tableau suivant [1] :

1. Dans « Les tests mentaux », *Psyplix*, Paris, Théraphix (département psychiatrique de Rhône-Poulenc), 1971, tome I : tests de niveau, édition strictement réservée au Corps médical (*sic*).

		Pourcentage théorique
Très supérieur	130 et plus	2,2
Supérieur	120 — 129	6,7
Normal fort	110 — 119	16,1
Normal ou moyen	90 — 109	50
Normal faible	80 — 89	16,1
Limite déficience	70 — 79	6,7
Déficience	69 et moins	2,2

La déficience est à son tour divisée : on y trouve les débiles légers, puis les débiles moyens ou imbéciles, puis les débiles profonds ou idiots. Bref, tout le monde a sa place sur l'échelle. Quant à la scientificité du test, qui regroupe une douzaine d'épreuves, je me contenterai [1] de signaler l'une d'entre elles, une épreuve de compréhension ou test de bon sens, où il s'agit de raisonner dans des situations sociales. Il faut, par exemple, répondre à la question : « Pourquoi est-il nécessaire qu'il y ait des lois? » Une bonne réponse est : pour éviter le désordre et l'anarchie dans la vie sociale. Répondre, comme Rousseau : pour permettre aux propriétaires de conserver leurs propriétés, et aux riches leurs richesses, fera baisser votre note. Comme le fait remarquer la revue médicale *Psyplix* [2] : cette épreuve « permet souvent de reconnaître la déviance d'individus psychopathes ou schizophrènes (réponses bizarres ou perverses) ».

C'est une chose curieuse (l'une de mes plus mauvaises « mauvaises pensées [3] ») : les psychologues en France se perçoivent subjectivement

1. On trouvera une critique technique et idéologique des tests d'intelligence dans M. Tort, *Le QI*, Paris, Maspero, 1974.
2. *Op. cit.*, p. 19.
3. Je dois avouer au lecteur, qui en tirera la conséquence appropriée, que je n'ai pour ma part jamais atteint, dans l'échelle Wechsler mentionnée plus haut, le degré *très supérieur*, ce qui, pour quelqu'un qui se présente comme un théoricien du champ social, est assez consternant, et jette une lueur intéressante sur les motivations qui ont pu conduire l'auteur à de tels propos...

plutôt comme des analystes; dans leur profil professionnel, ils inscriront volontiers le soin, l'écoute, la compréhension, la relation, etc. Alors qu'en tant que corps, ils sont d'abord testeurs, filtres, sélectionneurs et censeurs! Cela peut se vérifier au sens pris par le terme *psychologiser* dans le langage des travailleurs sociaux (qui suivent *leurs* psys comme s'ils en étaient les ombres); psychologiser veut dire, dans le champ social et toujours en mauvaise part, qu'est attribuée, pour expliquer le comportement des gens, une importance exagérée à la structure subjective et au tissu relationnel, à tout ce qui peut s'appréhender en termes de motivations, de pulsions, de régression, etc. — et cela par l'effet de la méconnaissance des composantes sociale, politique, institutionnelle de l'environnement. Il ne viendrait à l'idée d'aucun travailleur social que psychologiser pourrait d'abord et plus simplement désigner la pratique du test : l'ordinaire de la psychologie.

Ce qui montre la nécessité d'une rectification « dépsychologisante » de l'image que ses praticiens cherchent à donner de la psychologie française, bien moins originale, bien moins réticente à l'imposition des modèles conceptuels et thérapeutiques anglo-saxons qu'on veut bien le dire.

L'attitude des psychologues par rapport à la psychanalyse le vérifie. Ceux qui en intègrent les données dans des processus de normalisation ne sont pas rares — même s'ils cotisent à l'École freudienne et viennent régulièrement béer à Lacan. Or, ce qui résiste à l'optimisme orthopédique du soin, au discours de la normalité, de l'adaptation, de l'évolution positive, de la restructuration, etc., c'est précisément *ce qui* dans la psychanalyse subvertit l'idéologie médicale. Laquelle veut, par exemple, guérir les enfants de l'enfance ou injecter la normalité chez les déviants : mais que peut, après Freud et ce qu'il a ouvert comme brèche dans l'humanisme occidental, assumer, creusé d'inconscient et enfant irréparable, cet « adulte », dont la pédagogie veut faire le modèle de toute socialisation, la relève (par suppression et dépassement) de l'enfant?

Le traitement variable de la psychanalyse par les psychologues explique que, dans le champ social, on puisse voir s'autoriser du nom de Freud des pratiques si différentes, voire si contradictoires. Bien que la théorie freudienne de la sexualité, de l'enfance, du destin des pulsions ne soit pas inconciliable avec les modes de normalisation pulsionnelle que supposent la rééducation et l'ergothérapie, on peut affirmer qu'elle reste massivement exclue du secteur sanitaire et social — sinon sous la forme expurgée des modèles d'explication et de traitement œdipiens dont le ronronnement fonctionnel entretient la léthargie des maisons d'enfants. Eh oui, on est tous « d'anciens bébés », et que ça régresse là-dedans ou je me fâche!

De toute façon, quelle que soit la manière dont la psychanalyse est investie dans une pratique de psychologue, on résiste mal, dans ce champ dominé par la médecine, à l'influence des psychiatres. La maîtrise du *déclic symptomatique* est universellement recherchée dans la formation des psychologues. Lesquels se pressent dans tous les lieux de représentation de ce déclic : ainsi, au centre d'hygiène mentale du 13e arrondissement à Paris, on vient au séminaire de Lebovici ou de Diatkine apprendre à poser ou à affiner un diagnostic (c'est le vieux dispositif de la présentation de malade, mais là, les gosses sont filmés par une caméra de télévision, ce qui permet aux psys de suivre l'entretien dans une autre salle). Beaucoup de monde, des femmes surtout : l'hystérie est une des formes de la féminité dans une société d'hommes; et la psychologie fiévreuse, embijoutée, clopante et clapotante, qu'on rencontre aux séminaires de Diatkine comme aux cours de Lacan, est une des formes de l'hystérie dans une société de petits bourgeois intellectuels. Mais chut, voici sur les écrans le maître Diatkine avec son « malade », un gosse de 7 ans, qui angoisse sa mère et intéresse le psychiatre. Il manipule des simulacres d'animaux, enferme, comme font la plupart des enfants, un gorille entre quatre barrières. Et voici le déclic : il approche, *de façon très directe*, une vache et son veau. Signe inquiétant, précisera le maître, la névrose ne remplit pas sa fonction protectrice d'inhibition, il n'y a pas de détour symbolique, au contraire une articulation directe de la libido à la représentation. L'enfant est prépsychotique, il faut une psychothérapie, il y a de l'Œdipe là-dessous, triangle mal assumé, convoquez les parents, etc. Or, le gosse vit dans une famille « artiste » (père artiste-peintre, mère sans travail); une vie de bohème, qui culpabilise la mère : dans cette famille, on doit aller au sexe sans détour (symbolique). Bref, c'est un petit garçon qui ne vit pas comme la plupart des petits garçons du 13e, et dans un contexte où la sexualité n'est pas platement inhibée comme dans les familles normales et sécurisantes, qui cachent le petit secret honteux. Le déclic, rapporté au contexte, ne signifie pas grand-chose; même si, avec l'angoisse de la mère, le gosse est peut-être menacé. Là où l'armature refoulante (la névrose) manque, il n'est pas nécessaire, docteur, d'y convoquer la folie : à force de crier au loup...

Freud voulait psychanalyser tous les éducateurs [1]. C'est une précaution dangereuse. Une précaution : l'accoutumance à l'attitude (parfois religieuse et ascétique) de l'écoute déjoue les velléités activistes; un danger : celui d'inscrire dans la petite jouissance exhibitionniste du divan des individus qui ont déjà pas mal tendance à tourner, angoissés et furtifs, autour de leur nombril. L'engagement politique est de loin préférable (du moins pour les enfants). Quoi qu'il en soit, aucune mauvaise pensée ne peut aller jusqu'à nier la réalité du déblocage que peut apporter à un individu en difficulté, et surtout à certains enfants enfermés (dans une famille, une mère, une biographie impossibles) une psychothérapie analytique bien conduite. Voilà qui fera plaisir à Framboise Dolto; mais sous la suavité, prends garde à l'épine, je ne parle pas de restructurer, moi, ni « de paroles vraies qui verbalisent une situation douloureuse », ni « d'assumer le rôle dynamique complémentaire régulateur [...] de la dynamique triangulaire père-mère-enfant [2] », je parle seulement de ces moments décisifs, dans la régression, le délire ou l'abandon que la psychanalyse sait exploiter pour permettre à quelqu'un de revivre (mais une rencontre heureuse peut suffire avec quelqu'un — ami, éducateur, psychologue — d'*éclairé*) *;* et je pense à un tout autre programme, qui ruine le fonde-

1. « [...] il faut savoir deviner, grâce à de petits indices, ce qui se passe dans son âme encore inachevée, lui témoigner sans excès l'amour qui lui est dû, tout en conservant l'autorité nécessaire : telle est la tâche malaisée qui s'impose à l'éducateur et en l'envisageant, on se dit que seule l'action approfondie de la psychanalyse est capable de constituer une préparation suffisante à l'exercice d'une pareille profession. »

2. Je suis injuste de prélever, presque au hasard, dans la préface qu'elle écrivit pour *le Premier Rendez-vous avec le psychanalyste* de Maud Mannoni, des échantillons de l'écriture de Mme Dolto, certes un peu raide, un peu psy pour tout dire, mais d'une si grande rigueur quand elle expose la contribution de Maud Mannoni à la recherche psychanalytique.

ment de la conception positive et normative du soin psychomédical, et dont Nietzsche, dans une anticipation géniale des découvertes de Freud, indiquait la formule dans *le Gai Savoir* [1] :

> Car il faut que nous sachions nous perdre pour un temps si nous voulons apprendre quelque chose de ce que nous ne sommes pas nous-mêmes.

1. N° 305, « Empire sur soi », Paris, Gallimard, coll. « Idées », 1972, p. 248.

CHAPITRE IV

Un foyer : scènes de semi-liberté

« [...] ces jeunes filles qui ne nous quitteront que sous la blanche parure de la mariée. » Les sœurs de la Charité.

Lyon, 1973. C'est un quartier prolo; mais là comme ailleurs, la spéculation immobilière remplace les taudis par les tours, chassant les pauvres et les immigrés, encore nombreux.

La bâtisse est sombre et froide, avec une petite cour et un mur de cinq mètres. En face, un square minuscule, avec marmots et retraités les jours de soleil; en bordure, un canal à chats crevés. Donnant sur le square, une église, une caserne de pompiers. Des fenêtres des cuisines, les filles les voient s'échauffer le matin.

C'est une ancienne prison. Puis maison d'enfants tenue par les sœurs de la Charité. Depuis 1972, la gestion de l'établissement est le fait d'une association expérimentée, laïque (loi de 1901), et qui contrôle huit établissements d'enfants et d'adolescents inadaptés. Ici vivent 70 filles de 8 à 20 ans, des « cas sociaux » ou/et des « caractérielles », réparties sur quatre étages par tranche d'âge. Les éducatrices sont laïques.

De la période religieuse, juste terminée, il reste une infirmière, qui a fait les colonies dans les bagages de l'armée, une concierge, une psychologue, des habitudes et une odeur mal définissable qui ne vient pas que du pourrissement des rameaux oubliés derrière les crucifix.

Refrain : La cour est sombre
La soupe est pas-bonne
La directrice est célibataire
La pédagogie est institutionnelle.

Décrire

Fiction ou théorie ? Difficiles à départager dans les maisons d'enfants inadaptés. Exemple : l'Espélidou du père Fabre (tous les journaux en ont parlé en février 1976, quand une fillette s'étouffa dans sa camisole de force). Mais c'est un mauvais exemple, la réalité dépassant là trop facilement la fiction.

On peut décrire l'espace de l'internat, la vie qu'y mènent les gens, les structures, la pédagogie, etc. L'internat est un habitat *et* un décor : agencement spécifique de murs, fenêtres, portes, escaliers, couloirs, salles communes, chambres — où peuvent se lire l'institution, son volume historique, ses projets pédagogiques, ses censures, caches et secrets, ses réserves, bref une topologie de la communication. Mais « se lire » fait problème : il faut distinguer, comme le font les linguistes, la signification et la symbolisation. Se méfier des interprétations, souvent psychologisantes : un Œdipe de bonne analyse traîne dans la cuisine. Que veut dire cette porte dérobée ? peut-être rien, n'y projetez pas un symbole. Le degré d'enfermement d'un internat, la qualité de l'internement ne sont pas en proportion de la hauteur des murs, ni de la distribution hiérarchisée des lieux. Les structures spatiales de l'internat ne sont pas immédiatement significatives : même si la gestion de l'espace semble désigner, au regard décodeur, un pouvoir, une hiérarchie, des interdits, une discrimination, etc.

Là aussi, dans ce foyer, la porte d'entrée est un lieu stratégique. C'est souvent comme ça : une « libéralisation » pédagogique (qui abat murs et cloisons, perce des fenêtres, crée de nouveaux lieux de vie et d'échange) reporte le poids de l'internement sur l'entrée. Du temps des sœurs, la disposition était artisanale : la concierge habitait une immense pièce et devait se déplacer, chaque fois qu'on sonnait, pour ouvrir le portail; le plus souvent, elle le laissait entrouvert, au risque d'infiltrations incontrôlées. Les nouveaux maîtres installent un dispositif coûteux (50 000 F) de filtrage, ce qui évite des déplacements fréquents à la concierge, mais surtout permet le contrôle des entrants et des sortants (voir figure ci-dessous). La peur est un mauvais architecte : elles sortiront quand même.

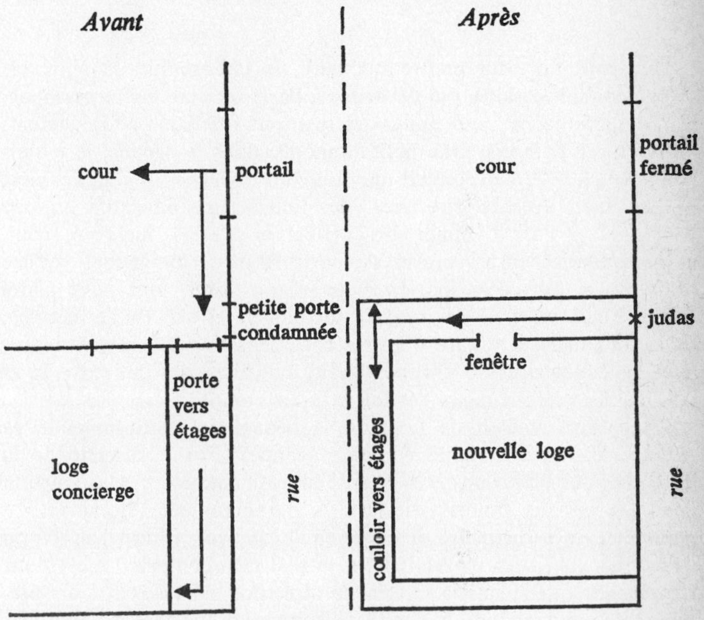

Refrain : La cour est sombre
La soupe est pas-bonne
La directrice est célibataire
La pédagogie est institutionnelle.

Éducateur!

Que peut faire un maître-auxiliaire de philosophie au chômage (viré pour subversion), qui débarque à Paris sans connaître personne, et n'a aucun talent pour nouer des relations fructueuses? Éducateur, vous l'aviez compris. Une petite annonce dans *le Monde*, je n'étais pas le seul à m'être découvert une soudaine vocation; malin, j'exhibe, à l'entretien avec la directrice, des antécédents éducatifs un peu romancés — l'art d'animer son curriculum vitae —, mais oui, scout, colonies de vacances, brevet de surveillant de baignade, service militaire, et attention, marié, aucun risque. Bref, tout pour plaire (mieux vaut cacher le doctorat de sociologie, les articles de théorie : ça la fout mal). Il y aura d'autres entretiens : avec la psychologue, avec les éducatrices du groupe. Quant aux filles, qui ont entre 16 et 20 ans, elles seront mises devant le fait accompli.

Dans cette maison de femmes, la pédagogie institutionnelle va injecter quelques hommes (un par groupe). Entrée discrète de la différence des sexes dans le dispositif éducatif (beaucoup plus voyante dans les réseaux fantasmatiques). A qui manquait l'homme? Au personnel, à la directrice, à la psychologue, aux éducatrices — ou aux « pensionnaires »? Mais non, je n'ai rien compris : c'est pour l'*autonomie* que je suis là, précise la directrice, elles feront leurs premières armes avec moi, ça facilitera leurs relations avec les hommes. Une idée idiote me vient (mais je me tais, j'ai mon loyer à payer) : pourquoi ne pas faire une maison mixte?

Bref, engagé. Comme dira une fille du groupe des grandes : « Pourvu qu'y ait quelqu'un. »

Refrain : La cour est sombre, etc.

Pédagogie, quand tu nous tiens

La soupe est franchement mauvaise : le foyer est nourri par un traiteur, qui travaille dans les restes (de restaurant ?), dans les invendus de boucherie et dans la conserve. Il y a bien une cuisinière, mais elle ne travaille qu'à midi (pour les rares filles qui mangent là), et pas tous les jours. La répartition est faite dans la cuisine (très bien équipée); le temps que les plats montent, quand ils n'achèvent pas directement leur course dans les poubelles ou dans l'escalier, ils sont froids. Mais, comme dit la directrice, on travaille surtout « dans la relation ». Entendez que ça psychologise à tour de bras et que, l'accent étant mis sur la qualité relationnelle du dispositif éducatif, les problèmes de nourriture, de sorties culturelles, les difficultés scolaires ou professionnelles des filles passent au second plan, sauf à être les symptômes d'une perturbation ou d'un malaise. Tout devant donc être *symbolisé*, chaque éducatrice, chaque éducateur s'occupera plus particulièrement de 4 à 5 filles, des relations avec la famille, de savoir « où elles en sont », etc. Et comme la confiance règne, comme la confiture, elles se « confient » toutes.

Donc la pédagogie est institutionnelle. Qu'est-ce à dire ? Aucune théorie pédagogique n'est explicitée dans l'établissement (c'est habituel dans le secteur Enfance inadaptée) : plutôt un ensemble de pratiques ritualisées, qui sont rapportées à une matrice commune, paradoxalement évidente *et* introuvable. Un secret opératoire : c'est de la magie. Pas un secret pour tout le monde : la psychologue, qui a introduit le modèle « pédagogie institutionnelle » en s'en réservant l'accès, doit en savoir quelque chose.

Le piège est en effet remarquablement tendu et, quoique complexe, invisible. Trois axes : régulation (de la vie des groupes), surveillance, prévention. A la base : la relation « duelle ». Les filles croient qu'on les écoute, alors qu'on les *observe*, en grimaçant le masque souriant de l'écoute. Tout ça est très amical, c'est pour leur bien, pour les aider. La plupart des éducatrices ne voient pas le piège, se prennent au jeu, papotent et font papoter, ça se fait naturellement, on apprend ainsi que Nathalie fréquente (« on » avait déjà noté qu'elle rentrait tard, se maquillait vif, dépensait tout son argent de poche), on saura bientôt qui. Et Claudine, vous avez remarqué, elle ne sort plus de sa chambre, a les yeux rouges, guette une lettre de sa mère, etc.

Tout cela, le « vécu » comme on dit, est *rapporté* à la réunion d'étage du vendredi après-midi, entre 14 heures et 17 heures, pendant que les filles sont en classe ou au travail (sur les 16 adolescentes qui sont là, la moitié environ est scolarisée). Assistent à cette réunion les éducatrices et l'éducateur du groupe, la directrice, la psychologue. On fait le tour des problèmes de l'étage, le « point » pour chacune des filles, les éducatrices racontent par le détail ce qu'elles ont vu, entendu, chacune apportant le matériel d'une analyse que conduit la psychologue, qui a compétence pour formuler l'interprétation juste. Claudine fait ci, Claudine fait ça... Directrice et psychologue, aux anges, écoutent, enregistrent, hochent la tête, se regardent de temps à autre — le sens naît.

La division technique du travail est clairement dessinée : les éducateurs fournissent les éléments d'expérience, la psychologue apporte le sens, et la directrice, au vu de l'ensemble des informations, prend les décisions appropriées.

Qu'en réalité ce système n'apporte *aucune aide* éducative, même indirecte, aux enfants et aux adolescentes qui sont là, mais représente pour les éducatrices une forme institutionnelle de *délation*, et, pour la direction, le déploiement d'une névrose — cela est visible au fait que le seul résultat notable du système est de rassurer tout le monde sur le fonctionnement du groupe, et d'éponger les menstrues psychologisantes de cette direction bicéphale. Laquelle n'a qu'une crainte, perceptible au discours (« personne ne nous a prévenues », « pourquoi ne pas m'en avoir informée ? ») : que quelque chose ait pu avoir lieu sans qu'elle en soit avertie.

Il faut ajouter, à ces réunions hebdomadaires, des réunions par groupes avec les pensionnaires, les éducatrices, la direction (psychologue et directrice), le psychiatre, une par quinzaine, et, toutes les trois semaines, une réunion de tout le personnel éducatif et de direction. Les réunions de groupe avaient une valeur de contrôle, de socialisation, elles permettaient à la direction de vérifier la qualité des observations rapportées par les éducateurs, et de livrer le groupe à l'observation *directe* de la psychologue et du psychiatre. Chose étrange, et indice supplémentaire de leur nature de « caractérielles », les filles les plus âgées du groupe désertent ces réunions, dans lesquelles elles se sentent « espionnées ». C'est l'intuition que sous le modèle « pédagogie institutionnelle » fonctionne le modèle médical de la présentation de malades.

Le plus éclatant, au travers de ces différentes réunions, dont la description fastidieuse n'apprendra rien aux éducateurs qu'ils ne connaissent déjà pour l'avoir expérimenté dans presque tous les internats, c'est la coexistence d'une volonté fusionnelle (tout le monde a le droit à la parole, « ici nous devons oublier nos titres ») et d'une distribution sévère des compétences et des pouvoirs, laquelle est le véritable message éducatif diffusé par l'établissement. Les réunions de personnel notamment ont donc une fonction de *prévention* : les contre-pouvoirs s'y démasquent. Comme se démasquent, dans les réunions de groupe, les opposantes à la répression pédagogique. Le silence initial souvent observé dans ce type de réunion trahit la peur du piège, et la conscience que c'est bien le pouvoir qui l'a dressé.

Oui, la cour est sombre, la soupe est pas-bonne, et si la pédagogie est institutionnelle, c'est peut-être bien parce que la directrice est célibataire. Refrain connu.

Le couple directif

Qu'est-ce que vous avez contre le célibat? Au moins, ça laisse les gens disponibles pour l'amour des enfants et la gestion des prix de journée. Donc ici, une direction à deux têtes : mademoiselle la directrice, virile/décisionnelle, madame la psychologue, féminine/interprétative. La première, récente dans la maison, est une éducatrice spécialisée, qui a de l'expérience et de l'énergie; la seconde secondait les sœurs de la Charité, donne des cours à l'Université et vit avec un mari pédiatre. Elle ne craint pas de faire ses heures dans le foyer en manteau de vison, mais son plus bel ornement est un sourire imperturbablement rayonnant qui conserve quelque chose de religieux.

Elle possède aussi une parole invariablement douce (en quoi s'écrase toute résistance violente); pratiquant les figures de l'ellipse et de la litote, elle aime à ramener un problème au conflit bien connu du désir et de la loi. Désir vient souvent, mais jamais jouissance, sexualité, baiser, etc. Et quand « désir » vient, c'est toujours suave, un peu britannique, la sonorité se pâme, irisée, le grand abandon gazouillé, ça s'étire dans la bouche, désir, le sexe parle, mais une langue surannée.

Cette douceur masque, dans le feutré relationnel de l'institution, le pouvoir considérable de la direction. L'ensemble du dispositif éducatif ramenant tous les événements *sous le regard*[1] de la direction, on peut affirmer que la « pédagogie institutionnelle » ne fonctionne là que comme ce qui peut empêcher le dévoilement de la structure profonde du pouvoir dans l'établissement. Il faut ajouter, pour être précis, que ce pouvoir n'est pas également partagé entre ces deux femmes, l'investissement n'étant pas le même : la psychologue n'intervient que dans les réunions, et reçoit qui le veut une heure chaque semaine. Elle ne fait pas de psychothérapie dans l'établissement. La légèreté de l'implication est compensée par le caractère inconditionnel de l'appui accordé à la directrice.

Comment se marque ce mode de gouvernement? Par l'exclusion des insoumis, comme toujours dans ce genre d'établissement : on licencie une éducatrice, d'ailleurs spécialisée, expérimentée, mais jugée trop peu distanciée avec les filles (et trop critique pour la direction, mais ça, c'est le non-dit); on essaie de faire placer en hôpital psychiatrique une adolescente particulièrement turbulente (voir plus loin). Et surtout, fantasmatiquement, tout le foyer s'ordonne autour de ce pouvoir bicéphale, provoquant, chez les filles, tentatives de séduction directe ou passages à l'acte agressifs, chez les éducatrices, mais aussi chez l'infirmière, la comptable, la concierge, des flux variables de rumeurs et d'humeurs : tout cela se marquant par des luttes d'influence ou de petites révoltes de palais, entretenant donc l'enfermement imaginaire des acteurs de l'institution dans un tissu relationnel poisseux, sans jouissance, *sans lutte réelle*, c'est-à-dire sans accès au politique.

1. L'institution est donc restée religieuse en profondeur. Il y a toujours une mère supérieure (en fait, elles sont deux) qui vous regarde partout où vous êtes.

Quant aux pouvoirs extérieurs, on les voit peu. L'association gestionnaire est encore à cette époque absente (ou presque) de la « vie » pédagogique de l'établissement; les instances de tutelle (juges pour enfants, direction départementale de l'Action sanitaire et sociale) n'interviennent que sur le mode de l'inspection, ou dans des cas d'espèce. L'imaginaire de l'institution n'en est que plus internant.

Refrain : La cour est sombre, etc.

Scènes

1. C'est avant Noël. On prépare la fête à la réunion d'étage. Chaque fille aura un cadeau. Une éducatrice demande « à combien elles ont droit ». La directrice répond vertement que cette question ne doit pas être soulevée par les filles. Il appartient aux éducateurs d'interroger les filles dont ils ont la « charge » pour « détecter » leurs vœux : « C'est un élément qui peut être significatif et nous apprendre beaucoup sur la fille », précise la psychologue. Naïves éducatrices qui pensiez que le cadeau, c'était pour faire plaisir — alors qu'il n'est qu'un instrument de l'observation!

2. Toujours en réunion d'étage. Et ça papote autour d'une nouvelle, Fabienne : comment s'est-elle « intégrée »? A été suivie auparavant par un éducateur, T., de l'AEMO (Action éducative en milieu ouvert), qui continue de s'occuper d'elle. Justement, Fabienne a rendez-vous chez le gynécologue, T. doit l'y amener. Gros émoi dans l'assistance. Je demande ce qu'il y a d'extraordinaire à ça. Apprenez, jeune homme, que « quand une fille va chez le gynécologue, c'est une visite qui est toujours investie, c'est pas comme aller chez le dentiste! ». Et la directrice de s'interroger sur les rapports de l'éducateur et de Fabienne : pourquoi continue-t-il à la *suivre*, etc. La décision est prise d'inviter T. à la prochaine réunion.

La semaine suivante, les mêmes, avec T. Ce dernier n'a pas l'intention de rester longtemps : il « suit » 76 garçons et filles dans le cadre de l'aide éducative. Il connaît Fabienne depuis longtemps, est un familier de la famille, et invite le foyer à ne pas faire effraction dans le passé familial de la jeune fille. La psychologue moralise : « Ce sont donc de mauvais parents pour toujours! » T. ne répond pas. Sans y être conduit par des questions, il raconte ce qu'il a compris, concernant Fabienne, en regrettant qu'elle ne soit pas là; du même coup, il démonte et ridiculise toute la construction du soupçon (dont il ne savait rien), soupçon, au minimum, d'être un éducateur trop « projetant », trop prompt à suivre le désir (ézir, zir, ir) de Fabienne; au maximum... On apprend aussi que T., qui est marié et père de famille, ne travaille plus en internat : il n'y était pas assez libre, ça mordait sur sa vie privée, se déclare peu doué pour les « fabulations psychologisantes »... Un ange passe. Mais ce n'est pas fini : on lui parle d'une visite chez le gynéco. En fait, il s'agit d'un pédiatre, et il exprime, sèchement, le souhait que pour des choses peu importantes, ce soit le foyer qui s'en charge.

Les mines sont défaites, après son départ. « Fabulation psychologisante » a porté. J'ai noté que jamais il n'a parlé de « cas », ni de « dossier ».

3. 17 heures. La réunion s'achève. Certaines filles sont déjà de retour. Elles veulent savoir des éducatrices ce qui a pu être dit à leur sujet. Florence surtout, qui sait qu'on a parlé d'elle, insiste. Elle veut savoir ce qui a été dit sur son compte. Les éducatrices restent muettes : secret pédagogique. Alors, mauvaise, elle lance à la psychologue, qui sort de la salle de réunion avec la directrice : « Vous psychologuez des cas pour vous faire du fric. » La p. se tourne majestueusement vers elle, et lui sourit sans mot dire.

Ce sont des caractérielles, vous dit-on.

Refrain : La cour est sombre, etc.

Semi-liberté ou pleine répression?

Les pédagogues sont des gens optimistes. On dit : foyer de semi-liberté, jamais foyer semi-carcéral, ni foyer de pleine répression.

Ce qui se passe dans ce type de foyer, et dans des centaines d'autres, est *homogène* à l'existence familiale. Comme dans la vie de la famille, des aspects riants, un dehors paisible sur fond de censures, de meurtres symboliques, de tyrannies obscures comme l'amour. Mais là, dans cette métafamille qui vit au foyer, c'est à la fois plus visible et plus monstrueux. Les ethnologues distinguent, parmi les différents types de familles, deux espèces caractéristiques : la famille étendue (que les auteurs anglo-saxons nomment *joint family*), qui rassemble autour du foyer et d'un patriarche (ou d'une grand-mère vénérable) plusieurs générations, et ce que nous connaissons comme famille conjugale (dite encore famille nucléaire) réduite au couple des parents avec les enfants.

Le tissu familial du foyer présente des traits observables dans ces deux types de famille. Le couple des ancêtres est bien là, de la famille étendue : nous l'avons nommé couple directif ou pouvoir bicéphale; dans d'autres établissements, on trouve de tels patriarches (parfois, dans d'autres codes, on trouve un matriarcat, avec une mère supérieure), au pouvoir incontesté, et qui règnent sur la génération des éducateurs et sur celle des enfants. L'internat de rééducation propose alors à chacun d'intégrer un lignage artificiel (qui justifie la *métaphore* de la famille patriarcale ou étendue), où les rôles de père, de mère, d'oncle, de tante, de frère, de sœur, de cousin, de cousine sont relativement indistincts (en tout cas, moins distincts et moins structurants que dans la famille nucléaire), dans la mesure où tout le monde vit ensemble sous la dépendance, réelle ou fantasmatique, de l'ancêtre commun valeureux.

Mais voici : pour la dernière génération, pour les filles du foyer, cette structure métafamiliale imposée (qui a son code, ses normes, ses rites, ses interdits propres) se heurte à l'héritage œdipien de la famille conjugale d'origine. La « prise d'identité », comme disent les psychologues, la « structuration de la personnalité » n'en sont pas facilitées. Comment se situer dans cette immense famille impersonnelle, dont l'objectivité inconsciente contredit et perturbe le discours conjugo-familialiste que la pédagogie y véhicule?

Cette contradiction, qui est en elle-même un élément pathogène et déstructurant, a échappé à l'attention de la plupart des théoriciens du champ social, qui voient bien le caractère familialiste des établissements pour enfants inadaptés comme des méthodes pédagogiques;

mais en méconnaissant la nécessité de distinguer entre famille étendue et famille conjugale, ils oublient de préciser *quel* familialisme est à l'œuvre. Or les monographies banales qui sont faites à propos de foyers ou d'internats, font apparaître la conglutination (souvent conflictuelle, parfois monstrueuse, comme à l'Espélidou du père Fabre) d'une structure patriarco-familiale et d'un discours conjugo-familial.

Ainsi Marjorie Samoff souligne [1] avec raison que le modèle de la famille nucléaire connaît, dans les établissements de l'Enfance inadaptée, une triple utilisation : « En tant que but universel de bonheur à atteindre, en tant que modèle totalisant d'explication des comportements, et en tant que mode de relation utilisé comme base de l'intervention thérapeutique. » Il faut toutefois ajouter que l'exploitation théorique et pratique de ce modèle est largement perturbée par la structure de l'internat, du foyer, où remonte, comme un refoulé en mal de retour, la figure de la famille patriarcale.

Dans le foyer ici décrit, cristallise une idéologie conjugo-familialiste, *à l'intérieur* de laquelle tous les « cas sociaux » — dont l'accumulation administrative, par mesures de placement, institue l'institution — sont représentés sur un mode œdipien à la fois évident et mystérieux. L'air est connu : quelque chose ne va pas avec papa-maman, d'où malaises, problèmes d'identité et de relation. Vieille histoire de famille. Jamais le foyer ne permet aux filles dont on « s'occupe » (dont on fait ripaille psychologisante) de s'arracher à cette constellation déclarée défaillante, de se vivre hors de l'opposition « mauvaise famille réelle »/« famille idéale imaginaire ». Certes, les filles en redemandent, de la famille! Et l'institution ne fait pas que répondre à cette « demande » : elle la devance, réinscrivant tous les effets de manque dans *la constellation familiale restaurée.* Tout ici diffuse le message publicitaire de l'ordre familial et matrimonial : « [...] ces jeunes filles qui ne nous quitteront que sous la blanche parure de la mariée. »

Pas moyen d'en sortir, de la famille. La preuve : presque toutes ont subi une fratrie nombreuse (6, 7, parfois 11 enfants), dans un climat de pauvreté, de frustration matérielle et psychique, et toutes veulent *fonder* une famille à leur tour, avec des enfants, mais cette

1. Dans « Familialisation et professionnalisation », art. cit.

fois, *sans problème d'argent.* Il est bien connu que les filles de 16-17 ans, qui ont « des problèmes », veulent s'occuper d'enfants, et la façon la plus économique de réaliser ce désir est d'en faire soi-même. Autoreproduction du secteur. Le foyer, qui est lui-même une grande famille, n'est-ce pas, voit dans ce désir, souvent exprimé à table, dans les réunions de groupe, un élément *positif* de réinsertion dans la trame sociale, le dépassement des blocages affectifs, la guérison de la phase caractérielle. Tout convie à cette heureuse issue : la pilule, à cette époque-là, est très mal vue (une éducatrice se fera licencier, entre autres, pour avoir envisagé une intervention du Planning familial, oui, en 1973); la directrice, au moment de m'engager, se félicite que je sois marié, s'inquiète que « nous » n'ayons pas d'enfants. C'est pour l'exemple (ce que j'ai nommé le message publicitaire de l'ordre familial).

Refrain : La cour est sombre, etc.

Qui regarde?

... non, le pittoresque, la monographie saisissante, la description poignante du vécu, te prendre par les tripes ou les sentiments, très peu pour moi.

Ceux qui attendent une parole d'éducateur seront donc déçus; déçus aussi ceux qui veulent sentir une présence « authentique », une implication profonde, ou plonger, sans quitter leur fauteuil, dans l'inconscient d'un foyer de jeunes filles.

Le sexe et la loi dans un foyer de jeunes filles : bon sujet, ça, tu parles, trente heures par semaine (plus deux nuits) pendant une année avec un groupe d'adolescentes de 16 à 20 ans, il a dû s'en passer des choses! Passe ton chemin, voyeur; celui qui regarde, qui observe (et d'un point de vue qui excède largement celui de la technicité pédagogique), avec le recul du temps, distingue mieux ce qui *était* en jeu. Les éléments d'expérience que je livre ici ont été choisis, sélectionnés pour leur vertu d'éclaircissement. Ces *prélèvements* vérifient une hypothèse simple : que rien dans cet établissement ne trouve *de l'intérieur* une explication suffisante. Les structures subjectives comme les orientations pédagogiques jouent un rôle : mais c'est un second rôle si on le compare à celui tenu par le contexte socio-économique. Élément d'une politique, fragment d'un équipement, ce foyer de jeunes filles, qui se vit dans un imaginaire relationnel nébuleux, transporte — bon gré, mal gré — sa petite cargaison de main-d'œuvre bon marché vers des emplois médiocres (vendeuses, ouvrières, femmes de ménage, rarement secrétaires : et là c'est une promotion).

De l'intérieur en effet, l'instance économique, dont la surdétermination est massivement opérante, n'est saisie qu'à travers un petit nombre de supports matériels, temporels, etc. (argent, comptabilité, prix de journée, apprentissage, visite à l'Agence nationale pour l'emploi, réveils matinaux), qu'aucune perspective unifiante ne vient éclairer. Il n'y a pas lieu de s'en étonner : la réinsertion sociale, pour laquelle l'établissement est mandaté, ne comporte pas, au contraire exclut la compréhension des mécanismes sociaux. Quoi, le capitalisme? Ne perturbez pas davantage ces pauvres petites qui ont déjà bien du mal à s'en tirer comme ça!

On ne s'étonnera donc pas non plus qu'ici, comme dans la plupart des établissements de ce type, l'écart soit énorme entre la réalité sociale et le discours *dans lequel l'institution est tenue* : les fanfares idéalistes de « l'épanouissement de l'homme », du « respect de l'Autre », de « la libération du Désir » recouvrent le réel sordide de la réinsertion et de l'adaptation.

Dans le ventre mou de l'institution, cet écart est vécu, et parlé (mais qui parle? l'ancêtre de la famille étendue, soit, en dernière instance, la psychologie), comme conflit entre le Désir et LA réalité ou LA loi, qui vont de soi et n'acceptent aucune réplique. Ou alors, si la réplique se présente, elle peut être traitée comme symptôme. On voit alors à quoi sert, économiquement, le concept de « caractérielle ».

Notez que ces questions restent explicitement dans le vague. On explore des symptômes, mais pas le contenu du concept psychologique de « réalité » : l'analyse s'arrête là. L'association gestionnaire reconnaît avoir une doctrine, mais non formulée. A la question de savoir comment elle s'insère dans la rééducation en général, on répondra que cette doctrine « se vit, mais ne s'exprime pas. Il y a un vécu, une recherche profonde, des rencontres, des échanges d'expériences... L'association s'est construite, et continue de se construire avec des hommes d'option spiritualiste, personnaliste, orientés vers les plus pauvres ». (Sur les 8 membres que comporte en 1973 le conseil d'administration, on trouve un ingénieur-conseil, un directeur de banque, un directeur commercial, le directeur d'un centre de rééducation.)

Il faut rapprocher de ce camouflage idéaliste, remarquablement opérant, la difficulté d'une implantation syndicale : et pourtant, il n'y a, à ce niveau, *aucune barrière objective* dressée par la direction du foyer ou par l'association de tutelle. La richesse du tissu relationnel, la viscosité de l'imaginaire institutionnel retiennent les éducateurs d'en sortir. Là encore, situation exemplaire pour le secteur.

Donc le grand bain idéaliste. Perspective matérialiste impossible. Lisez un livre sur l'éducation spécialisée, sur la formation, sur les techniques de soin, sur les idées psychanalytiques dans les maisons d'enfants, etc. : c'est toujours l'Universel abstrait, humaniste-chrétien *qui vous code le ça*. Je renvoie le lecteur au *Manifeste d'Amiens* cité en annexe. Freud à peine permis (et encore, un Freud expurgé, distingué, calmé, celui même où il se rangea, vieillissant); Marx impensé, méconnu, non lu, jamais explicitement interdit.

On comprend qu'il faille, pour s'y retrouver, d'assez violentes contorsions. Celui *qui regarde* n'a donc pas traversé l'institution indemne, en conservant la tête froide pour une évaluation lucide, impitoyable. Comme éducateur, il aura fonctionné, avant d'être démissionné, en support consentant (malgré les dérobades, les colères, les coups de gueule) de *cette* réinsertion sociale. Avant de mettre de l'ordre là-dedans, par l'effet d'une évaluation *a posteriori*, le sociologue iconoclaste aura fait un an le ménage — comme tout le monde : piteusement. Cela pour l'autocritique.

Refrain : La cour est sombre, etc.

L'amour éducateur

On sait, de l'amour, que « sa structure est fondamentalement narcissique » (Lacan). Aimer, « c'est essentiellement vouloir être aimé ». Dans ce foyer, le contenu de la fonction éducative n'est pas plus connu que la doctrine inspirant l'action de l'association de tutelle. La spontanéité est disqualifiée, puisqu'il y a pédagogie, donc attitudes, calcul, contrôle. Et il est vrai que le « bon éducateur », agissant par sa seule présence, par le seul magnétisme de sa « personnalité », est infiniment dangereux : la naïveté, le naturel occultant le jeu des inclinations et des dégoûts, sauf aux yeux des petits « sans famille » qui en baveront gentiment.

Évitant le piège et les équivoques de la spontanéité (de l'éducateur naturel), les éducatrices au foyer sont investies du mandat mystérieux de conduire à bon port (autonomie, réinsertion, familles, majorité) leurs adolescentes par l'effet d'un amour pédagogique. Mais comme toutes n'ont pas maîtrisé dans une école d'éducateurs spécialisés (elles ne sont que 3 sur 12 à être diplômées) le subtil dosage du philtre (filtre conviendrait également), leur pratique ou leur technique de relation oscillent entre une distanciation, qui peut n'être que de la sécheresse, et une implication, qui peut n'être que l'effet d'un naturel fruste. Tout cela, la pédagogie n'étant pas une science et l'équilibre entre l'identification et le recul nécessaires s'apprenant sur le tas, permet à cet amour de trouver son maître ou sa bonne fée dans la personne de la psychologue, seule à même de détecter et de réguler — au cours des réunions de groupe — le jeu des transferts et des contre-transferts.

Sous le regard de l'analyste, les éducateurs sont ainsi chargés (comme c'est excitant!) d'aller assez loin dans l'identification, mais pas trop quand même, pour s'entendre dire à temps : attention, casse-cou!

On peut s'extasier devant cette ambiguïté essentielle de la fonction éducative, et découvrir avec ravissement dans l'éducateur une des figures du *travesti.* Mais, est-il besoin d'y insister, c'est une figure pauvre, refoulée, hypocrite. Le jeu du masque, le jeu sur l'identité et la différence sexuelle se faisant ici, pour le travesti éducateur, *sans jouissance manifeste.*

A force d'être ressassées en réunions de groupe ou dans l'atelier pédagogique du centre de formation, ces questions d'implication et de distance ne soutiennent plus qu'une phraséologie dont le rôle est de masquer le dégueulasse de cette cuisine.

Les éducatrices, prenant *à cœur* le rôle de support d'identification positive que l'institution leur fait jouer, se comportent en bonnes mères et bonnes sœurs (comme on parle de bonne forme en *Gestalt-theorie*). Témoigneront donc en toutes circonstances d'une *égale* attention envers toutes les demandes. Censure des attirances et des répulsions, contrôle émotionnel, mais quand l'irritation est trop forte, ça se relâche quand même, l'hypocrisie éclate, et les filles savent fort bien qui est aimé, qui est subi. *Comme en famille.* Pédagogie *ex machina;* mais l'artifice ne paie pas, et la théâtralité de la fonction éducative ne conduit jamais, dans ces conditions, à la catharsis. Au contraire, le guide, le travesti, à force de jouer au support identificatoire, à son tour doute (de) son identité. Ou la redoute.

En tout cas, l'homosexualité féminine passe mieux dans ces maisons de femmes (où l'hystérie est dans la structure plus que dans les personnes ou les mœurs) que le coup de force, le passage à l'acte de l'amour éducateur hétérosexuel. Lequel met *visiblement* en danger le tabou de l'inceste (rapidement intériorisé par un nouvel éducateur), qui, pour être moins agissant dans la famille patriarcale que dans la famille conjugale, n'en suture/structure pas moins le tissu relationnel.

On a déjà noté que dans l'économie du dispositif pédagogique adopté par le foyer, *la place du mâle est symbolique* (pas signifiante). La sexualité (mâle) est évidemment indésirable. La fonction de l'éducateur se dédouble : maternage (comme les éducatrices), plus représentation de la virilité socialisée. L'éducateur de groupe doit offrir le spectacle du refoulement réussi de ses pulsions. Ainsi, la *castration exemplaire* de la sexualité adulte, posée en père substitutif, en grand frère secourable ou en tuteur valeureux, permet de maintenir le désir, sans le supprimer tout à fait (ce serait trop frustrant pour les pensionnaires), en bonne place : juste *sous* le tabou de l'inceste.

Ainsi va la répression, l'éducateur donnant l'exemple. Il sait émettre l'énoncé qui rassure : « Cette robe te va très bien », ou, « Qu'est-ce que t'es mignonne ce matin, tu vois bien que quand tu veux... » C'est structurant, ça. On peut aller jusqu'à l'amitié tendre, les effusions de groupe : baisers sonores de la fin du service. « Salut, les minettes, à mardi prochain. »

On sait que dans un milieu culturellement pauvre, la sublimation fonctionne assez mal. L'investissement libidinal se réalise alors en fantasmes, en violences, en percées vers le « dehors ».

Fantasmes (avec ou sans masturbation) : viol ou dévotion symboliques pour l'éducateur de groupe (lécher la petite cuillère qu'il vient d'utiliser pour son dessert), exacerbation « pop » sur les murs des chambres (les chanteurs figurant les voyeurs électifs de scènes d'onanisme bruyantes), fictions terrifiantes sur les satyres de minuit rôdant aux étages (satyres que les bons éducateurs se refusent d'être); la fabulation gagne toute la maison, jusqu'à la concierge, qui appelle la police, convaincue qu'elle est du déroulement de scènes « honteuses » sous la bâche d'un camion garé devant le foyer depuis plusieurs jours.

Violences : ça se bagarre ferme. Catch et sexe. Les filles, à leurs propres dires, sont très brutales entre elles. Justice sommaire, expéditions punitives : un groupe de filles fait irruption dans la chambre d'une « nouvelle », mal acceptée, chacune lui jetant au visage (les yeux lui brûleront toute la nuit) un verre d'eau avec de la lessive. Les éducatrices ne sont pas hors combat. Ni madame la directrice, qu'une fille renversera (« les quatre fesses en l'air », dira-t-elle) parce que la trouvant dans sa chambre, elle lui reproche d'être « toujours fourrée dans le slip des filles ».

Percées : heureusement, le dispositif éducatif, dont l'une des fonctions est encore, en 1973, de retarder la défloration et l'aventure, produit par moments (sans doute sous l'effet de la violence du refoulement interne) de véritables ruées vers l'extérieur, avec des scènes d'exhibitionnisme aux fenêtres, des fugues par groupes, etc. Au printemps, le feu au cul (Rimbaud, pudique, disait qu'on n'est pas sérieux à 17 ans), ça cavale, pied de nez aux éducatrices, ça travaille toute la fibre, toute la fente, d'avant en arrière et vice-vertu-versa : et dehors, ça se bouscule, autant dire, 70 garces enfermées, il y a du monde dans le square. Comme le système de la relation craque, on fait appel aux flics, qui sont prêts — et l'ordre psychopolicier bouche les ouvertures.

Refrain : La cour est sombre, etc.

Liliane

« La société m'emmerde, j'emmerde la société. » (Inscrit sur le mur de sa chambre.)

Voici vraiment une fille à problèmes. Qui donnera du fil à retordre à tout le monde : parents, juges, psychologues, éducateurs, commerçants, directrice d'école, profs.

Elle va sur ses 17 ans. Les problèmes sont déjà dans la famille, le père a été admis plusieurs fois en HP, vous pensez. Placée par le tribunal pour enfants.

Les autres la reçoivent plutôt bien : elle les fait rire. C'est rare pour une nouvelle. Rapidement, ça change. Supporte mal toute forme de « prise en charge ». Opposante et insoumise : bon analyseur (sauvage) du dispositif éducatif.

Au foyer, pour les grandes, la règle est d'*avoir une occupation.* Scolaire ou professionnelle. Liliane va tâter des deux.

Commence comme vendeuse chez un marchand de tapis. Présence irrégulière, retards, sort boire un pot, se moque des clients, etc. Virée au bout de quinze jours. Le travail ne lui plaisait pas : elle veut s'occuper d'enfants, mais elle est trop jeune pour ça.

Accepte de retourner à l'école (en CES). Là, c'est pire, elle fait un « malheur » (comme on dit d'une vedette de music-hall). Présence irrégulière, retards, sort boire un pot, se moque des profs, etc. La directrice du CES supplie qu'on la reprenne; au téléphone, je note, parmi les vociférations : « fille parfaitement peu intéressante »,

« J'ai 350 filles dans mon établissement, elle manque tout le temps, un professeur me disait[1] : le cahier d'absences, c'est un vrai cimetière. »

Donc une fille peu intéressante, et qui n'est jamais là. Comment peut-elle faire autant de grabuge? Réponse : « Il est dommage de sacrifier toute une classe pour une fille qui sait exploiter la situation avec talent. Elle est exhibitionniste et très insolente, le mot est faible — *elle entre dans mon bureau comme si c'était un moulin!* »

La conclusion de cette exemplaire fonctionnaire de l'Éducation nationale est simple : « Quand quelqu'un a une maladie contagieuse, on l'isole : d'une part on ne la guérit pas ici, d'autre part elle infecte les autres. »

A partir de ce moment-là, Liliane vivra plusieurs mois dans l'institution, au mépris de *la* loi (d'être socialement insérée), et en faisant jouer à fond la logique du système de l'aide sociale, qui fait que si des foyers existent, c'est précisément pour des « cas » difficiles. Elle « dévore » et « coince » les éducatrices, tout en proposant le spectacle d'une inéducabilité d'abord joyeuse et drôle, puis assombrie et angoissée.

Or, l'institution se défend. Analysé, le dispositif craque : il faut le restaurer à tout prix. Chance : la psychologie. Le mécanisme bien connu, de l'invalidation psychiatrique, va se mettre en marche. La psychologue estime qu'il faut une prise en charge plus « conséquente » (que peut l'être la relation éducative). Elle ne voit pas de différence qualitative entre éducation et psychiatrisation. *Et en effet :* d'une certaine façon, l'institution dans sa pratique a déjà aboli la limite séparant un foyer de rééducation d'une structure soignante. *Les filles sont si fragiles.* Montrant comment la psychanalyse a développé ses possibilités de contrôle social, R. Gentis écrit[2] : « Elle s'est forgé tout un outillage approximatif pour faire face à sa nouvelle tâche : les notions de *relation* et d'*attitude* y tiennent une place essentielle. Il s'agit de fonder et de codifier une nouvelle technique, où les infirmiers, les autres catégories éventuelles de personnel (ergothérapeutes, éducateurs, assistants sociaux, etc. — et pourquoi pas certains admi-

1. Ah, ces profs, quel sens de la formule!
2. Dans *La Psychiatrie doit être faite/défaite par tous*, Paris, Maspero, 1973.

nistratifs) et si possible les malades eux-mêmes et leurs familles deviendront les agents soumis et efficaces des desseins éclairés de l'analyste. »

Ne pouvant être ni scolarisée, ni salariée, elle peut être psychiatrisée. Oh, pas de gaîté de cœur ; le psychiatre et la psychologue « ne voient pas d'autre solution ». On se plie devant *la* réalité. D'ailleurs, dira la psychologue, « l'hôpital de jour n'est absolument pas une structure coercitive ».

Ces extraits d'une lettre de la directrice du foyer au juge des enfants (décembre 1972) montrent comment le terrain a été préparé, sur la base de l'équation inadaptable = folle :

> Depuis son entrée dans notre établissement, Liliane nous apparaît plus perturbée qu'à son admission.
> Nous attribuons ce comportement au fait que Liliane, malgré une certaine bonne volonté, ne peut s'adapter à une vie régulière [...]
> Cette impossibilité de s'adapter à un milieu quel qu'il soit nous fait poser le problème du maintien de Liliane dans notre institution.
> La condition absolue étant d'avoir une occupation, nous craignons fort que Liliane n'arrive pas à s'y soumettre [...]
> Il n'est pas impossible que durant ces derniers jours d'inactivité, elle ait fréquenté les jeunes oisifs du quartier Latin avec toutes les conséquences éventuelles [...]
> A souligner que dès sa sortie de l'école, nous avions pensé à un hôpital de jour (centre X). A l'époque, Liliane n'était pas très décidée et le centre avait demandé un temps de réflexion.

La décision est prise, mais elle va se heurter à une double opposition. La première, qui n'aurait guère eu de poids sans la sanction de la seconde, est celle des éducatrices du groupe (qui n'avaient pas été consultées). L'une d'entre elles, notamment, bien que travaillant dans le cadre de son préavis de licenciement, alerte ses collègues et une assistante sociale, dans une lettre circulaire, qui dénonce « les risques graves de régression et de destructuration qu'on fait courir à Liliane en la plaçant dans un établissement qui reçoit des jeunes aussi perturbés. Lui présenter cela comme un groupe de loisirs relève de la pure hypocrisie, et L., qui déjà a des craintes et commence à répéter "je ne suis pas folle", verra tout de suite de quoi il retourne ». Décrivant le contexte familial que cette éducatrice, qui a suivi de très près l'évolution de Liliane, connaît bien, elle insiste sur la « stigmatisation » du père par le groupe familial et par la morale courante; favorable, comme l'assistante sociale et les éducatrices du groupe, à une psychothérapie, elle s'étonne que « les arguments en faveur d'un placement de Liliane en HP de jour soient de l'ordre suivant : elle ne veut pas travailler, elle ne veut plus aller à l'école et n'y est plus supportée, elle ne peut rester ici à rien faire, alors, on ne peut la mettre qu'en hôpital de jour ». Refusant « l'hypothèse que recevant un coup de bâton sur la tête et un coup de pied dans les fesses, Liliane ne se réveille et accepte la "réalité" dans son ensemble », elle note qu'une prise en charge multiple et discrète du groupe éducatif dans son ensemble s'est manifestée à propos de Liliane, ainsi que la conscience chez les autres filles des difficultés propres de leur camarade.

Ces positions, il faut le répéter, n'auraient pas pesé lourd (la psychologue parlera, à propos des éducatrices et de l'éducateur de ce groupe d'une « équipe psychotique, enkystée dans la maison ») si le Centre sollicité n'avait pas refusé d'admettre Liliane, en précisant que la nécessité d'un traitement psychiatrique n'était aucunement patente. Vous voyez bien : la sectorisation n'est pas aussi vache qu'on le dit, on n'y psychiatrise pas à bout de bras.

Chance pour petite Liliane? A défaut de la rendre folle, on la fout dehors. Au mois de mars, et sous le prétexte d'une altercation violente avec une éducatrice d'un autre groupe (qui lui *fait sentir* qu'elle est assistée par le foyer, et incapable de gagner sa vie).

Extraits d'une lettre de la directrice du foyer au juge des enfants (mars 1973), l'informant de l'exclusion de Liliane, remise à ses parents (on notera qu'elle n'abandonne pas l'espoir d'une psychiatrisation) :

> Vous savez combien nous avons de difficultés avec cette jeune fille et nous vous en avons informé par lettre du [...]
> Depuis, Liliane n'a toujours pas d'occupation et les conséquences commencent à se manifester :
> — attitudes asociales (par exemple, refus de dormir sur un sommier et dépôt du sien dans la salle de séjour);
> — non-respect des horaires;
> — enfin, aujourd'hui, en face d'une éducatrice qui a eu des exigences envers elle, elle s'est ruée sur cette dernière, la frappant for-

> tement et disant : « Je suis malade. Vous n'avez pas le droit de me contrarier. »
> Les règles de notre institution sont formelles : toute enfant agissant de la sorte ne peut être maintenue dans l'établissement.
> Nous sommes désolés de n'avoir pu mieux nous occuper de Liliane, mais il est certain que son cas ne relève pas de notre institution et qu'il serait peut-être souhaitable de reprendre contact avec le centre X...

Morale : il est plus économique de douter de l'équilibre mental d'une adolescente que de l'efficacité d'une pédagogie.

Par la suite, Liliane a fréquenté les jeunes oisifs du quartier Latin, et elle ne s'en est pas portée plus mal; peut-être pas mieux non plus : *elle avait besoin d'être aidée*, à ce moment-là de son existence, comme cela peut nous arriver à tous. Ne pas en faire une belle figure d'anarchiste sauvage, même si elle avait mis à nu, en toute innocence, l'objectivité inconsciente de l'institution — sacrilège appelant les derniers châtiments.

Refrain : La cour est sombre, etc.

La sortie d'Élisa

Il y eut des évolutions positives. Le foyer ici décrit n'est pas plus répressif, plus mutilant que la plupart des établissements du même type. Certains enfants s'en tirent (rarement seuls); d'autres craquent, ou se tirent (fugue, suicide — la proximité du canal aurait pu induire à cette issue, mais, rassurez-vous, les désespoirs étaient habituellement détectés à temps); la plupart se structurent dans l'assistance.

Élisa s'en tira bien. Entrée gamine au foyer, elle en sort à 18 ans : sortie difficile, elle était aimée de la directrice. Longtemps murée dans le manque du père (les parents s'étaient séparés) que la stratégie relationnelle, volontiers régressive, du foyer rendait douloureusement vivace : attente anxieuse d'une lettre, dépression quand est annulé un séjour auprès de son père. Ce que disent ses poèmes :

Je regrette l'odeur de l'herbe séchée
Je regrette l'odeur des goémons
Ce matin un avion à réaction est passé dans le ciel,
Et les souvenirs heureux de mon enfance ont afflué dans ma mémoire
Et cette odeur d'herbe séchée,
c'est pour moi mes jeux d'enfant, mes vacances
à la campagne, lorsque je ne savais pas que la
mer était belle. Pourtant cette mer, je la connaissais
mais cela aussi n'était qu'un souvenir, un heureux
souvenir.

C'était mon père... cette mer
C'était la force... cette mer.

Ou encore (mais, là, oedipianissimo, « lui » n'est pas nommé, alors prière de retenir vos grilles de lecture) :

Aujourd'hui elle a besoin de silence. Peut-être
qu'ensuite, elle sera plus calme... Pour le
moment, elle voudrait la mort.

... Aujourd'hui elle rêve d'une plage comme
celle où ils se rendaient ensemble.

Aujourd'hui elle rêve de ce silence qu'ils laissaient
planer sur eux. Cette paix dévoilait tout ce qu'ils
n'osaient exprimer. Elle rêve des vagues
qui venaient lécher leurs pieds, le soir lorsque
la lune, seule, éclairait toute la ville.

Aujourd'hui elle rêve de ce temps où ils n'étaient
qu'insouciance. Elle rêve sans arrêt, nuit
et jour, de lui.

Douce régression enfantine. Avec la complicité de l'institution; tout ça va craquer en quelques mois, la métamorphose est si brutale qu'elle inquiétera ces mères protectrices et dévoreuses qui entouraient Élisa. Quoi, déjà une jeune fille *là-dessous?* Une vraie libération : pilule, une psychothérapie, un mec (pour commencer) et des perspectives professionnelles pour l'avenir. Le ton change, le sexe parle :

Cette aiguille
Sur ma table
M'obsède
J'ai envie de la saisir
Et de l'enfoncer
Dans ma chair
Cela ne me ferait pas mal
Elle luit à la lumière
Elle me fascine
Je sens que je vais la prendre
Je me débats contre moi-même
Elle doit rester à sa place
Elle ne doit pas me faire mal
Je ne dois pas
Je n'aurais pas dû
Le sang coule en silence
L'aiguille
Dans mon doigt
Ne brille plus
Elle a gagné
Je n'ai pas mal.

Dis-moi tout bas,
Chuchote-moi à l'oreille
Ces mots que je rêve d'entendre.

Enlace-moi doucement
Emmène-moi avec toi
Dans tes flots frais que je ne peux caresser.

Hurle rageusement
Crie ton désarroi
A ces rochers rudes qui te font mal.

Rattrape-moi furieusement
Attache-moi à des chaînes
A tous les bateaux naufragés.

Aime-moi lentement
Apprends-moi à t'appartenir
A vivre avec toi et en toi.

Emporte-moi vivement
Étreins-moi à en mourir
Et laisse-moi choir dans tes vagues.

Non, je ne traite pas ces poèmes en symptômes. Encore moins en tests projectifs pour sujets/lecteurs lacaniens. Je les ai cachés aux réunions du vendredi : assuré qu'ils eussent excité la curiosité de la direction — ils sont si « parlants », n'est-ce pas! Et je ne vous ferai pas le coup de la valeur littéraire pure. Alors quoi? Devinez.

Les chances d'Élisa : elle a trouvé *des aides là où il le fallait* (c'est-à-dire *pas* dans la relation et la macération continuée en souvenir du traumatisme de la petite enfance). L'équipe éducative qualifiée de « psychotique » force la décision, elle en fera son deuil. Elle n'est pas seule : l'amitié d'une prof de lettres (je ne vous étonnerai pas en disant qu'il s'agit d'une militante de l'École émancipée : c'est souvent le cas quand on trouve un enseignant qui ne fuit pas devant l'évocation d'une situation particulièrement douloureuse), l'intelligence d'un psychanalyste, qui commence par lui prescrire la pilule et de prendre son plaisir. Gratifiée par de bons résultats scolaires, elle obtient son CAP, et poursuivra des études, mais hors du foyer.

La cour est moins sombre...

Que faire?

Sans doute plus l'internat. Cette forme de rééducation a vieilli, son efficacité est contestée un peu partout. Ce qui le maintient, ce sont plus des habitudes d'éducateur, le conservatisme des services, que les besoins réels des « inadaptés ». Il y a d'autres solutions, pas plus coûteuses. Mais elles mettront du temps à s'imposer, exorcisme de masse et pratique de la ségrégation ayant partie liée.

A ceux qui demandent si l'internat peut guérir le caractériel, je ne répondrai même pas non. Question bâtarde. Se demande-t-on si la vie guérit l'angoissé? Aucun sens (sinon celui des aiguilles d'une montre, en direction de la mort). « Caractériel » est vraiment une fabulation de psy, une superstition de père indigne, une hypostase, un après-coup de l'internat. Prenez un adolescent dans sa famille, il devient bizarre, ne supporte plus ses proches, ne dit pas un mot ou, au contraire, explose, lance une assiette à la tête de son père : ça fait un petit drame familial, tout le monde s'énerve, et puis ça passe; le même adolescent en internat avec le même comportement : il a toutes les chances de se retrouver en HP.

Allons, un bon mouvement, un peu d'ouverture, de critique constructive : imaginez, puisque cet internat existe, que l'on vous y confie du pouvoir, et notamment celui d'y conduire un changement en profondeur. Soit, je l'amorce. Ce que je propose est simple et facile à mettre en œuvre ; attention : ce ne sont pas des recettes, mais des principes.

Donc se donner quelques principes de dérèglement intérieur, de désorientation pédagogique :

1. Leur foutre la paix (ce principe, non violent, devrait inspirer l'action de tous ceux qui veulent s'occuper d'enfants ou d'adolescents).

2. Virer la mère supérieure (de l'internat comme de la « vie intérieure » de chacun). Pas de regard transcendant pour nous expliquer ce qui nous arrive, et devant lequel se justifier.

3. Le premier qui parle de relation duelle, de désir, de structuration de la personnalité, paye à boire.

4. Miser sur les valeurs et les plaisirs matériels de la vie : de bons petits plats, qui donnent envie de manger et ne donnent pas de boutons (convertissez les vacations de psy, fort onéreuses, en desserts somptueux); fabriquer avec et pour les filles de jolis vêtements, engager des éducatailleurs, des éducouturières, maquillage, chirurgie esthétique s'il le faut — une jolie fille a toujours moins de problèmes. Et celles qui resteraient moches, en dépit de tous les efforts, elles

seront d'autant plus perturbées? Mais non, elles deviendront éducatrices.

5. Refuser d'entériner, les bras croisés, les échecs scolaires et le désintérêt culturel des enfants placés. Donc *ouvrir* l'établissement à des individus entraînants, éducateurs, psychologues, étudiants, militaires déserteurs, chômeurs géniaux, etc., tous au même grade et même salaire, et tous engagés dans une *lutte*, dont toute la maison doit donner l'image convaincante, contre la médiocrité intellectuelle qui se réfugie si facilement dans les lieux clos du secteur! Des éducateurs qui ne véhiculeraient pas le mépris dominant pour les activités intellectuelles, la théorie, la connaissance peuvent induire les jeunes en difficulté scolaire à des attitudes moins fatalistes. A partir des compétences existantes, se distribuer l'aide (combien d'internats peuvent exhiber un répétiteur capable de faire travailler les maths modernes?), et tant pis si le matheux ou le lecteur d'anglais ne s'embarrassent pas de contre-transferts (une contraception libre est toutefois indiquée)!

Une révolution culturelle dans la pédagogie? Même pas. Tout cela est possible en bougeant un peu les structures existantes. Et le prix de journée, l'agrément, les contrôles? Il faut se battre, inventer des formules recevables, ruser. Ce n'est pas en guettant, dans le bureau des éducateurs, l'appel téléphonique du directeur vérifiant si tout le monde est à son poste, que les choses changeront. Dormir, faire ses heures, se lancer dans l'activisme pédagogique, attendre une improbable autorisation — tout cela fait partie de cet *esprit de résignation* qui semble régner comme un fatum sur les internats. Et qui peut être cassé en définissant des modes de transformation progressive, sur la base de principes simples, élaborés en commun, éliminant ce dont plus personne ne veut : la religion, la psychiatrisation sournoise, les pédagogies de la frustration et de la soumission, la normalisation forcée des comportements, l'éducateur-tantouse, l'éducateur-ventouse, l'éducateur-éducateur.

Et puisque *éduquer* à la liberté est un énoncé malsain — dès qu'on « éduque à », on introduit la contrainte d'un projet pédagogique, la finalité d'un objectif —, sachez au moins inoculer votre venin, jeunes gens qui avez fait vos écoles : toujours plus de liberté, toujours plus de lutte, toujours plus d'exigence.

S'il y a quelque naïveté dans ce refrain-là, ça vaut toujours mieux que ce mélange d'enthousiasme lugubre et de médiocrité militante que nous lèguent les pionniers.

CHAPITRE V

Modèles et messages éducatifs

La plupart des travailleurs sociaux sont des éducateurs, mais il y a de l'éducateur dans tout travailleur social. Même si, dans le profil professionnel, la mission éducative n'est impliquée que de façon secondaire, elle existe : les travailleuses familiales ont pour tâche principale d'aider les mères de famille dans les activités ménagères, elles n'en ont pas moins un rôle de conseil, de soutien moral, d'éducation familiale au sens large; les assistantes sociales visitent, interrogent, observent, suivent, et surtout *rapportent*, mais elles s'efforcent aussi de convaincre parents et enfants de la nécessité de s'entendre, de se parler, de respecter les lois, etc. Tout cela est évident et bien joli. Ce qui suit le sera beaucoup moins.

La pédagogie, l'enfant, la merde et les faciès éducateurs

Que recouvre la fonction éducative? Que contient/cache-t-elle? Beaucoup de choses (dont les théoriciens de la pédagogie ont tendance à ne présenter que les plus communément reçues comme éducatives). Et d'abord un langage, un code de communication. Dans l'îlot éloigné de la civilisation que le père Fabre avait constitué à l'Espélidou, fonctionnait un idiolecte, inventé par lui, et qui donne la clef de tous les codes pédagogiques. Avec ses pensionnaires déficientes mentales, qu'il nommait avec humour les *hunors* (humains non raisonnants — une espèce de Hurons inférieurs en quête de missionnaires), il usait d'un code spécial, dont on a pu lire des bribes dans la presse au moment de « l'affaire de l'Espélidou » et qui ressemble fort, par la simplification syntaxique et l'appauvrissement lexical, à ce parler non codifié, mais pourtant existant, qui permet, dans toutes les langues des pays occidentaux au moins, aux bonnes femmes de converser toujours de la même façon avec les toutous, les chats ou les canaris.

La pédagogie est la langue de la communication avec les enfants; code encratique (pour marquer, avec Barthes, le pouvoir qui s'y institue ou s'y conserve) réglé et conduit par les grandes personnes à l'usage des « petites », qui doivent pouvoir appréhender les énoncés sans en connaître les modes d'énonciation. Comme le montre de façon exemplaire le parler *hunor*, toute pédagogie est ethnocentrique, inscrivant l'enfance, comme entité spécifique (voire comme mythe), dans un rapport de dépendance à l'adulte. Pédagogue est celui qui possède l'art de conduire les enfants (où? à leur mort symbolique dans la « maturité »); enfant, celui qui ne sait pas parler — ou, pour ne pas en rester au sens trompeur de l'étymologie, celui qui n'a pas encore réalisé son humanité. L'adultocentrisme de la pédagogie, qui fait de l'adulte la vérité de l'enfant (et beaucoup plus que cela : le maître absolu, avec droit de vie et de mort) est plus ancien que Hegel, plus ancien même que le (génie du) christianisme : il est aussi vieux que la prohibition de l'inceste et que le mouvement socialisant entraîné par l'exogamie (c'est pourquoi aussi la pédagogie a toujours pu s'entendre comme pédérastie contenue).

Il faudrait, pour cerner l'historicité de la pédagogie, pour comprendre notre histoire d'enfant interdit, pour expliquer les contradictions dans l'idéologie opposant des « courants pédagogiques » entre eux, il faudrait tout l'enchaînement d'une histoire du *rétrécissement* de la famille et du corps occidentaux, pas moins qu'une nouvelle histoire des religions, de la chrétienne surtout. Ainsi, hors de Hegel — avant lui, de Kant, le moraliste pur —, le salut a toujours été dans Rousseau, pour qui l'éducation classique n'est pas développement, maturation, etc., mais dégénérescence, corruption, perte du propre, perversion du naturel. Le refus volontariste de l'adultocentrisme, et des modèles éducatifs mimétiques et autoritaires qui en découlent, est déjà au centre de *De l'Émile* (« Il est donc insensé de vouloir donner l'instruction et l'éducation à l'enfant, car il est bien plus près que moi de l'idéal harmonieux du vrai, du beau et du bien vers lequel j'ai l'orgueilleuse prétention de m'élever »), avant de diffuser en direction des courants libertaires qui constituent aujourd'hui, dans les pays anglo-saxons et donc en France, l'envers complice des pédagogies autoritaires dominantes.

Un exemple de cette diffusion se trouve dans le mot d'ordre des pédagogues libertaires du début du siècle, *Vom Kinde aus* (à partir de l'enfant), qui *introduit* dans l'enfance elle-même la condition de possibilité de l'éducation. Les pédagogues des écoles de Hambourg [1] refusent la notion même de but de l'éducation, comme préparation à la vie adulte (« Il faut refuser de poser à l'éducation un but qui vient du dehors, qui découle de l'idéal social de l'époque ») ; en cela, et contrairement à Neil, à Freinet, à Montessori, pour lesquels le modèle pédagogique est inséparable d'une finalité sociale, ils transgressent en effet la clôture normative de l'intégration qui fondait, et fonde encore, toute visée éducative. Comme on sait, la transgression n'a pas résisté à la force hostile de l'environnement politique (les écoles libertaires de Hambourg, ouvertes en 1919, perdent en 1925 le statut d'école d'essai, et disparaissent en 1930) : terrible leçon de pédagogie politique pour toutes expériences éducatives marginales, tolérées comme « laboratoires » dans un système répressif.

Partons de l'enfant — il n'y a guère de pédagogie qui ne serine ici ou là ce mot d'ordre. Prenez les anthroposophes, ils sont encore assez puissants, soixante-dix écoles recensées dans dix-sept pays (surtout en Allemagne et en Suisse). La pédagogie de Rudolf Steiner [2] « repose sur une connaissance précise de l'enfant, des phases de son évolution, de ses besoins profonds. C'est conformément aux rythmes de sa croissance qu'elle lui présente les matières du programme »,

1. Cf. J.-R. Schmidt, *Le Maître-Camarade et la Pédagogie libertaire*, Paris, Maspero, 1971.

2. Inventeur d'une assez vilaine mixture de Hegel et de panthéisme édulcorés. Steiner définit ainsi le but de la société anthroposophique qu'il a fondée : « L'anthroposophie est un chemin ouvert à la connaissance et qui peut unir l'esprit qui vit en l'homme à l'esprit qui anime l'univers. » Cet éducateur se faisait trophée d'une vague rencontre avec Nietzsche, dont on sait le mépris pour les pédagogues de toutes confessions.

dit un tract de propagande qui en présente les vertus. Éducation non violente, qui tente d'accorder entre eux des rythmes biologiques et intellectuels, et de faire jouer une correspondance subtile entre l'individu et l'univers : « En fait, l'école n'a pas à donner une formation achevée, mais à préparer les enfants à la recevoir de la vie », écrit Steiner dans *les Bases spirituelles de l'éducation*. Mais la non-violence n'est que technique : ne pas imposer, à un âge ou à un moment inopportun, tel apprentissage; à 6, 7 ans, les enfants apprennent l'anglais et l'allemand en chantant et en jouant; la grammaire, la violence corrective ne viennent que bien plus tard. Comme toute pédagogie, celle de Steiner fixe à l'enfance un statut, lui donne un contenu (qui peut être mythique). Le tract dit encore : « Grâce à la variété des *matières* enseignées, l'enfant peut se développer et s'épanouir librement. Il pourra découvrir parmi les nombreuses *matières* celle qu'il aime le mieux [...] » Et si c'était la merde? S'épanouir, qui est l'objectif le plus fréquemment cité dans les projets pédagogiques, a trait à la défécation : contractions anales, soulagement, libération, *et*, en prime, production matérielle odorante et palpable.

La merde? Vous n'y pensez pas. L'éducation, justement, commence par là : la prime jeunesse, c'est d'abord, avec la station debout et la faculté de locomotion, avec l'entrée dans la langue et l'image de soi en miroir, l'éducation de la propreté, le chemin de la contention et de la maîtrise des sphincters. Comme il y a un refoulement primordial autorisant tous les autres, cette première maîtrise délivre un puissant message éducatif (débordant largement la seule acquisition de la propreté) : maître du pipi/caca, le petit homme *saura aussi* dominer ses pulsions, ses émotions, ses sentiments — colères rentrées, plaisirs contenus, visage composé, dressage du ça, simulation et dissimulation, calcul, bref tout le moi s'y engouffre (le moi, c'est-à-dire la négativité qui travaille déjà dans l'enfant, à sa perte).

Mais qu'est-ce qu'un enfant? Un petit homme, un moins que mûr, un projet d'adulte, une fiction de parents, un singe, un être spécifique, la vérité de l'homme (l'exemple de son inachèvement), une intensité, le désir? Puisqu'elle n'est pas sexuelle, de quel ordre est la différence entre l'enfant et l'homme, la femme adultes? Je n'en sais fichtre rien. Mais les pédagogues savent : ils savent que l'enfant est matière à pédagogie, support à prise en charge. La pédagogie définit l'enfance comme éducabilité. Et, contradictoirement, elle se présente elle-même, dans l'idéologie, comme *forme* vide, comme médium (entre l'enfant et l'adulte, ou entre l'enfant et la science ou la culture); elle se pose donc d'abord des problèmes de communication, de réception de messages. Par exemple : comment se faire entendre des enfants? En criant, en se mettant à leur portée, en punissant la résistance à l'écoute ou en stimulant leur capacité d'attention? L'éducation elle aussi réalise l'identité (écrasée) de la forme et du contenu : le message y est le médium, la pédagogie, c'est l'être-dans-le-monde de l'enfant.

En ce sens les modèles éducatifs, que nous connaissons, pour les avoir subis, pour les pratiquer ou en être imprégnés — et qui sont adultocentriques, autoritaires, normatifs, adaptateurs, mimétiques et répressifs —, ces modèles ne sont encore que le déploiement de l'identité à elle-même de la pédagogie comme forme; car le monde de l'enfant est bien ce monde où règnent ces adultes autoritaires, normatifs, etc. Il faut dans ce monde, où la survie dépend de la vente de la force de travail, *dresser le corps à l'économie :* principe de solidarité de la pédagogie et du système social environnant. La docilité au travail, l'auto-exploitation, la domination du principe de réalité sur le principe de plaisir — domination plus ou moins bien réalisée chez chaque sujet par l'effet de l'éducation — sont l'expression, bien connue et codifiée, de l'homogénéité des rapports de production et des modèles éducatifs.

Homogénéité dont les travailleurs sociaux sont les premiers à ressentir les effets, ne serait-ce que dans la détermination, malaisée, de leur mandat social; se reconnaître comme des opérateurs de socialisation leur est aussi difficile que, pour les psychologues, être figés dans les fonctions de préposés aux tests. Opérateurs de socialisation — disons plus précisément, forces de redoublement et de recouvrement, *agents du deuxième coup* dans la socialisation : ils *ré*adaptent, *ré*insèrent, *ré*éduquent. Ce serait une erreur de les définir comme des intermédiaires entre le corps social et les inadaptés : pas de réciprocité dans la communication, échange à sens unique, pas question pour les éducateurs de faire dériver les « adaptés » vers l'inadaptation.

Regardez bien au cœur de ce fameux mandat : vous y verrez fonctionner un *double bind*[1] du même ordre que celui repéré par Laing et Cooper dans la demande faite au prétendu schizophrène par sa famille; double postulation contradictoire qui les met en demeure de faire communiquer les déviants et le système social (de rétablir les ponts et des liens) et *dans le même temps* de couvrir les messages en provenance de l'inadaptation ou de l'enfance (lesquelles sont, devant la menace de socialisation, des alliées objectives). Les travailleurs sociaux servent à annuler l'information émanant des déviants, des marginaux et des laissés-pour-compte, information qui intéresse le système social qui les a exclus, mais dont personne, *dans* le système, ne veut entendre parler. Comme les media de masse[2], ils délivrent et censurent de l'information dans le même mouvement : c'est dans ce clair-obscur que s'enracinent la pérennité du code et la complicité criminelle des « partenaires » sociaux.

Toute la question est alors de savoir de quelle façon les travailleurs sociaux réagissent devant ce mandat pervers, *s'ils font corps* avec lui ou s'ils y opposent une pratique de renégats de classe, trahissant, pour le compte de ceux qui sont rejetés, la classe dominante et ses associés de la technocratie. Ce n'est pas si simple : une trahison trop visible les élimine rapidement (on licencie beaucoup dans le secteur). Donc la duplicité : mais il est toujours très difficile de savoir jusqu'à quel point l'individu travailleur social reste maître du jeu institutionnel. Une duplicité redoublée peut être une forme subtile de collaboration; en tout cas, ça laisse des traces, au moral et au physique.

Considérons le faciès éducateur : avec la distance nécessaire, sans ironie ni sympathie. Le visage est très important, du medium éducateur : c'est le premier message qu'il émette, celui qu'on reçoit en pleine gueule, et qui peut déterminer, au premier regard du jeune assisté, la nature et la qualité de la relation. Chez les hommes, la barbe, bien sûr — qui n'a pas qu'une fonction de réassurance sexuelle

1. Généralement sont postulées en même temps la guérison du malade *et* la reconnaissance, par l'autorité médicale, de la maladie (donc son maintien : « Elle est de plus en plus folle »), voire la vie *et* la mort du sujet. Cf. Laing, Esterson, *L'Équilibre mental, la Folie et la Famille*, Paris, Maspero, 1971 et F. Dolto, *Le Cas Dominique*, Paris, Éd. du Seuil, coll. « Points », 1973.

2. Sur cette question, cf. J. M. Geng, *Information Mystification*, Paris, Éd. de l'Épi, 1973 (notamment la deuxième partie et la conclusion).

pour des professionnels du maternage [1]; barbe de vagabond, de navigateur solitaire, barbe drue, asociale, le poil de l'homme à l'état sauvage (contrairement à la barbe civilisée du bourgeois distingué, que l'on soigne, coupe, dessine). Le visage en est creusé, émacié, les yeux en sont plus intenses. Cheveux longs et broussailleux. Le vêtement est habituellement négligé, sinon crasseux : tout y souligne le détachement, l'idéal ascétique, le mépris de la mode et des normes vestimentaires, le refus (contrairement à d'autres catégories de la petite bourgeoisie, juristes, employés de banque, représentants de commerce, etc., qui demandent au vêtement de signifier leur appartenance sociale) de la signifiance vestimentaire bourgeoise (qui culmine dans la cravate — nœud coulant — emblème de la domination de l'adulte-sérieux-responsable, etc.). Les éducateurs cherchent leurs modèles vestimentaires en deçà de la société industrielle : *comme* les hippies de la génération pop, ils empruntent aux figures archaïques du berger, du moine anachorète, du marin, des pièces de leur costume — vestes de mouton, sandales à lanières, pulls marins. Tenues de route et de grand air, goût pour la laine et le cuir, pour les valeurs artisanales. Tout cela fait très « petite annonce de *Libération* », mecs sympas et chouettes nanas, prix Libé; décidément, avec son air désespéré, avec sa démarche hésitante, avec sa gueule de métèque, de juif errant, de pâtre grec, comment voulez-vous que l'éducateur ne soit pas accepté, aimé par les marginaux et les déviants auxquels il fait l'effort de proposer une image de lui-même si ressemblante!

Le faciès éducateur n'est pas qu'un avatar de la pauvreté militante, ou de la mentalité économe de certaines couches de la petite bourgeoisie (dans un contexte social qui pousse toutes les classes sociales, et notamment le prolétariat, à la dépense vestimentaire, il n'y a plus que les instituteurs et les employés des bureaux de la SNCF ou de la Sécurité sociale pour continuer à se produire en costards usés, étriqués : minables); il diffuse un *message :* le grand refus écologique et moral, jeté comme une provocation prosélytique et dérisoire à

1. P. Fustier note la difficulté, pour les éducateurs spécialisés, de conserver une identité sexuelle mâle dans des fonctions de soin et d'assistance généralement perçues comme féminines. Cf. *L'Identité de l'éducateur spécialisé*, Éd. universitaires, 1971.

la face de la société de consommation. Peu de place, dans ce *message du corps et de l'air*, pour la jouissance, la danse, le délire, le beau sensuel : cet éducateur, maigre et barbu, qui prophétise, admoneste et condamne, n'est peut-être encore que l'envers complice du « beauf » de Cabu [1], gros et moustachu, qui lance à la cantonade, par rots et pets, le message inverse d'un épanouissement de bovin.

Et je ne parle pas des femmes, plus diverses et se prêtant moins à la caricature. Les jolies femmes ne sont pas nombreuses dans le secteur — notez qu'il n'est pas facile d'écrire cela, ce sont des choses rarement « verbalisées », et on a tort de ne pas tenir compte, de façon explicite, par exemple lors des épreuves de sélection pour telle ou telle profession sociale, d'une apparence agréable, d'un joli minois, qui ont immédiatement des vertus éducatives. La laideur est d'une mauvaise pédagogie (Nietzsche dit justement que « le spectacle de la laideur rend mauvais et sombre »); la plus vilaine fille du monde ne peut donner que ce qu'elle a, que ce qu'elle est, sa générosité, son amour des autres, le don de soi (qui, en l'espèce, est un cadeau empoisonné!). On sait que l'attirance pour les enfants, et surtout pour les enfants handicapés, disgraciés (faciles à séduire) est grande chez celles qui souffrent elles-mêmes d'un « petit handicap », d'une légère disgrâce (pif massif, poil dru, cul bas, etc.), qui réduisent les chances de séduire. Le temps n'est plus où l'origine de la vocation de telle bonne sœur pouvait se déduire des traits du visage; et ce n'est pas une loi, il y avait aussi de belles bonnes sœurs. Il faut reconnaître que ça change avec les nouvelles générations d'éducatrices et d'assistantes sociales, qui se présentent comme des femmes qui travaillent (et non au titre du dévouement ou de la vocation), qui se maquillent, se soignent et n'identifient pas systématiquement la coquetterie (la recherche et la pratique signifiantes du corps, comme sexe du beau) à la futilité.

1. Ce beau-frère est un des personnages favoris de Cabu, dessinateur dans *Charlie Hebdo*. C'est même le personnage central d'un recueil de bandes dessinées du même auteur : *Mon beauf*, Paris, Éd. du Square, 1975.

Les bons éducateurs et leurs œuvres

L'éducateur est mandaté pour *conduire*, comme il est dit dans le secteur, une *action* éducative. Voilà de grands mots : à renvoyer aux figures de l'hyperbole et du paradoxe, puisqu'il *est* conduit, qu'il subit les déterminations multiples des institutions, des instances de tutelle et de contrôle, de l'idéologie, et qu'il lui faut obéir aux juges, aux psychiatres, aux flics, aux patrons et aux parents, quand ils n'ont pas été invalidés. Il lui arrive de rédiger des projets pédagogiques? Il faut bien enrober la sauce éducative. (Ne pas s'illusionner sur les rares « expériences pédagogiques » où les éducateurs disposent de quelque autonomie : elles ont d'autant moins de chances de faire contagion qu'elles sont plus irrespectueuses de l'ordre établi.)

La plus simple définition de l'éducateur : être vieux. Les éducateurs sont des gens qui ont renoncé à l'enfance : ils sont, dans le couple jeune/vieux, passés prématurément du côté des vieux. On leur demande d'être des adultes responsables, des supports d'identification, des représentants banalisés de la loi du Père. L'intériorisation chronique de cette demande se nomme (avoir) la fibre éducative. Comme tout le monde, ils ont des désirs, qu'ils assouviront en investissant les objets autorisés (gare à la perversion : ça peut faire une révocation immédiate et sans indemnité de licenciement) ou refouleront pour les besoins de la cause (éducative). Mais, comme *adultes exemplaires*, ils ne sont plus le désir (l'enfance) et ne le seront jamais plus.

Adultes exemplaires? Parcourez les règlements intérieurs, qui régissent la vie dans les établissements de l'Enfance inadaptée et fixent au personnel éducatif le périmètre étroit du permis; partout, vous trouverez la même écriture (l'écriture de la petite mort) :

> Décence et correction sont demandées au personnel dans sa tenue et durant les heures de service [...] Chacun doit tendre à donner un exemple de vie irréprochable, de conscience professionnelle et de travail en équipe.

Cette répression acceptée de l'adulte doit être ostentatoire : c'est l'un des messages, et des plus importants, dont l'éducateur assure la diffusion par contamination progressive. Dans tel institut médico-éducatif (IME), on ne recrute que des candidats s'engageant à satisfaire à des « conditions particulières d'emploi » :

> Chaque membre du personnel, quelle que soit la fonction qu'il occupe, doit présenter aux enfants ou adolescents qu'il côtoie et dont nous avons tous la responsabilité éducative, l'image saine et enviée de l'adulte équilibré. Il se doit d'être irréprochable tant sur le plan professionnel que conduite et moralité.

L'exemplarité de l'éducateur ne s'arrête pas là : « Il doit être l'exemple permanent [...] d'une franche collaboration et d'une bonne entente tant avec ses chefs qu'avec ses collègues de travail. » Autre message : l'extériorisation du respect que l'on doit à ses chefs. Et voilà pourquoi dans le secteur, un éducateur qui est en conflit avec son directeur est par là même au bord d'une faute professionnelle : cessant de *représenter* la soumission à l'autorité, il n'a plus d'action éducative. Action éducative, tu parles! Relais idéologique, oui, franc et zélé « collabo », exécutant docile[1] — le reste est littérature (psychopédagogique).

La fonction de l'éducateur ne se limite pas à l'émission de tels messages (également diffusés par la famille et l'école); il y a aussi, qui lui sont propres, des principes, des règles d'action, des attitudes. Beaucoup de professionnels souhaitent voir déterminé un *profil professionnel* de l'éducateur (qui servirait de référence pour la formation). Certains d'entre eux, sur l'initiative de plusieurs CREAI, ont établi un questionnaire qui doit permettre, à partir des réponses données par des éducateurs de tous âges et de toutes spécialités, par des chefs

1. Sachant que « la non-application rigoureuse de ces conditions particulières entraînerait [...] la révocation immédiate », le candidat est invité à signer l'engagement proprement dit, ainsi formulé : « Je soussigné..., engagé en qualité de..., à l'IME X., conscient de l'esprit du texte ci-dessus que j'ai lu, comprends et accepte de me conformer à ces conditions particulières, sans restriction d'aucune sorte. » Ligoté par ce papier, l'éducateur pourra ensuite œuvrer « en parfait esprit de travail »!

de service, des employeurs, des administrateurs, de définir ce qui est « mis en jeu dans l'action éducative ». Un profil de l'éducateur est évidemment déjà lisible au stade du questionnaire. L'éducateur est d'abord là pour surveiller les jeunes, pour réprimer et interdire :

> Dans le poste que vous occupez, considérez-vous l'application des règles et des principes suivants comme nécessaire, importante, peu importante, à éviter : surveiller le jeune dans l'institution; empêcher le jeune de se battre; apprendre à respecter l'autorité et les règles; empêcher le jeune de détériorer; obliger le jeune à faire son travail; empêcher le jeune de voler; empêcher le jeune de se masturber; apprendre le respect du travail; punir l'indiscipline.

[J'ai glané ces énoncés sur une liste plus longue, et qui ne fait pas mention que d'interdits.]

Il est, d'autre part, un agent de l'institution, du côté de l'ordre, qu'il doit contribuer à faire accepter et respecter, et pas du côté des eunes. En conséquence :

> [Il] est un exemple d'adaptation à la vie contemporaine; il contrôle les sentiments suscités par sa propre enfance; il est solidaire des positions de ses collègues vis-à-vis des jeunes; il observe les comportements des jeunes et les rapporte objectivement; il collabore étroitement avec les psychiatres, etc.

Dans la mesure enfin où son rayonnement d'éducateur doit marquer toute sa personnalité, il n'est pas étonnant que les questions portent aussi sur sa vie privée (qui n'est pas sans incidence, n'est-ce pas, sur l'exercice de la profession) et qu'il soit demandé si l'on considère comme « normal, possible, à éviter ou inacceptable que l'éducateur » :

> raconte des histoires grivoises; porte des vêtements « originaux »; joue au tiercé; ait des relations sexuelles avec les collègues; affirme ses options syndicales; s'enivre; flirte avec des jeunes qu'il a en charge; utilise un langage vulgaire; soit militant syndical; soit homosexuel; s'occupe d'un commerce [...]

Tous ces points sont présupposés remarquables, faisant question : le questionnaire s'enlève donc sur le fond idéologique commun, qui fait qu'on est plutôt hétérosexuel, poli, discret sur ses opinions politiques, etc. On aurait pu imaginer d'autres normes, qui auraient permis de se demander s'il est normal, possible, à éviter ou inacceptable que l'éducateur porte une montre, suive le Tour de France, connaisse ou non l'existence de Lautréamont, ait un testicule plus bas que l'autre, mange du riz complet, ait fait mensualiser ses impôts, s'essuie avec ses doigts, etc.

Une telle enquête, si peu distanciée de l'existant, ne fera que rassurer les responsables du secteur sur les options pédagogiques raisonnables de la grande masse des éducateurs. Pour nous, qui rions sous cape, il a valeur de symptôme : on veut une bonne image de bon éducateur — quitte à coincer celui qui répond dans des alternatives trompeuses. Ainsi, dans le chapitre « Missions générales de l'éducateur », il faut choisir entre deux énoncés : l'éducateur « doit aider le jeune à s'imprégner des valeurs de la société » ou alors « doit fonder l'éducation du jeune sur ses propres aspirations et valeurs ». Le choix est aberrant, puisqu'il n'y a de valeur que sociale, et que la contradiction n'est pas entre l'individu (et son influence) et la société (et son idéologie), mais entre *des* valeurs et *des* modèles sociaux, et entre les classes antagonistes qui les défendent.

Surveiller et punir : la face cachée de la socialisation. Sur l'autre versant, on trouve le soin, la relation, les activités, la peinture, le modelage, les journées portes ouvertes et les jeux Olympiques des handicapés. Mais dans les maisons d'enfants, le modèle pédagogique dominant reste pénitentiaire : exclusion et réclusion, rétrécissement de l'espace, programmation du temps. Et la supervision du grand frère éducateur qui ne vous lâche pas d'une semelle. Comparez la vie d'un gosse de 14 ans, en internat de rééducation, avec celle d'un gosse du même âge vivant dans sa famille : le jour et la nuit. La prévention des accidents justifie toutes les répressions; et l'aliénation est réciproque : l'éducateur et l'enfant sont ligotés l'un à l'autre, aux mêmes consignes de sécurité. Toujours le règlement intérieur :

> Il est expressément recommandé de ne jamais laisser les enfants sans surveillance, le personnel étant tenu pour responsable de leur sécurité.

Et encore :

> Le personnel éducatif est constamment responsable des jeunes dont il a la charge. Les mineurs quel que soit leur nombre ne doivent jamais être laissés seuls [...]

Quoique non désignée comme telle, la duplicité est dans le profil professionnel de l'éducateur. On demande du bon éducateur, de celui qui a le contact, des qualités d'écoute, qu'il provoque la confidence du jeune. Chef, je peux vous parler? Mais :

> Tout employé doit obligatoirement et sans retard signaler au directeur : les actes, projets, conversations graves, dont il a eu connaissance (projet de fugue, de délit, recel, etc.) ou dont il a été le témoin.

Certes, tous les éducateurs ne satisfont pas à cette exigence de délation. Mais s'ils ne parlent pas, on peut les poursuivre en justice (quand, par exemple, ils refusent de livrer à la police le nom de tel ou tel casseur); et s'ils parlent trop (par exemple, des traitements infligés aux gosses dans certaines boîtes), on peut les attaquer sur le chapitre du secret professionnel[1].

C'est le moment de s'interroger sur la situation en matière de répression dans l'Enfance inadaptée, et ce depuis la prohibition *formelle* des châtiments corporels. Il est indéniable que cette suppression a frustré certains éducateurs (du plaisant droit de fesser), et que d'autres contournent l'interdit, en mettant l'accent sur les vertus pédagogiques (mnémotechniques) de la répression physique : quand c'est le corps qui « enregistre » le message éducatif, le souvenir en est plus durable. Bref, ça cogne, et plus souvent qu'on ne croit. Tel éducateur-chef, taillé en catcheur et qui promène avec assurance une image de caïd au milieu des adolescents du foyer où il règne, ne craint pas d'affirmer qu'une bonne trempe réussit là où d'autres méthodes pédagogiques ont échoué; une fois corrigé, le jeune récalcitrant est invité à boire un pot : entre durs, rien de mieux pour amorcer la relation!

1. Cette contradiction apparaît avec éclat dans le dossier constitué par le GITS (Groupe d'information des travailleurs sociaux) et publié aux éditions Solin (*Le Travail social contre qui?*).

Mais quand une affaire éclate (tabassage, tortures, abus de toutes sortes), l'administration compétente (et notamment les services de l'Action sanitaire et sociale) se préoccupe toujours de savoir comment des informations ont pu filtrer, de localiser l'origine de la fuite, voire de réclamer des sanctions contre les auteurs des indiscrétions. En 1972, à Poitiers, un psychiatre, le Dr Colette Barreteau, est licencié de l'institut Jacques Trivas (ancien Bon Pasteur, géré par le CREAI), qui accueille des jeunes filles de 11 à 20 ans, « caractérielles » ou « délinquantes ». Motif : elle a transmis à la DDASS des faits dont elle a eu connaissance dans son exercice professionnel. Indiscrétion coupable. Les faits ? Le GITS les résume dans le dossier qu'il a consacré à cette affaire [1] :

> Des jeunes filles sont régulièrement frappées par certains éducateurs et par le directeur. Celui-ci distribue généreusement des coups de pied dans les jambes, voire l'estomac des pensionnaires. Il conduit dans son bureau une jeune fille de 15 ans qu'il frappe au point de la faire uriner sur place. Il ordonne un jour à l'infirmière de l'établissement d'injecter une piqûre d'eau bi-distillée à une fille qui refuse de manger [2].

Que fait l'administration ? Elle confie à l'employeur, le CREAI, et au président de son conseil d'administration, un notable de Poitiers (Me Guilloteau), le soin de constituer une commission d'enquête : les membres de cette commission seront tous des membres du conseil d'administration. Conclusion :

> Les mesures inhabituelles employées par M. Thibault (le directeur de l'établissement) sont tout à fait justifiées, compte tenu de la situation dans laquelle il a trouvé l'établissement. La commission précise que la piqûre d'eau bi-distillée n'a aucun lieu de surprendre et aurait dû être autorisée par le médecin.

Le psychiatre est licencié, et sera débouté de sa plainte, car le tri-

1. *Ibid.*, p. 51.
2. « La piqûre d'eau bi-distillée est une pratique généralement abandonnée aujourd'hui. Son seul but et son seul effet sont d'infliger une souffrance à un patient récalcitrant ou violent. Il s'agit d'une torture au sens propre du terme. » *(Ibid.)*

bunal estimera que l'information sur les sévices, qu'il refuse de reconnaître malgré des témoignages accablants, constitue une faute grave.

Dans cette affaire, rien d'exceptionnel. Les sévices exercés sur des enfants, sauf quand ils entraînent la mort ou des lésions graves, non seulement ne sont pas sanctionnés par l'administration, mais *sont induits par elle*. Pédagogie trop libérale, il n'y a pas de discipline dans cette maison, ça se relâche, les éducateurs n'ont aucune autorité, etc. Normaliser à tout prix, et tant pis pour les bavures : c'est la philosophie des directeurs de l'Action sanitaire et sociale et de leurs complices, les notables, les roitelets d'IMP, l'Association nationale des éducateurs de jeunes inadaptés (ANEJI : le marais corporatiste des éducateurs les plus réactionnaires). L'administration, donc le ministère : jouer les saintes nitouches, en glissant *ostensiblement* des regards compatissants vers « les exclus », n'innocente aucun des valets du régime. La pédagogie d'un régime capitaliste, c'est l'illusion (l'information, la télé, la chanson, etc.), et la répression. Pédagogie : mode violent d'incorporation de l'enfant par l'État, système de cruauté (c'est ainsi que Nietzsche définit la religion).

Les bons éducateurs et leurs œuvres : des coups, des baffes, oh, pas méchantes, la douche froide, le tour de la maison pieds nus dans la neige, et le redoublement de privation d'espace, encore nommé cachot, isoloir, infirmerie thérapeutique et même — boudoir. Oui, ça existe encore, surtout chez les bonnes sœurs. Voici comment, en 1975, une fille de 16 ans, placée au Bon Pasteur de Modenheim (près de Mulhouse), décrit le cachot où elle a passé huit jours pour avoir envoyé des lettres en cachette[1] :

> Le cachot, c'est nous qui l'avons nommé comme cela, mais pour les sœurs, c'était « une chambre où l'on retrouve la solitude pour mieux réfléchir ». Ce cachot, c'est simplement une toute petite place de quatre murs — la longueur et la largeur d'un W.C. — munie d'un matelas en éponge par terre, d'un seau pour faire ses besoins; la porte est en fer très épais. Et les murs sont complètement gravés de mots qui indiquent la vengeance.

1. Cité dans le mensuel haut-rhinois *Klapperstei 68*, mars 1975.

Le langage des institutions, ou comment les structures éduquent

> « Je souhaite que les éducateurs se sentent vraiment responsables... Notre idée, c'est que les idées viennent de la base. »
> Une éducatrice-chef.

Les institutions de l'Enfance inadaptée ne résorbent pas l'inadaptation : elles la reproduisent et la renforcent. Constat désormais banal, et dont la monstrueuse évidence n'est pas atténuée par l'aveu de l'inconsistance du concept même d'inadaptation. Il n'est pas nécessaire, pour le démontrer, d'importer dans le secteur ce qui a été établi pour l'école par Bourdieu, Illich, Baudelot et Establet. Il suffit de voir comment se débrouillent, à 18 ans, les jeunes qui ont six ou dix ans de « maison » derrière eux : ou ils s'installent dans la déviance ou la folie, ou ils se « rangent » — et, dans ce cas, c'est toujours au bas de l'échelle, manœuvres et femmes de ménage [1].

Le contraire étonnerait. Comment espérer que l'enfant placé puisse s'autonomiser en milieu clos et « protégé »? Dans le meilleur des cas, quand la maison lui fout la paix, il vivra quelques années tranquilles : mais à la sortie? La prise d'autonomie est inscrite dans les projets pédagogiques; le « programme latent » des établissements la rend souvent impossible : espace et temps préétablis, les éducateurs toujours là, qui ne vous font pas confiance — pas le choix. Dans le foyer de l'adolescent déjà rencontré (pour son éducateur-chef catcheur), les garçons ne se réveillent pas seuls; il faut qu'ils s'inscrivent la veille au soir et ils ont cinq minutes pour se retrouver au lavabo.

1. La revue *Sauvegarde de l'enfance* (septembre-octobre 1972) publie les résultats d'une enquête sur le « devenir socioprofessionnel des handicapés ». Sur 240 dossiers exploitables, on s'aperçoit qu'à la sortie de l'IMPro, 1/3 des jeunes est sans travail, 1/3 travaille dans des centres d'aide par le travail (CAT), unités de production employant uniquement des handicapés psychomoteurs (déficients « légers »), le 1/3 restant ayant réussi à se caser dans l'industrie, l'artisanat et surtout les petites et moyennes entreprises, en général au grade de manœuvre.

De même pour l'argent de poche, distribué le samedi matin, et suivant les estimations, faites par le directeur, des besoins de chacun. Aucune participation à la gestion du temps et de l'argent. Lequel peut être supprimé ou réduit de moitié, quand le garçon a « fait le bordel » ou est en arrêt de travail. Notez que ce système présente un avantage : pas question d'apprendre à gérer un budget, voire de s'intéresser à l'état de son compte, certes; mais ça facilite les opérations de comptabilité, dont le directeur se charge : les salaires sont virés sur le compte global de la maison, une part pour l'hébergement, une autre, fort mince, pour la poche, et le reste, comme pécule, à la Caisse d'épargne. Les erreurs, les oublis dans tout ça? Rassurez-vous, la maison n'y perd pas, et entre la parole d'un caractériel et celle d'un directeur de foyer, les autorités font toujours un choix raisonnable.

Dans d'autres établissements, plus pédagogiques, l'argent de poche est délivré, dans les groupes, sur le mode bancaire du compte courant : on espère ainsi faire acquérir aux jeunes clients les notions de crédit et de débit, le sens de l'épargne et de la valeur de l'argent. Les bonnes intentions ne font pas la bonne pédagogie : car le message le plus prégnant, et qui passe par la bande, est plutôt celui de la conformité contraignante du microcosme de l'établissement au macrocosme social, où domine déjà la propagande bancaire du capitalisme!

Même critique pour ces jeux Olympiques de l'Enfance inadaptée, dont l'activisme pédagogique de quelques bons éducateurs, le souci publicitaire d'exhiber quelques débiles sauteurs ou coureurs, et l'éthique bâtarde du handicap surmonté ont provoqué l'organisation un peu partout en France. Le spectacle en lui-même est désolant, de la grande famille éducative (parents et éducateurs) qui se donne à elle-même, dans le stade ou le hall municipal honoré de la présence électorale de tous les notables, la représentation de son infatigable dévouement; *désolant* est insuffisant, il faudrait dire, de cette mise en scène, qu'elle réalise *l'essence du grotesque* dans l'accouplement monstrueux du geste olympien et du membre difforme. Mais surtout, quelle bonne idée, quelle fine pédagogie de rassembler baveux, handicapés moteurs, déficients légers, cas sociaux, caractériels sous le signe ressassé de leur identité d'inadaptés! S'ils ne le savaient pas jusque-là, ils sauront à quelle famille ils appartiennent. Il existe toutefois des directeurs d'établissements pour refuser de s'associer à ces clowneries infâmes qu'encourage l'administration.

Bref, l'institution Enfance inadaptée éduque à l'inadaptation. Partout, accroché dans les structures, le message sinistre de la dépendance, de la mainmise administrative, de la tutelle. Il n'est pas étonnant qu'après une phase de refus, une tentative de lutte, l'enfant placé abdique et parfois, véhiculé de centres d'observation en internats, se complaise au statut d'assisté : en qui pourrait-il avoir confiance? Sûrement pas en lui-même : ce qu'il vit dans l'établissement lui démontre au contraire qu'il n'est rien et qu'on ne peut pas lui faire confiance. Rejeté de partout, il l'est encore de lui-même : effet subtil, rarement dénoncé, de l'action « éducative » des structures. C'est quand même assez drôle : tout le secteur retentit du concept ronflant d'autonomie (il ferait beau voir un projet pédagogique qui ne le brandirait pas!), et tout le monde — enfants, travailleurs sociaux, psychologues et psychiatres, directeurs et inspecteurs — est sous tutelle. Voilà qui dédouane tous les intervenants : délation? mais c'est pour le bien de l'enfant; programmation tatillonne? c'est à cause des accidents; répression? il faut bien se faire obéir.

Vouloir l'autonomie pour l'autre (qui ne la revendique peut-être pas) : le fantasme éducatif par excellence. Soulevez ce concept, vous n'y trouverez que du vide, ou son contraire : la dépendance absolue. C'est comme pour l'adaptation, qui n'est que l'exploitation capitaliste acceptée. Il faut reconnaître à l'internat, si critiqué, le mérite de ne laisser aucune illusion là-dessus aux jeunes inadaptés; on devrait même exiger que soit inscrit dans les projets pédagogiques le devoir pour tout éducateur digne de ce nom de faire apparaître la fonction de leurre que l'autonomie exerce dans l'imaginaire social. En définissant l'internat, qui est aussi un lieu, une architecture, un système de relations, un émetteur de signes, etc., comme une *structure ségrégative et hiérarchisée* — on introduit en même temps, sans les justifier pour autant, cette rigidité dans l'organisation, ce rétrécissement du code (de communication), cet ensemble de routines et de rites (voyez le rituel d'enfermement en tant que tel qui fait du directeur d'abord un porte-clefs), dont on devine si facilement les traces dans le comportement et le tempérament de ceux, éducateurs et enfants, qui les ont subis.

Que dit la structure de l'internat? A ceux du dedans : rassurez-vous, je m'occupe de vous; à ceux du dehors, rassurez-vous, je m'en occupe. La protection fonctionne dans les deux sens. L'internat dit que la protection est dans la ségrégation [1], que la paix est dans la soumission à l'autorité et le respect de la hiérarchie, et que le salut est dans l'Action sanitaire et sociale. Il faut une certaine dose d'optimisme (ou d'inconscience) pour écrire, comme le fait un directeur de CREAI :

> C'est la vie communautaire, la participation de tous les partenaires en tant qu'acteurs à la mise en place d'une vie sociale complexe qui peut constituer à notre avis l'originalité de l'internat.

Il n'y a pas de vie communautaire, pas de convivialité dans un lieu qui est subi et où s'exerce un pouvoir hiérarchique, dans la différence irréductible des rôles (éduquant-éduqué) : c'est trop évident. Par contre, et qui est spécifique de tous les lieux clos et subis (prison, HP, internat), une communication parallèle s'établit entre les enfants pour échapper à la surveillance. La résistance à l'action éducative, le code secret des internés, la solidarité des éduqués face au pouvoir éduquant et à ses leurres, voilà ce que l'internat produit de meilleur et, en manipulant le mot avec l'ironie qui convient, de plus éducatif. On perçoit alors tout le danger de certaines attitudes, dites non directives, qui peuvent n'être que la tentative, dissimulée sous le masque d'une volonté libérale, de court-circuiter à l'avance l'éclosion de ces réseaux de contre-communication, dont il est essentiel que les responsables administratifs et les éducateurs ne puissent s'approprier les ressources. Le risque existe en effet de voir la structure s'aveugler, s'étourdir dans la régulation bureaucratique et fonctionnelle — les usagers n'étant plus alors que l'occasion, le prétexte de son existence. Le même directeur de CREAI, dont j'ai sollicité le concours plus haut, remarque à propos de la pédagogie des caractériels en internat :

> L'ennui est que les éducateurs peuvent en toute bonne foi et quelles que soient par ailleurs leurs options, satisfaire avant tout des désirs personnels sous couvert de traitement, et perdre de vue les problèmes des enfants et des adolescents.

1. On dit, charmante litote, milieu « protégé ».

C'est qu'*éduquer socialise d'abord l'éducateur.* Celui-ci a souvent échappé de justesse à la déviance ou à la marginalité; le diplôme d'éducateur peut être une étape essentielle de sa propre insertion sociale; et s'il intègre en général assez vite les valeurs dominantes (surtout après la formation, qui les a contestées : mais dans l'abstraction de la théorie), ce n'est souvent qu'au terme d'une ascèse, d'une période de flottement, où la volonté d'affirmer sa « personnalité » aura mobilisé toute son énergie.

Voilà qui peut expliquer pourquoi on se méprend si facilement dans les établissements sur ce qui s'y passe réellement, sur les effets éducatifs globaux de la structure, qui excèdent, voire contredisent, ceux calculés et programmés dans le projet pédagogique. On aura beau limiter aux seuls éducateurs le monopole de la compétence éducative [1], on n'empêchera pas les gosses de nouer une relation privilégiée avec la buandière, le concierge ou le chien du voisin. Éducateurs et enfants peuvent vivre tout à fait différemment l'organisation programmée de l'espace et du temps : la dynamique incontrôlable des investissements pulsionnels pervertit le calcul du pédagogue. Un exemple : on nomme « temps fort », dans les travaux écrits d'élèves-éducateurs comme dans les projets pédagogiques, les moments de relation plus approfondie avec les enfants, ou les moments plus intenses de la vie de groupe : repas, retour de l'école, coucher, etc. Cette mesure de l'intensité du temps est faite depuis le point de vue des éducateurs; plus, la fonction éducative consiste précisément dans leur localisation et leur maitrise : les temps forts sont par définition analyseurs (de la dynamique d'un groupe, d'un blocage psychique). Jusque-là, jusqu'à cette hiérarchisation du temps va l'impérialisme du projet éducatif : leur signifier l'importance du temps! C'est évidemment comique, les enfants perturbent aussi ce classement-là, ils ont un faible pour les temps faibles, pour les temps morts, et feront de dix minutes passées dans les chiottes un temps délicieusement fort.

1. Le règlement intérieur l'exige : « Le personnel des services généraux ne doit en aucun cas intervenir dans la vie d'un groupe, il devra s'abstenir de faire des remarques sur les enfants (ou aux enfants) en leur présence, sauf expérience éducative entraînant leur participation. »

CHAPITRE VI

En formation

Pour quelqu'un qui n'est pas averti des choses du secteur, l'approche de la formation des travailleurs sociaux peut rebuter, tant l'ensemble donne une impression de complexité bordélique (mais il s'agit de bordels tristes : en règle générale, dans les centres de formation, on ne baise pas). Il existe actuellement 223 écoles de travailleurs sociaux, d'importance inégale, et qui diffèrent en tout — statut, organisation des études, modes de sélection des élèves, méthodes pédagogiques, appartenance idéologique, etc. — sauf pour ce qui est du financement, récemment normalisé [1].

Certaines de ces écoles sont rattachées directement à l'Université, d'autres ont le statut d'Instituts universitaires de technologie, d'autres sont gérées par des organismes privés (CREAI, associations religieuses ou laïques) : toutes sont soumises à l'agrément et aux contrôles des ministères de tutelle (la Santé et l'Éducation nationale).

Cette complexité, qui a elle-même un sens politique, semble, comme tout ce qui pue, attirer la recherche universitaire. S'y vautrent donc joyeusement sociologues, historiens, analystes institutionnels et formateurs; la glose ainsi produite, en mémoires, thèses, articles ou essais, est monumentale : on décrit des structures, on compare des dispositifs, on découvre ou on introduit des analyseurs, on analyse des expériences-limites, on formule une logique des systèmes de formation. Notez que si on cherche tant, ce n'est pas qu'il manque quelque chose ou qu'il reste de l'obscur, c'est tout simplement que les travailleurs sociaux sont assez faciles à plumer : les décrocheurs de contrats (de recherche) comme les vendeurs de formation (perma-

1. En 1975, l'introduction de normes de financement, calculées au plus juste, a mis certaines de ces écoles en difficulté, ce qui a permis la liquidation, notamment dans les écoles d'éducateurs, de quelques formateurs indésirables.

nente) ne s'en privent pas. En tout cas, l'impact réel de ces recherches est faible : ça ne transforme rien. Ce n'est pas la faute des chercheurs : au contraire, ils démontrent aisément que le désordre apparent dans la formation est plus dynamisant, du point de vue de la transformation des structures, que l'ordre oppressif régnant dans le secteur. Mais les responsables, qui commanditent ces recherches [1], ne l'entendent pas de cette oreille : leur conception, hégémonique, du travail social, repose sur le postulat de l'homogénéité des structures de formation et des structures de l'aide sociale. Qu'on parle de dysfonctionnements, passe encore; mais que la contradiction pointe, et c'est l'affolement chez les notables : faudrait voir à ne pas mélanger la politique et la pédagogie!

Les élèves : origine scolaire, cursus scolaire, motivations

En raison même de l'hétérogénéité des professions sociales, il est impossible de déterminer un profil-type du travailleur social en formation; et pourtant les élèves, dans ces écoles, se ressemblent : la plupart ne viennent pas du prolétariat, et leur passé scolaire est en général médiocre. Une enquête, qui date de 1971, sur l'origine sociale des élèves des écoles de « service social » (qui forment les assistantes sociales) a donné les résultats suivants :

Agriculteurs	16,6 %
Ouvriers	16,6 %
Employés	18,6 %
Cadres moyens	15,8 %
Cadres sup. et prof. libérales	32,4 %

1. On trouvera, dans le dernier chapitre, des exemples de l'accueil hystérique réservé à certaines recherches récentes. Le présent livre ne rencontrera, j'en suis persuadé, qu'ironie, sérénité et distance : pontes et potentats sont au-dessus de ça.

Les filles de bonne famille ne dédaignent pas les carrières sociales; mais ces chiffres, qui sont là pour orner et produire un effet de scientificité, ne peuvent être extrapolés à l'ensemble des travailleurs sociaux; ainsi, les aides maternelles, les aides médico-psychologiques, les travailleuses familiales sont d'un recrutement plus populaire; par contre, ils sont très proches des résultats enregistrés dans les écoles d'éducateurs, où l'on trouve un nombre relativement important d'enfants des classes possédantes (relativement aux écoles normales d'instituteurs par exemple).

La pauvreté du cursus scolaire, vécu comme trop long, terne, peu gratifiant par la majorité des travailleurs sociaux, frappe; le bac rarement, et encore réussi au deuxième tour ou à 20 ans passés; parfois un embryon d'Université[1]; partout échecs, traumatismes scolaires, bases manquantes, dégoût pour le travail intellectuel : la théorie, c'est des mots. Certains[2] estiment que les carrières sociales sont plutôt des « filières de relégation », par opposition aux filières « nobles » : droit, médecine, enseignement. On y échoue à défaut de mieux. Et il est vrai que pour un homme, le métier d'éducateur ne fait pas une forte impression (éduquer, est-ce seulement travailler?); à salaire et à savoir égal, l'instituteur est plus coté. Mais pour d'autres, et de plus en plus nombreux, l'entrée dans la profession (après les barrages, serré, de la sélection, souple, du diplôme d'État) est vécue comme une promotion sociale; ce qui peut entraîner une attitude conservatrice par rapport à l'organisation actuelle du travail social, et de l'hostilité pour tout ce qui menace l'édifice rassurant de l'inadaptation; ils seront tentés de demander à la formation des instruments *utiles :* qui puissent servir à fonder et à faire reconnaître une compétence.

1. Il faut dire qu'avec le chômage des intellectuels, on trouve aussi, dans les écoles d'éducateurs spécialisés, des philosophes, des sociologues, des psychologues, des théologiens licenciés.

2. Comme P. Achour, *Les Déterminants sociaux de l'acte de candidature* (à une école d'éducateurs), mémoire de maîtrise de sociologie, université de Strasbourg, 1975. Je cite : « Lorsque les chances d'accéder à des réseaux de scolarisation plus prestigieux augmentent, les " vocations " aux carrières sociales diminuent... »

Celui qui « choisit » une profession sociale est dit *motivé*. Mais ce que l'on nomme motivation n'est habituellement que la rationalisation subjective d'une situation que l'on subit : on se découvre une vocation pour les enfants handicapés huit jours après un échec au bac. Les déterminants sociaux du « choix » sont connus : origine de classe, bagage socioculturel, état du marché du travail, induction du groupe d'appartenance. Les déterminants pulsionnels (les *motivations honteuses*) le sont moins : attirance pour les enfants, fibre éducative, paresse.

Les professions sociales offrent parfois des abris, des planques, pour ceux qui cherchent à fuir le monde effrayant de la production. Motivation rarement nommée : la paresse n'est pas, dans la constellation des valeurs bourgeoises, une attitude éducative recevable; bien sûr, il faut quand même en faire un peu : mais rien de comparable avec l'atelier mécano, le tri postal ou le bâtiment. Voilà qui explique des résistances à la formation : il y en a qui n'aiment pas se voir tirés de leurs caches — la sociologie, la politisation, les problèmes, merde, on n'est jamais tranquille! Placides, sans héroïsme, doués pour le sommeil, ennemis de l'effort inutile, ce ne sont pas, loin de là, les plus mauvais éducateurs : ils poussent à déserter la production, à jouir de la paresse, ils sont pacifiques, ne font de mal à personne : c'est toujours ça, et c'est beaucoup. Mais cette paresse est du genre honteux, elle ne se proclame pas comme un droit, elle est incapable de braver le discours dominant, de déjouer les valeurs de l'effort, du travail productif (valeurs « éducatives » par excellence) qui l'articulent, elle se résigne à l'indigence intellectuelle et signifiante.

Le désir de méconnaissance

Oh non, pas la pulsion de mort dans le champ de la connaissance. C'est plus simple que ça, une contradiction bien connue des formateurs : il y a, chez les travailleurs sociaux, en même temps de la curiosité intellectuelle, voire une voracité d'autodidacte, *et* une sorte d'occlusion élective devant certaines idées. L'incompréhension ne pose pas que des problèmes de lisibilité, de code, de réception de messages : la résistance à la théorie peut s'inventer un opiniâtre ne-pas-comprendre, qui n'est pas seulement le produit d'une énonciation singulière ou du degré d'abstraction d'un discours. Prenez un de ces éducateurs au dévouement spectaculaire, dont le discours conscient rejette avec horreur toute idée de jouissance pédérastique, de domination sadique, et qui de fait jouit gentiment — en prédateur inconscient — de l'enfant ; parlez-lui de psychanalyse, des motifs pulsionnels de la passion de l'enfance : le voilà qui se ferme comme une huître, qui vous oppose, toujours avec bienveillance, cette capacité de surdité que les psychologues ont omis de mentionner dans leur catalogue des facultés mentales.

Désir de savoir, désir d'être protégé du savoir. Le travailleur social en formation n'est pas comme un étudiant : il a déjà « choisi » sa profession, *puis* il fait des études. Il peut suivre une formation (dite de « cours d'emploi ») tout en travaillant. Dans certains cas, et notamment dans la formation d'adaptation, qui permettait aux éducateurs déjà anciens d'obtenir leur qualification, cette formation est imposée. De toute façon, il faut y passer : pour conserver son poste ou pour obtenir le diplôme. Y passer avec le risque d'y laisser des plumes (de perdre la foi, ses illusions, l'enthousiasme des premiers temps). Au bout, malaise, angoisse, culpabilité : Freud et Marx entrevus, plus d'un boy-scout se retrouve en petites culottes.

De nombreux instituts de formation veillent à protéger leurs clients des retombées « destructurantes » de la théorie. Là, on pratique l'intégration idéologique en douceur, le conditionnement feutré : on met tout le paquet sur l'acquisition des techniques d'observation, de relation, d'occupation. Dans la chaude atmosphère des ateliers pédagogiques, on décortique le « vécu institutionnel » à partir des observations ramenées par chacun du stage pratique et sous la guidance du grand frère animateur. Du concret, et pas de politique. La formation semble organisée pour interdire ou atténuer les effets de connaissance; le champ d'application des outils d'analyse, de l'esprit critique (toujours recommandé, même par les curés) est rétréci à l'utilitaire. Cela peut expliquer le retard avec lequel les travailleurs sociaux ont fait leur Mai 68.

L'effroi que provoquent les théories et représentations subversives sur certains directeurs d'écoles peut entraîner des situations cocasses. A Strasbourg, un même bâtiment loge, aux premier et deuxième étages, une école d'éducateurs spécialisés, aux troisième et quatrième, une école d'assistantes sociales. Les éducateurs ont mauvaise réputation : gauchistes, barbus, dragueurs et tout; leurs formateurs sont des agitateurs politiques. Conséquence : une coupure totale entre les deux instituts, l'ascenseur permettant aux assistantes sociales et à leur directrice de gagner directement les étages supérieurs de l'immeuble, en évitant la souillure d'un contact éphémère avec des éducateurs dans l'escalier. On voit toutefois, ces derniers temps, mais toujours par petits groupes, jamais isolément, des assistantes sociales se hasarder vers les machines à café qui sont au premier étage. Cette forclusion délirante n'empêche pas les responsables de ces deux écoles de se retrouver, depuis plusieurs années, et avec d'autres directeurs de centres de formation, dans des réunions dont le but est la création d'un Institut régional de formation de travailleurs sociaux...

Nous avons vu, à propos de ces IRFTS, qui réduiraient la dispersion et l'anarchie dans le domaine de la formation, que les pouvoirs publics semblent de moins en moins pressés de les mettre en place. La complexité, le flou des structures ont un sens politique : ces IRFTS produiraient, dans l'unification et la simplification du cadre, des effets de connaissance; rapprochant des formations et des fonctions voisines, ils placeraient le champ global du travail social dans un nouvel éclairage. Et les mouvements de contamination vont toujours dans le sens de ceux qui sont le plus politisés vers ceux qui le sont moins, jamais dans le sens contraire. Alors on en reste aux 223 écoles, à la division, à la méconnaissance.

Qui forme, et à quoi?

La politique menée par le pouvoir rencontre et conforte celle des maîtres véritables de la formation. Lesquels ne sont pas les formateurs permanents (encore nommés instructeurs ou animateurs), mais bien leurs employeurs, ces dignitaires du secteur (présidents d'associations charitables, directeurs d'établissements, psychiatres, notables locaux investissant dans le social), qui dirigent les centres de formation depuis les conseils d'administration; aux côtés des directeurs de ces centres, ils postent une instance de contrôle pédagogique, pudiquement nommée « conseil technique », dont ils ont soin de choisir les membres quand ils n'y siègent pas en personne.

Ce conservatisme dans les structures est particulièrement sensible dans les écoles d'éducateurs, où les professionnels brûlent du désir d'accoucher, par formateurs interposés, des nouvelles générations d'éducateurs. Ils sont déjà présents, physiquement et moralement, dans les séances d'évaluation du travail des élèves, comme le montre cet extrait d'un document préparant l'année 1975-1976 dans une de ces écoles :

> La manière d'authentifier la réalité du travail fourni à l'école ou sur le terrain de l'action éducative réside dans le débat contradictoire, où trois parties en présence, engageant leur responsabilité personnelle et leur signature, reconnaissent la réalité du travail fourni. Les trois parties sont : l'élève — l'équipe professionnelle — l'animateur permanent.

Assister à ces séances d'authentification, dont le caractère religieux, sacramental est évident (l'élève a-t-il *réellement* fourni un travail? Dieu a-t-il *réellement* pénétré le pain et le vin?) ne leur suffit pas. Le monopole pédagogique qu'ils possèdent dans les établissements de rééducation, ils veulent l'étendre aux centres de formation. A qui appartient-il de définir les contenus de la formation? Aux professionnels bien sûr, comme le démontre un texte récent (1976) de l'ANEJI [1] qui refuse d'emblée « de voir les méthodes d'action éducative définies par d'autres que ceux qui l'exercent » et propose en conséquence une argumentation d'une éblouissante simplicité :

> La définition précise de ces contenus ne peut être, ni le fait des élèves puisqu'ils aspirent à la formation, ni le fait des formateurs puisqu'ils n'ont pas directement une pratique professionnelle.

1. Association nationale des éducateurs de jeunes inadaptés.

C'est donc aux professionnels d'inventorier l'ensemble des contenus de la formation, ceci d'autant plus que l'école est définie comme une école de formation professionnelle puisqu'elle est *école d'éducateurs spécialisés.*

Aspirer à la formation ne signifie pas que l'on ne puisse agir cette formation; le fait de n'avoir pas directement une pratique professionnelle assure les formateurs d'une distance critique qui manque précisément aux anciens. On peut se demander, devant ce naïf désir de mère-poule, devant cette hantise d'autoreproduction, de quoi ils ont peur? D'introduire dans la profession des renégats, observateurs perfides qui vont divulguer le sale petit secret de la grande famille éducative? Et qui refuseront de mettre en œuvre des « méthodes d'action éducative » qui ont assuré la répression rabougrissante de millions de jeunes? Questions inutiles : les références d'une formation professionnelle (contrairement à une formation de type universitaire) sont naturellement conservatrices.

A cette corporation de praticiens, donnons une réponse simple : *la pédagogie n'est pas une science;* s'en réclamer pour former de nouveaux pédagogues n'est pas un droit; y être immergé ne rend pas intelligent.

Définir des contenus, voilà qui demande de fixer d'abord des objectifs; la formation peut être pauvre en concepts, riche en recettes; elle peut se complaire dans un survol intellectualiste, style marxiste distingué, des contradictions du secteur; elle peut longer le garde-fou d'un hypothétique profil professionnel. Pour les éducateurs spécialisés, il s'agit d'ailleurs moins d'un profil que d'une mosaïque : aucune formation n'est aussi peu spécialisée, l'éducateur est tous terrains, voile et vapeur, flic et bonne sœur, internat et milieu ouvert, débile et délinquant, homme-orchestre du travail social. La polyvalence de ses fonctions le condamne, dans un système de plus en plus bureaucratisé. Le flou de la mosaïque, l'incertitude du profil laissent la formation d'éducateur suspendue entre deux extrêmes : une technicité compétente et aveugle, une lucidité critique distanciée et impuissante. Précisons.

Le sens désarticulé

La formation pratique représente quinze mois de stages dans des établissements et avec des catégories d'« inadaptés » *différents*, soit la moitié du temps global de formation; elle doit pouvoir assurer à l'élève un apprentissage professionnel polytechnique. A quoi s'ajoute, se juxtapose une formation théorique de durée équivalente, à dominante psychopédagogique, avec de brèves ouvertures médicales, juridiques et sociologiques.

Quand les éducateurs en formation se retrouvent, en « regroupement », à l'école, ils se battent les flancs pour déterminer la nature des rapports entre la théorie et la pratique. C'est du moins ce qui leur est demandé : « Il appartiendra à l'élève, avec l'aide des animateurs, de faire la liaison entre cette pratique et les activités de formation de l'école. » S'y superpose une homologie naïve entre les séries théorie/pratique et abstrait/concret. La distribution habituellement faite dans les écoles est à reconsidérer : le concret, ce serait par exemple de parler d'une expérience éducative en internat; mais justement, l'internat, c'est l'abstraction, et il appartiendra à l'élève, avec l'aide des animateurs, de concrétiser cette abstraction, par exemple dans une critique de type sociologique!

C'est dans ce fantasme, dans ce leurre de *l'articulation* théorie-pratique que sont élaborés les projets pédagogiques des centres de formation (et tous les ans on change le projet comme Renault change la calandre de la R4, en circulation depuis quinze ans). Cherchez cette articulation, vous ne trouverez toujours que du vide, le manque à savoir, le point aveugle du dispositif, soit encore : le volontarisme du savoir utile, l'apologie du vécu et du déjà-là. Ce fantasme d'articulation n'est peut-être que l'autre, réactif, d'un fantasme refoulé, celui du morcellement originaire, de la désarticulation du corps et du sens. On ne peut nier qu'accrochée à des référents hétérogènes, voire antagonistes, la formation ne fasse parfois subir aux élèves le supplice d'un écartèlement idéologique; mais dans la rupture, dans la contradiction, dans le désarroi du non-savoir, les effets de connaissance sont aussi plus intenses, et plus vigilants les individus qui les ont surmontés. Nietzsche : « Tout ce qui ne me tue pas, me rend plus fort. » Certains responsables de la formation le comprennent; mais rares sont ceux qui, tel ce directeur d'école d'éducateurs, osent déclarer :

> [...] indiscutable le fait que le rapport pratique éducative/formation théorique et technique donne lieu à contradiction et rupture dans la constitution du savoir de l'élève, et donc dans la transformation de sa pratique.

En règle générale, on insiste plutôt sur l'acquisition de techniques positives, et sur la hiérarchie respectable des contenus : un peu de critique, bien sûr, mais d'abord et surtout de la psychopédagogie, des outils d'observation, des modèles de rééducation, etc. Je n'invente rien, le très officiel « comité d'entente » (qui réunit périodiquement les directeurs des quelque 50 écoles d'éducateurs spécialisés existant en France) faisait connaître sa position dans une déclaration d'orientation datée de janvier 1976 :

> Si, grâce à la formation, l'acquisition des outils d'analyse socio-économique et sociopolitique est nécessaire pour appréhender les situations, il demeure que les outils essentiels sont du domaine de la connaissance du développement individuel et de ses perturbations, et de l'apprentissage des techniques éducatives et rééducatives.

Je n'ai pas eu besoin de souligner, la rhétorique de cette écriture fait apparaître le principal et le secondaire (qui n'est là, *comme toute négativité interdite*, que pour la forme) et me permet d'énoncer à mon tour, en parodiant, la finalité d'une telle déclaration : si, grâce à la formation, les jeunes éducateurs connaissent des moments de doute et d'incertitude, il demeure essentiel qu'ils sachent se ressaisir à temps pour éviter qu'ils ne troublent l'ensemble de la profession.

Critique et technique — la main de l'aide maternelle

> La paume : « Per aquelo planeto, passet uno lebretto »; le pouce : « Aquel la beguet »; l'index : « Aquel y correguet »; le majeur : « Aquel l'a attrapet »; l'annulaire : « Aquel la mangiet »; le petit doigt : « Et aquel cridet : piou, piou, piou, que n'aï pas res per iou[1]. »

Si l'on y regarde de près, la séparation ne tient pas, des instances critique et technique dans un processus de formation. La critique, l'approfondissement théorique n'ont pas seulement comme effet de situer les tenants et les aboutissants d'une pratique (pour les travailleurs sociaux en général, de permettre l'identification des déterminations économiques, politiques et sociales de leur champ d'intervention, et de connaître la nature de leur propre insertion dans ce champ), ils peuvent la rendre plus efficace, plus opératoire, et dans certains cas ils en sont la condition de possibilité. Il faut donc que la formation ne vise pas au plus juste, tout en restant concrète, qu'elle insère l'acquisition de la maîtrise d'un geste dans la connaissance du champ théorique qui, à ce geste, a donné un sens; la pratique d'attitudes et de comportements régressifs, dont l'importance est considérable sur le plan du soin et de la rééducation, serait dangereuse sans un aperçu des notions psychanalytiques de base. De même la connaissance et la manipulation de certaines techniques d'investigation sociologique peuvent conduire à des résultats catastrophiques quand

1. Comptine, pour la découverte enfantine de la main, en langue d'oc. Traduction : « Par cette plaine est passé un lièvre, celui-ci l'a vu, celui-ci est accouru, celui-ci l'a attrapé, celui-ci l'a mangé, et celui-là a crié : il n'y a rien pour moi ? » Cité par F. Tosquelles, *La Pratique du maternage thérapeutique chez les débiles mentaux profonds*, Éd. J. Aupetit, 1966.

l'opérateur ignore tout de la construction de ces méthodes, des limites de leur validité, des problèmes de l'interprétation des résultats.

La formation des aides maternelles, qui préoccupe F. Tosquelles dans le livre cité, fournit un bon exemple. Il s'agit d'une fonction perçue comme mineure (l'aide maternelle est l'auxiliaire de la mère, ou de l'infirmière psychiatrique), et dont l'exercice semble ne pas exiger la mise en œuvre de connaissances étendues. On s'aperçoit qu'il n'en est rien si l'on étudie de près, dans leur technicité, les tâches qu'assume l'aide maternelle.

Tout le problème, comme le montre Tosquelles dans la deuxième partie de son livre, est dans *l'apprentissage de la spontanéité* : il faut un amour de mère sans la mère pour délier la main ou la langue du petite retardataire. L'exemple de la rééducation de la main — qui est d'abord un objet partiel (substitut de la mère) avant d'être l'organe du contact avec les objets — est à méditer. C'est la mère qui apprend au petit la géographie de la main : territoire conquis par fable ou comptine, le bœuf, la vache, celui qui la détache, celui qui la mène aux champs, et le riquiqui qui court par-devant — se détachent les cinq doigts. Fable, mais théâtre aussi, puisque c'est joué avec la main, et doux moment d'amour maternel :

> [...] la main avant d'être cet instrument de préhension qu'on connaît est, elle-même, un objet de jeu [...] ce jouet vivant remplaçant pour ainsi dire la mère est un objet qui a dû être investi de l'amour mère-fils.
> Ceci est lourd de conséquences pour la rééducation « psycho-motrice » de la main de nos enfants les plus débiles ou les plus régressifs. Vous comprendrez facilement combien deviennent absurdes et inefficaces les techniques très « anatomiques » et très « fonctionnelles » qui ne tiennent pas compte du tout de votre propre comportement « maternel » au sujet de la main [...] (*Op. cit.*)

La psychanalyse, qui ouvre sur une connaissance réfléchie de l'enfant, peut induire les comportements et les gestes, affectivement connotés (« investis »), dont une mère aimante possède la connaissance intuitive. L'amour ne s'apprend pas ? Mais si, il suffit d'observer et de s'y lancer :

> Les gestes de l'amour maternel peuvent et doivent être décrits avec

> précision, appris et pratiqués [...] Lorsque nous essayons de vous retransmettre, au niveau de la culture intellectuelle, la connaissance de ces gestes précis qui cernent l'amour maternel, nous ne faisons pas autre chose que continuer ce qui dans la vie — surtout rurale — se transmettait de génération en génération par le moyen de la culture verbale et des traditions. (*Op. cit.*)

Il pourrait y avoir là l'objet d'une extrapolation intéressante, de l'apprentissage du rôle de substitut maternel à celui de l'apprentissage des gestes de l'amour (mais la plus vieille profession du monde n'est pas encore reconnue comme profession sociale) : il suffit de faire les gestes, de se mettre en position et l'amour viendra. Pascal déjà, pour la croyance en Dieu... A une époque où, sur fond de répression sexuelle accrue, clignotent les thèmes d'une libération *phallacieuse*, où hommes et femmes éprouvent plus de plaisir à refuser d'en donner qu'à en prendre, où le choix du partenaire est le plus raciste, le plus intolérant qui ait jamais été [1] — il est important d'enregistrer cette leçon psychanalytique de démythification de l' « amour » maternel, reconduit à l'ensemble des réponses, réalisées intuitivement ou réapprises, du corps-maman aux messages du désir-enfant.

Une formation au rabais ne livrerait aux aides maternelles qu'une caricature utilitariste des théories freudiennes ou quelques pages de Mélanie Klein; un tel enseignement, parce qu'il laisse le sujet intact, est contraire à la psychanalyse, qui vous rentre dedans (même si on n'entre pas en analyse). L'application studieuse de telle méthode de rééducation de la marche, pour prendre un autre exemple, reste stérile, si, comme le note Tosquelles, « les exercices ne se font pas à l'intérieur d'un rapport affectif, plein de sens pour l'enfant ». Pour que l'enfant marche, il faut qu'il soit porté, non par la mère elle-même, mais par son désir : premiers pas dans amour maman; la psychanalyse ne laisse pas le petit débile « profond » dans son lit (comme le fait l'impuissance résignée de ceux qui habituellement s'en « occupent »), elle sait que pour le provoquer à se tenir debout et à marcher (c'est-à-dire pour se séparer de la mère), même avec

1. Faisant de chacun et de chacune accidentellement un objet de satisfaction, mais essentiellement un objet de frustration universel : cf. les annonces matrimoniales, le partage homo-hétéro (l'homosexuel s'interdit à l'autre, l'hétérosexuel s'interdit au même sexe).

un cadre ambulatoire, il faut encore la présence agissante de la mère ou de l'aide maternelle.

Donc des apprentissages d'ordre technique : que serait un travailleur social qui ne saurait rien faire (sinon aimer, aimer, aimer l'enfant, ou ressasser son impuissance politique, ce qui revient au même)? C'est une attitude idéaliste et non critique que de faire de la critique une activité aristocratique, et de rejeter les acquisitions techniques dans la Béotie, le côté banal d'une formation. Il est remarquable que les nombreux théoriciens que nourrit le travail social (qui lisent Lacan dans le texte, et fuient l'enfance, la régression dans la réalité), s'intéressent aux problèmes formels de la formation, aux systèmes d'évaluation, à la comparaison des dispositifs, mais rarement aux progrès théoriques dans les domaines peu croustillants de la compréhension et du traitement de certaines formes d'inadaptation. La débilité intéresse peu les sociologues : ils ont tort, c'est la plus politique des bâtardises.

La question des « techniques éducatives »

L'expression « techniques éducatives » désigne, par convention, dans la formation des travailleurs sociaux, l'ensemble des activités pouvant servir de supports thérapeutiques, rééducatifs ou relationnels : judo et kayak, photo et peinture, tissage et poterie, cuisine, aéromodélisme, accordéon, etc. C'est donc leur finalité, plus que leurs contenus, qui les définit — ce qui ne va pas sans problèmes. Que le judo puisse être pratiqué comme moyen de développement de la personne, ça se conçoit; c'est moins évident pour la peinture, ou les activités « artistiques » en général.

Cette complicité des techniques éducatives et de l'idéologie personnaliste, dominante dans le secteur, s'inscrit dans une histoire du sens, une téléologie aux connotations mystiques qui imprègnent fortement individus et institutions. On y trouve aussi l'économisme de la production (ces activités doivent avoir une productivité pédagogique, au moins occupationnelle), la référence privilégiée aux valeurs archaïques et aux modèles conceptuels de l'artisanat : l'homme créateur, la main [1] démiurgique et vivipare, l'aspiration crasseuse à l'authentique, le retour aux sources prélinguistiques de l'homme primitif qui-s'exprime-dans-la-nature-en-informant-la-matière, etc.

Donc encore en question ici l'enfance, le temps (Bataille : « Dans l'éducation des enfants la préférence pour l'instant présent est la commune définition du mal »), la jouissance, le sexe interdits. A la place de sexe, j'aurais pu écrire : âme, ou intensité. Plutôt que de redonner à ces questions, déjà rencontrées (dans les chapitres IV et V), l'espace d'une généralité abstraite, voyons ce qui fonctionne ici et là, dans les établissements et services au titre des activités socio-éducatives.

D'abord, et massivement : *l'occupation.* Les techniques éducatives sont alors à classer avec les calmants, la télé, et la promenade. C'est particulièrement sensible durant les vacances scolaires : chacun se souvient de ces camps et colonies où les gosses n'échappent à la sollicitude activiste des moniteurs — chant, bricolage, jeu de piste, préparation de la veillée, ballon prisonnier, rangement des affaires personnelles, veillée, avant d'aller dormir sous les étoiles... — qu'aux moments où ils bâfrent entre eux. Moi, je vous jure que les gosses ne s'ennuient pas nécessairement si vous ne leur donnez rien à faire (mais non, ils ne se branleront pas toute la journée).

Il y a aussi, qui fait des ravages, le désir de l'éducateur, surtout quand il est bénévole : marottes et violons d'Ingres. La figure de l'activiste pédagogique, du doux monomaniaque, on la rencontre dans tous les internats, et dans beaucoup de clubs de jeunes (prévention et MJC) : les jeunes n'étant que l'occasion du déploiement de cette manie. Comme ils sont gentils, ils font semblant de s'y intéresser. Pas toujours; ils viennent aussi, comme dans cette Maison des jeunes (et de la « culture ») implantée dans un quartier ouvrier d'une grande ville, foutre la merde au foyer-bar, ou taquiner dans le hall les jeunes gens « bien », qui y pratiquent les échecs, la philatélie ou l'audio-visuel avec « leurs » animateurs. Résultat : après 19 heures, on ferme la MJC aux jeunes de 14 à 16 ans. Lesquels ne s'intéressent qu'aux

1. On n'y parle jamais de cette autre main, qui touche, qui caresse, qui pince, qui torche, qui branle, qui fait jouir — mais là c'est la *dépense*, et l'artisan, radin, ne veut rien laisser perdre.

booms et au karaté. Et voilà : de booms et de karaté point, mais de l'expression corporelle et de la boxe française — dans le style, s'il vous plaît! Les animateurs, dans un réflexe naïf, proposent de nombreuses activités. Naïf : on ne sublime pas dans ces classes-là; le rapport au temps est aussi un rapport de classe (dans les familles bourgeoises, *on a le temps*, la satisfaction, la réussite peuvent être différées); ces jeunes veulent une satisfaction immédiate, de l'utile (apprendre à se battre, à devenir invincible) et du vite fait, ils ne prendront pas le temps d'acquérir, par frustrations réglées, les automatismes nécessaires à la pratique d'une activité culturelle socialement prestigieuse. « La seule chose qui les intéresse, c'est d'emmerder les gens », constate le directeur : mais cette « activité » est aussi la seule gratifiante qui leur soit proposée, dans cette MJC qui appartient plus à la Culture qu'aux jeunes.

Pour interdire au désir, non, à la névrose de l'éducateur d'occuper la scène, la formation doit traiter les techniques éducatives comme des pratiques signifiantes — qu'elles sont de toute manière, voire à l'insu de ceux qui les enseignent. Ce qui peut éliminer l'effet de blocage entraîné, dans ces activités, par la finalité éducative, le moralisme ergothérapique, le volontarisme de la production. Signifiance : le plaisir de la dépense. Laisser le sens, le signe fini aux psychologues, aux spécialistes de la réduction au symptôme.

Prenez la pâte à modeler : bon exercice pour la main; sans doute, mais considérons d'abord le plaisir, le jeu de l'enfant. Là, il faut que l'éducateur ou l'aide maternelle contiennent leur désir impatient de voir sortir un signe (de réussite pédagogique) de la main de l'enfant. L'objet ne vient qu'assez tard, *après* deux étapes de mouvement pur :

— *1re étape :* l'enfant joue avec son mouvement; aucun intérêt pour l'objet « pâte à modeler »; il pousse, déplace, de droite à gauche, de haut en bas, s'il y avait un caillou, une boîte d'allumettes, ce serait pareil. En tout cas, l'invitation à *l'information pure*, que propose la pâte à modeler (avant même toute simulation d'objet) n'est pas encore reçue, expérimentée comme telle.

— *2e étape (après 10 mois) :* cette fois, le petit découvre (et joue avec) les propriétés de plasticité de l'objet — sensation du mou, du malléable, sensualité du toucher, mère et merde, plaisir d'informer, avec la main, une matière qui ne résiste pas.

La troisième étape, celle de la fabrication de simulacres, ne vient qu'après. Là encore il faut savoir que le plaisir est plus grand de pouvoir aplatir le personnage modelé — la pâte excède le signe — que d'y trouver une ressemblance avec le modèle. Et je ne parle pas des sinistres canailles qui font fabriquer tous les ans par les gosses des cendriers pour le Noël de la préfecture.

La peinture, comme pratique sociale et signifiante, pose le même genre de problèmes. Comment *former* des gens (animateurs socio-culturels, moniteurs, etc.) pour *animer* un atelier de peinture d'enfants? (Et comment dans cette phrase entendre former et animer?) Et d'abord que nous enseigne la peinture d'enfants (comme celle des fous, des idiots, l'art brut)? Pour le savoir, il faudrait analyser les formes de dénégation, qui en obscurcissent le fond sexuel et en *relèvent* le sens : exhibition normalisante des significations « cachées », inquisition psychologisante (traquant l'expression de la vie affective et des problèmes familiaux de l'enfant), rationalisation pédagogique, infantilisme extasié d'esthète. La littérature existant sur cette question est effrayante, comme l'est la montagne de conneries qu'on peut faire dire aux (dessins d') enfants; bien sûr, ils se projettent dans leurs dessins; mais ni plus, ni moins que les psychiatres dans leurs interprétations. Un gosse de 8 ans [1] dessine une maison « transparente »; on y voit la pendule de la cuisine, qui marque l'heure à laquelle s'en va le père (qui le bat assez souvent); quand le père est parti, le gosse rejoint sa mère dans le lit; le père est dessiné, qui marche sur une route longeant un bassin rempli de poissons carnivores. Et voilà notre auteur de manifester (comme on l'a vu chez Diatkine au chapitre III) ses appréhensions face à un traitement si peu ambivalent du thème du meurtre du père : il manque la petite névrose familiale (qui permettrait à cet enfant de dissimuler, *comme il se doit*, ses sentiments de haine), donc gare à la psychose. Le Dr Arfouilloux n'a pas lu Dickens, ce qui est impardonnable pour qui se pique de pédagogie : je le renvoie à *David Copperfield*, où se montre, dans tout son éclat, la haine d'un enfant pour une vieille ganache de (beau-)père, adepte du fouet. Évidemment les pères ont presque toujours le dernier mot, puisqu'ils

1. J.-C. Arfouilloux, *L'Entretien avec l'enfant*, Toulouse, Privat, coll. « Éducateurs », 1975.

ont avec eux les gendarmes, les curés, les profs et le docteur Arfouilloux!

Tout le problème, pour les animateurs et les éducateurs, est de parvenir à dépasser, et d'abord pour eux-mêmes, les blocages entraînés par l'enseignement scolaire du dessin et de la peinture. Enseignement immergé dans l'idéologie de la représentation, de l'imitation, de l'ornemental, des lois canoniques du chromatisme, etc. Et comme ici la régression est difficile, comme est mythique la remontée vers un traçage pulsionnel « pur », vers le corps de la mère (où « travaille » l'enfant-peintre), mieux vaut laisser venir l'éblouissement de la couleur retrouvée, la jouissance de la dépense colorée, refoulée en dix ans de socialisation scolaire de la perception dans la stéréotypie de l'imaginaire objectif. Travail que doit accompagner un enseignement de l'histoire de la peinture et de la sociologie de l'art, auxquelles Pleynet, Schefer, Francastel, Bourdieu, Baudrillard ont apporté des contributions décisives.

Les contradictions repérables dans la formation des travailleurs sociaux ne lui sont pas spécifiques : l'Université aussi est guettée par les patrons, gérée par les corps d'élite les plus conservateurs; la critique y a la même fonction d'ornement rhétorique camouflant les finalités économiques des enseignements; l'apparente autonomie idéologique, le pluralisme des opinions n'y masquent pas non plus les effets de discrimination et d'exclusion (dans le recrutement des enseignants comme dans la sélection des étudiants) que l'on rencontre dans tout système de formation reproducteur d'une société de classes.

Mais ce parcours n'est pas inutile : c'est là que ça barde, là que les contradictions travaillent (presque) à l'air libre. La formation des travailleurs sociaux est l'analyseur, ironique, d'un secteur qui se trouve lui-même dans cette posture par rapport au système capitaliste.

Post-scriptum. Un lecteur sourcilleux s'étonnera de ne trouver ici aucune mention des objectifs, des méthodes, des contradictions de la formation permanente; la méchanceté de l'auteur serait-elle essoufflée, qui néglige une proie aussi évidente?

Je reconnais que les vendeurs de formation, qui écument la petite bourgeoisie intellectuelle dans son ensemble, font des affaires particulièrement avantageuses avec les professionnels du secteur; et qu'on y solde avec profit tout ce qui n'a pas pu se débiter à l'Université, de la panoplie des gadgets psychosociologiques actuellement sur le marché : la tribu des psychopitres parisiens leur refile toute la camelote, dynamique de groupe, psychodrame, jeu de rôles, bioénergie, psychothérapie antagoniste, psychologie expérientielle, bref tous les résidus des sciences humaines en décomposition. J'oubliais l'analyse transactionnelle; c'est quoi, l'analyse transactionnelle? c'est un gros Américain hilare (une sorte de Kissinger), en manches de chemise, qui vous tombe dessus, tape amicale dans le dos : « I am OK, you are OK — we all are OK! », et soudain, comme par miracle, l'agressivité tombe, le contact est établi, on peut communiquer. On peut aussi lui cracher dans la gueule, mais là on quitte le terrain de l'analyse transactionnelle.

Et alors? Vous voyez bien : inutile de prendre des gants ou de raffiner. Le savoir distribué électivement aux travailleurs sociaux ne fait que durcir la division du travail social; les inadaptés n'en verront pas la couleur : ils sont toujours plus loin, plus invalidés. Qu'est-ce que ça peut foutre que des directeurs d'établissements se réunissent quatre jours pour discuter, à raison de 900 F par tête, chambre et bouffe en plus, du « rôle et de la place de la direction dans une dynamique de changement institutionnel », même si en prime sont prévues des rencontres avec Guattari, Gentis ou Jean Oury? Je vous rassure tout de suite, ce ne sont pas eux qui paient, mais les boîtes. Oui, ça n'est pas si simple, obscurantisme et tout, mieux vaut un directeur éclairé qu'un despote paranoïaque.

Seulement voilà : je ne vois rien venir, et j'ai toutes les raisons de penser que la transformation ne viendra pas de la formation permanente. Inutile, donc, de s'y attarder.

CHAPITRE VII

L'éducation, l'aide sociale et la mort

Vous voulez donner un sens à votre vie.
Tirez-vous une balle dans la tête.
Ou devenez « maman » dans un village d'enfants.
Fin de partie. Beckett ou Dante.
Il Inferno... Oh combien j'en ai vu, descendus de leur superbe, effarés, tourmentés car il est vrai qu'en ce lieu et place se trouvait inscrit : « Vous qui entrez ici, laissez toute espérance... »

D'un trait remarquable du travail social

On moque volontiers les travailleurs sociaux : structures subjectives faibles, tous la même allure de mystiques miteux, un dévouement suspect. Sur fond de railleries nietzschéennes, quelques piques psychanalytiques. Oui, la sauvegarde, l'aide, l'assistance : mais ne sont-ils pas eux-mêmes assistés ? Que feraient-ils sans débiles, sans filles-mères, sans immigrés, sans délinquants ? Est-ce qu'ils *travaillent* seulement, pour se proclamer, de façon si insistante, travailleurs ?

Ce rire est sain : ne vous en privez pas. Reste que l'ironie et le cynisme, comme attitudes — intellectualistes, esthétiques, etc. — ne font pas long feu devant le réel grouillant, stressant (comme on dit dans les salons psychanalytiques) du secteur sanitaire et social. Le théoricien le plus blasé blêmit, recule devant le spectacle d'une salle d'incontinents en hôpital psychiatrique ; tressaille quand, d'une pièce de l'IMP, jaillissent dix faces de petits monstres hydrocéphales ou mongoliens. On ne recherche pas la compagnie de ce qui est, si convulsivement, à la limite de l'humain.

Et voilà, dans l'habitation quotidienne de cette limite, la grande force des professions sociales : voisinage intense avec la folie, la mort, le monstrueux, toutes les marges et les porosités du tissu social, les ratages chromosomiques ou conjugo-familialistes. Plus que d'autres, ils sont près de la mort, de la non-vie, côtoyant la limite (de la vie, de l'humain, du code). Limite : entre normal et pathologique, entre survie et suicide, entre névrose banale et accès psychotique. Cette proximité est-elle profondeur, sagesse? Parfois, mais pas une sagesse sereine, paisible, détachée — plutôt une sagesse convulsive et menacée par cela même (mort, folie, dépossession) qu'elle ne censure pas et qui peut donc toujours (lui) survenir. Voyez Cooper, Deligny, de vieux habitués de la limite; en remontant plus loin de nous, Nietzsche, Artaud, ces très inflexibles (et méconnus comme tels) éducateurs, qui ne se contentaient pas d'appeler de leurs vœux l'avènement libératoire du sujet désirant. Qui ont durement payé pour avoir séjourné à la limite.

Il faut être juste : tous les travailleurs sociaux ne sont pas menacés. Beaucoup soutiennent le choc; le voisinage avec la mort produit alors plutôt un effet d'occultation. Les bouchers, les employés municipaux travaillant à la morgue, les chirurgiens et les animateurs de l'aide aux vieux sont en général immunisés. Mithridate, qui craignait d'être empoisonné, s'accoutuma, par doses progressives, à l'absorption de poisons. Quand le poison se présenta, il n'en mourut pas; délivrant une technique et un concept, la mithridatisation, que certains, comme Montaigne, crurent pouvoir rapporter à la mort.

La danse de mort des théoriciens

Peu importent les motivations réelles (conscientes ou non) de cette danse macabre des théoriciens contemporains autour de la mort. Plus de 20 livres en 1975. *Les Vivants et la Mort*, *Anthropologie de la mort*, *la Préparation à la mort*, *Guide de la mort*, *l'Enfant et la Mort*, etc. Après le sexe, avec le sexe — inépuisable « sujet » — la mort fait au système d'édition capitaliste une confortable litière. Autre titre, qui délivre le sens de cette ruée, de cette curée : *la Maîtrise de la mort.* Plus conférences, congrès, débats télévisés : et chacun, éberlué de discours, de crever misérablement pour soi.

Donc, sans me taire tout à fait là-dessus, je condense. Sur l'éducation, l'aide sociale et la mort, on peut écrire un livre, rassembler en un dossier des témoignages « bouleversants », traiter la question aux rayons interdisciplinaires. Que les histrions de la périmortalité et les cuistres de la thanatologie continuent de fantasmer aux frontières du bio-psychologique une maîtrise théorique de la mort! Mes mauvaises pensées ne suivront pas cette pente-là.

A chaque chose son temps, mauvaise pensée de mortel. Exorcistes et charognards renvoyés dos à dos, voyons ce qu'il en est du traitement de la mort par les institutions.

Mort et société

Ce pilonnage théorique n'est qu'un aspect — le moins évidemment abject — de l'inscription exténuante de tout dans le code dominant. De tout : y compris le rien. La prise en charge par l'aide sociale des « problèmes » de la mort (techniques, pour la mort des autres; existentiels, pour la mort de chacun) n'est qu'une phase, dans l'extension du contrôle social à la vie tout entière de l'individu, que le dernier maillon, le *nec plus ultra.* Ils lui prendront même son dernier souffle. Certes, le vécu subjectif en tant que tel (pour autant, s'agissant de la mort, qu'il y en ait un de saisissable) ne se rend pas : l'intériorité de la personne, ou ce qu'il en reste après la socialisation et l'acculturation banales, échappent à cette prise en charge. La mort n'est pas communicable. Il appartient donc à l'aide sociale de dissoudre dans l'individu la part subjective réfractaire à la prise en charge; déjà l'école, le travail, les loisirs, l'exposition aux mass media ont entamé cette part. L'expérience semble montrer que dans certains cas (pharmacothérapie soviétique pour récalcitrants politiques, hébétude télévisuelle banale), cette part n'est pas irréductible.

La conséquence sociologique de la mort de Dieu, de la critique moderne de la métaphysique et des grands mythes religieux (transsubstantiation, métamorphose, métempsychose, vie éternelle, résurrection des corps, etc.), est de laisser l'individu désemparé, sans protection devant son évidente et mystérieuse finitude. La mort est devenue pour chacun le plus difficile : ce qui n'a pas toujours été. Il y a des croyances vitales, et, comme l'a montré Nietzsche, des erreurs nécessaires : les dissoudre n'est pas nécessairement libération. Seule issue pour beaucoup : le refoulement, ou l'alcool (je pense à ces petites vieilles qui ne pratiquent plus, par l'effet démystifiant de l'environnement culturel, et pour lesquelles l'athéisme dominant ne représente à l'évidence qu'un contexte contraignant à subir). Bref, la fausse conscience. Et quand ça craque, le désespoir : Là pas d'espérance, Nul orietur, Science avec patience, Le supplice est sûr [1].

Contradiction principale

L'aide sociale à l'individu devant la mort ne pourrait être qu'une métaphysique (avec la possibilité pour « lui » d'une relève, qui la rende, « elle », plus supportable) : mais c'est une idéologie incompatible avec l'état actuel des forces productives et des rapports sociaux. La contradiction est donc entre la solitude de chacun devant sa mort et la prise en charge de plus en plus bureaucratisée de la mort, en tant que problème social.

Il y a là quelque chose de nouveau pour l'individu des temps modernes : effroyable désillusion. Avant, jusqu'à une époque récente, le « corps » social tout entier participait à l'effroi, à la peur de la mort; la religion assurait chaque individu du secours de la collectivité (moins par les prières et les sacrements que par l'effet d'une promesse de salut, psychiquement réconfortante). Aujourd'hui, cette peur est exclue. La mort, comme horizon inévitable, est écartée de la vie, absente de la quotidienneté, laquelle est pourtant, nouveau paradoxe,

1. Rimbaud, bien sûr, *L'Éternité*.

saturée du spectacle des morts violentes. L'image ressassée de la mort accidentelle ou criminelle de certains éloigne pour chacun le spectre de sa « propre » disparition. Le traitement scientifique et technique de la mort crée des classifications (maladie, accident, crime, suicide, guerre) et demande l'intervention de spécialistes. Se posent, par exemple, le problème du corps (du) mort (usage scientifique, modalités d'évacuation hygiénique), celui de l'information de la famille, ou de la succession civile du disparu.

Pour le mourant, la mort tombe donc comme désillusion : rien, dans sa vie sociale antérieure, ne l'assure d'une quelconque attitude jouable; l'immense tromperie se démasque, du « corps » social imperturbable qui se retire sans bruit de ce qu'il recouvrait. La fausse identité de la société et du sujet s'écroule : au cancéreux généralisé (enfermé dans le piège médico-hospitalier), une vague rumeur continue de rappeler l'existence de la rue. Ouate, éther : dehors ça vit.

Les mass media ont dans ce mensonge socialement utile un rôle déterminant : la mort ne cesse pas de les hanter comme événements (guerres, révoltes, catastrophes, etc.), elle ne cesse de hanter les récepteurs, mais sans laisser de traces, sans laisser voir ce qu'elle trame en chacun d'eux d'inéluctable. Il y en a peut-être pour espérer de la macération télévisuelle quotidienne une assistance discrète : une forme de préparation inconsciente. Inutile : ce n'est pas l'absence de préparation qui jette le sujet agonisant dans l'horreur, les convulsions misérables, l'indignité, la bassesse. Le secours de la religion paraissant disqualifié à la plupart, la préparation serait psychologique, avec, dans cette logique d'une assistance bureaucratique totale, l'intervention d'aides-thanatologues, de préparateurs professionnels, les hôtesses du dernier voyage.

L'éducation à la mort

... maintenant et à l'heure de notre mort. Amen. L'idée d'une telle éducation est envisagée sérieusement par certains. Idée (qui se veut) laïque, technocratique en tout cas : réguler tous ces flux de détresse, d'angoisse, pour que la mort cesse de fonctionner de façon anarchique dans le tout social. Il n'est pas interdit d'imaginer que cette restructuration fonctionnelle n'aille jusqu'à la programmation, précise et inflexible, du moment. A l'âge de l'entrée dans le monde adulte, il serait déterminé pour chacun et chacune, selon le potentiel physique et les qualités intellectuelles rigoureusement appréciés, sa durabilité optimale et, donc, le temps qui resterait à vivre. L'appartenance de classe, en terrain capitaliste, pourrait pondérer, par exceptions et privilèges, le caractère fatal de cette mesure...

Bien sûr, on veut aussi dédramatiser; cette préparation ne serait pas que bureaucratique. Il faudrait retrouver l'idée stoïcienne de l'acceptation : impassibilité de granit. (On connaît la différence d'avec la résignation, qui subit le destin comme *fatum* : l'acceptation, déjà chrétienne, désigne une soumission active, un destin choisi. C'est *comme* voulu — la théâtralité tragique s'y enracinera.) C'est une façon, puisque tous y passent également, de prendre le meilleur sur le pire. Une morale de héros, et de maîtres. La mort, « le maître absolu » (Hegel) serait donc hystérique, puisqu'elle veut un maître sur lequel régner [1]. Que lui donne la pensée stoïcienne, dont le volontarisme, pas nécessairement idéaliste, connaît des résurgences surprenantes. Ainsi de Mao Tsé-toung : « Les matérialistes conséquents n'ont pas peur de la mort. »

Tout cela, même modernisé (volontarisme stoïcien de la mort, mythes, salut, etc.), peut-il encore fonctionner aujourd'hui? L'environnement bureaucratisé ne peut que broyer les effets d'une telle éducation (à la mort) dans la réalité sordide ou hygiénique d'une régulation totale. L'harmonium et les hymnes religieux ne parviennent pas à couvrir le ronflement du four crématoire.

Une éducation à la mort, si elle se mettait en place en s'appuyant sur les relais institutionnels de l'éducation (mass media, école, formation permanente, associations culturelles), ne ferait que reconstruire en plus grand le piège que l'information sexuelle a tendu à la sexualité. (Et je ne veux même pas évoquer cette péri-mortalité, simple retournement de la péri-natalité qui organise des actions de préparation morale et médicale pour la naissance : comme si la mort était

1. Lacan a écrit de l'hystérique qu' « elle veut un maître sur lequel régner ».

le contraire simple, géométrique de la naissance!) En éduquant, au sexe, par la voie scolaire, on manque la jouissance; à la mort, par la voie de l'aide sociale, on manque tout. Et pourquoi réinventer, laïque, une éducation à la mort qui a toujours existé comme religion, et qui ne peut exister sous une forme n'entamant pas en profondeur le tissu social?

La préparation ne peut donc être conceptuelle : la mort n'est pas raisonnable. Ce qui disqualifie, comme intellectualiste et mystifiante, l'idée d'un rapport personnel tenu à la mort toute une vie. Les jésuites avaient inscrit ce rapport dans leur corps : *perinde ac cadaver*, mais ce n'était ni personnel ni rationnel. Des expériences de perte d'identité (de perte absolue et sans réserve) sont-elles « utiles » ? Drogue, orgasme, ébriété : rien ne prouve que ça évitera, à la conscience, le terrible saut. Dans *Une grammaire à l'usage des vivants* [1], Cooper croit pouvoir écrire, en bon médecin des âmes : « Mourir est une expérience si forte qu'elle nous éveillera momentanément juste avant que la mort n'advienne — je crois même qu'elle nous réveillera d'un coma profond. » Je dis médecin, car son propos est bien, malgré les dénégations, de guérir et de préparer : « L'exploration profonde de fantasmes suicidaires sous diverses formes, l'expérience d'un libre flot d'images de corps mutilés, de tortures variées, de la putréfaction des corps après la mort (particulièrement ceux de nos parents morts), tout cela constitue une thérapie qu'on ne doit jamais se laisser interdire par qui que ce soit, car un tel interdit risque de nous projeter en aveugles dans une mort dont nous manquera toute expérience. » Une telle préparation peut prendre la voie de la méditation, mais aussi, d'après Cooper, celle de l'extase, des substances psychédéliques, de la crise d'épilepsie, et s'appuie sur une métaphysique du retour à l'être (après la mort, « nous demeurons de manière régénératrice dans le cosmos », « la particularité du je, qui n'est plus moi, n'est pas perdue ») que l'on trouve, par exemple, dans le *Livre des morts* tibétain.

Tout cela peut laisser sceptique : l'expérience manque toujours puisque la mort dans la vie de chacun est sans précédent. Mais là encore ce scepticisme et cette évidence restent conceptuels. Présomption intuitive, pressentiment? Peut-être. Je n'ai pas de réponse sûre.

1. Paris, Éd. du Seuil, coll. « Combats », 1976.

En tout cas de telles « expériences » restent *singulières;* en faire des modèles pour une prise en charge par l'aide sociale, de l'éducation à la mort, n'est qu'une absurdité bureaucratique de plus.

Il est remarquable que ces tentatives d'intégration de la mort au fonctionnement global des institutions s'accompagnent, et dans l'éducation des jeunes notamment, d'une censure de la mort comme *point aveugle* dans le système de la production, de la planification économique, du « développement de la personnalité », et donc dans l'ensemble des valeurs et des représentations dont héritent les nouvelles générations. Il ne faut pas impressionner ces chers petits. Cet art de la litote, que pratique le système scolaire, est sans doute nécessaire à la socialisation; que la représentation de la mort, dans les manuels littéraires, soit « culturelle » et mythologique, au contraire statistique et abstraite dans les livres d'histoire, cela n'est que la conséquence de l'ajustement de l'enseignement à l'économie. Mais en constituant sur une telle censure la « personnalité adulte », le système scolaire, avec la complicité ou l'assentiment des autres institutions, met en place le *piège désormais banal d'une immortalité fallacieuse* — auquel on se laisse prendre volontiers. Jusqu'à la désillusion finale qui excède la faculté représentative de la conscience dite éveillée. Le processus psychologique de la dépression peut donner une idée, sans doute bien faible, de l'intensité de cette catastrophe.

La prohibition du suicide

Il est interdit de se tuer. Aujourd'hui, et dans les sociétés développées (ou en voie de développement). Cela se comprend : l'individu intériorise dès son enfance une image/ fonction du moi, dont la socialisation, et l'école particulièrement, l'affectent comme son identité propre. Ce moi, en tant que construction sociale, ne s'appartient pas : il appartient à la famille, comme fils, père et mari; à la production, comme travailleur; à la nation, comme citoyen conscrit, etc. La pénalisation morale et juridique du suicide dessine en creux l'appropriation, privée ou étatique, du corps productif. Pas question de se dérober, de déserter la production, la famille, le devoir, le sens, le bien-être.

La difficulté de se tuer, qui n'apparaît pas dans le tissu « ordinaire » de la socialité (la puissance persuasive des interdits intériorisés ne nécessite pas de prévention visible), éclate par contre dans les lieux de répression : prisons, asiles, maisons d'enfants. La prévention y a surtout pour fonction de justifier la répression : il faut protéger le criminel, le malade, le délinquant contre lui-même.

Dans les familles, quand ça arrive — le silence, la censure. On ne comprend pas : « Nous faire ça à nous qui l'avons tant aimé »; on culpabilise; on suture. Funérailles honteuses. La religion, jusqu'à une époque récente, refusait son secours. Attitude dissuasive sans doute; mais on peut l'expliquer autrement. Nous ne connaissons « ni le jour ni l'heure ». Déterminer le jour et l'heure est donc le plus scandaleux : le suicide administre à ceux qui restent la preuve ontologique de l'inexistence de Dieu.

Dans les prisons, dans les casernes, le suicide déjoue la prévention, réorganise la surveillance, nourrit les statistiques et renforce l'argumentation de ceux qui dénoncent l'emprisonnement et l'encasernement.

Dans les établissements de rééducation, on a droit à 1 % de pertes. Pour l'administration (l'Action sanitaire et sociale), un suicide peut être l'indice d'un mauvais fonctionnement; donc on enquête. Mais l'enquête est truquée : si le directeur est bien vu, si l'association gestionnaire est coopérante, le suicide n'aura que peu de signification. C'est un accident « inhérent à la profession ». Avec un tel handicap, les responsables de la maison seront dans l'avenir particulièrement prudents (= répressifs pour les enfants) et dociles (peu bruyants pour la détermination du prix de journée). Mais si la DDASS veut la peau d'un directeur ou d'une équipe non conformistes, l'accident est promu symptôme, et les têtes volent.

Bref, peu de chances qu'on y entende, de là-haut, un langage. Et de toute façon, pour celui qui a parlé, c'est trop tard. La fenêtre du 5e, le tube de calmants, le trichloréthylène, etc., ont décodé pour les survivants le message de mort de l'aide sociale. Car, exclus de la famille, disqualifiés par le « monde du travail », mal à l'aise dans leur peau, mal intégrés dans l'environnement, que leur faut-il *d'abord?*

Une protection de tous les instants contre le désespoir, une surveillance accrue, une dissuasion subtilement affectueuse? Il faut, à ces gosses et à ces adolescents, et tout le monde le sait — les bureaucrates des ministères comme les bonnes sœurs et les éducateurs — *le maximum de liberté et de jouissance*. Liberté voulant dire, par exemple, la possibilité pour des jeunes de 16 ans de sortir souvent, le plus souvent possible, avec des fringues chic et du fric en poche; et jouissance : pour tous, mais surtout pour les petits, une bonne cuisine, des maisons claires, avec des chambres confortables et des jardins pour jouer, des gens souriants et pas bloqués, des mamans substitutives *mignonnes*, et, quand vient l'âge, la possibilité concrète de connaître des compagnons et des compagnes, du dedans et du dehors, et de se faire du bien.

C'est tellement évident que j'ai presque honte de devoir rappeler cela à notre ministre; et d'apprendre à nos compilateurs de projets pédagogiques, qui s'extasient d'avoir découvert la portée éducative et structurante de la frustration, ce mot de Brecht, qui pourrait inspirer notre système d'aide éducative et sociale : « *Jeden mit Glück erfüllen, auch sich selbst, ist gut.* » C'est dans *la Bonne Ame de Se-Tchouan*, et la traduction en est difficile, parce que *Glück*, c'est la joie et la jouissance, et *gut*, c'est bien et c'est bon : « Remplir chacun de bonheur, et aussi soi-même, cela est bien. »

Le maximum de liberté implique-t-il la liberté de se tuer? Question formelle, à la limite vide *du* sens : que veut dire vouloir se tuer? Quelqu'un dans une impasse veut se faire entendre; pourquoi le laisser crier si l'on peut percer l'impasse? Et si le langage du suicide abolit les conditions d'une communication peut-être recherchée? Ce n'est pas très malin de rire quand un adolescent parle de se tuer; mais qui, même le plus cynique, exigera pour lui le droit de s'exécuter? Et si l'on cherche vraiment à vous coincer dans la tenaille de cette question, répondez sans vous démonter qu'il faut choisir la vie, et tant pis pour la liberté. Sauf pour les malades incurables et les vieillards (dont certains *se décident* sereinement pour le suicide euthanasique), il ne faut pas suivre Cooper, quand il écrit, idéaliste [1] : « Je crois que se tuer est toujours un faux accès à la transcendance,

1. *Op. cit.*, p. 152.

mais le droit de se tuer doit être absolu — en dépit des absurdités de la loi bourgeoise, des assurances sur la vie, etc. » Il ne faut pas aller dans le sens d'une société qui précisément enferme ses exclus dans une alternative toujours meurtrière : ou tu te ranges (tu t'intègres, etc.), ou tu disparais. Une société où le *droit de se tuer* (au travail, pour la patrie, etc.), est presque absolu, et où la prohibition du suicide n'est jamais l'effet du respect de la vie, mais seulement le signe du despotisme de l'ordre social.

Il existe des services spécialisés, dans la plupart des grandes villes, qui utilisent les vertus transférentielles de la communication téléphonique pour ramener les suicidaires au devoir de vivre. Impossible d'en mesurer objectivement les résultats, puisqu'il ne suffit pas de compter les appels. On peut même penser qu'une telle dissuasion est techniquement aberrante : c'est aussi une invitation, une façon d'induire à la solution du suicide ceux qui n'y auraient pas pensé. Toujours est-il que les gens qui appellent ont droit à une écoute, à une présence; ça peut être énorme, ça peut n'être rien, surtout quand l'impasse, comme c'est souvent le cas[1], est matérielle : pas d'argent, pas de travail, pas de reconnaissance sociale, pas d'avenir.

SOS-Détresse, SOS-Amitié ne peuvent souvent faire mieux que brancher le désespéré sur un foyer de l'Armée du salut, ou lui conseiller, *pour le lendemain* (c'est le soir que la tendance à en finir est la plus forte), une visite au Bureau d'aide sociale, à l'Agence nationale pour l'emploi, quand, par extraordinaire, il n'y serait pas encore allé.

Ce qui se montre là (la fonction de *dissuasion formelle* qu'a l'aide sociale par rapport au suicide) dessine la nature profondément contradictoire de cette assistance : une forme, préventive et répressive elle aussi, du contrôle social, qui interdit à ceux auxquels sont refusés les moyens de vivre, le droit de *se* donner la mort.

1. Voir J. Baechler, *Les Suicides*, Paris, Calmann-Lévy, 1975 et D. Langlois, *Les Dossiers noirs du suicide*, Paris, Éd. du Seuil, 1976. Ces approches différentes montrent qu'il n'y a pas de loi sociologique (par exemple, défaut d'intégration sociale, l'anomie de Durkheim) qui rende compte globalement du suicide; que la catégorie psychologique de la personnalité suicidaire est un mythe.

Vers l'euthanasie douce?

On ne va pas se battre pour obtenir le « droit au suicide », même si l'hypocrisie sociale là-dessus est vite débusquée; et l'on sait bien que quand un jeune de 16 ans se tue, ce n'est que poussé par le plus aberrant des mécanismes sociaux. J'ai fait une exception, et je la maintiens : le suicide euthanasique, pour des malades incurables, pour ces esprits forts qui décident de ne pas laisser le vieillissement les avoir à l'usure, pour ceux qui refusent à la mort le grade de « maître absolu ». Le 26 novembre 1911, Paul Lafargue, le gendre de Marx, auteur du célèbre *Droit à la paresse*, et sa femme Laura se suicident en commun. Lafargue s'explique dans cette lettre :

> Sain de corps et d'esprit, je me tue avant que l'impitoyable vieillesse qui m'enlève un à un les plaisirs et les joies de l'existence et qui me dépouille de mes forces physiques et intellectuelles, ne paralyse mon énergie, ne brise ma volonté et ne fasse de moi une charge à moi et aux autres.
> Depuis des années, je me suis promis de ne pas dépasser les soixante-dix années, j'ai fixé l'époque de l'année pour mon départ de la vie et j'ai préparé le mode d'exécution pour ma résolution, une injection hypodermique d'acide cyanhydrique.

Bien sûr, ce volontarisme-là est idéaliste, il lui faut encore une religion (de la dignité, de la mort choisie, qui peut donner à l'individu le sentiment d'en rester le maître); il faut encore à Lafargue la certitude d'une association, au statut métaphysique mal déterminé, de celui qui « part » au triomphe de la cause pour laquelle il s'est battu. Ce que révèle la fin de la lettre, qui à la sensibilité contemporaine peut paraître plus amusante qu'émouvante :

> Je meurs avec la joie suprême d'avoir la certitude que dans un avenir prochain, la cause pour laquelle je me suis dévoué depuis quarante-cinq ans triomphera. Vive le communisme, vive le socialisme international.

Peu importe que la maîtrise soit illusoire, si est permise, à celui qui est *averti*, la gestion de l'issue, et laissée ouverte la possibilité d'une décision radicale; mais en réalité, aujourd'hui, parce que plus rien n'avertit, il est toujours trop tard, la fin prochaine ne se sent plus, et ça se déglingue avant : regardez les cancéreux généralisés, pris au piège de la machinerie médico-chirurgicale, ils sont faits comme des rats, impossible de fuir, qu'ils servent au moins à la science, bons cobayes, bons consommateurs de rayons, morphinomanes exemplaires! On ne sait plus qui supporte qui, la médecine le mourant, le cancéreux l'appareil hospitalier? A 300 F la journée, on ne te lâchera pas comme ça. La médecine libérale et son Ordre veillent sur les corps foudroyés : on peut leur faire confiance pour prolonger la survie, travailler les familles et offrir à l'agonisant la chance d'une dernière opération présentée comme l'opération de la dernière chance.

A l'utopie de l'euthanasie douce, comme on parle de technologie douce, l'Ordre teutonique des médecins fait un barrage puissant. Des milliards de francs lourds de perte sèche; à quoi serviraient les équipements sophistiqués, les formations ultraspécialisées? Laissez-les vivre : le cri de ralliement, en amont et en aval, rattrape le fœtus, cultive le grabataire (la plante de *One day in the death of Joe Egg*) et prolonge le comateux. Tout cela, avec les gants déontologiques du respect de la vie!

Il faudra donc leur passer sur le Corps. Vous en doutiez? Médicalisme et capitalisme ont partie liée : ce ne sera pas un dîner de gala. Mais nous n'avons rien à perdre, ils ont tout à perdre.

Il est étrange que la question du suicide euthanasique puisse apparaître scandaleuse à une époque où ce que l'on appelle cyniquement aide aux vieux ne correspond en général qu'à une forme, honteuse celle-là, d'euthanasie imposée : tout étant mis en œuvre pour réguler le flux des partants, quand ce n'est pas pour hâter leur départ. Exagération? Qu'y a-t-il de plus misérable, de plus indigne que ces asiles de vieillards, incrustés dans le tissu social sous la dénomination sèchement administrative de « Maisons du troisième âge », et qui traitent les vieux sur le mode bureaucratique et hygiéniste de l'évacuation rationnelle des déchets? On sait que la concentration des semblables produit le dégoût du semblable et de soi-même; dans l'enceinte du vieillarium, coupé de la vie, du travail, de l'enfance, la mort est sans cesse désignée et dérobée. Tout semble dire à chacun : quoi? encore là?

En réalité, dans ces ghettos, sordides ou luxueux (la pension peut varier du minimum vieillesse à des mensualités de 3 000 F et plus), il ne s'agit que du désir de la famille, de la société de liquider ce dont on ne peut tirer ni jouissance ni profit. Toutes les enquêtes le montrent : les gens de plus de 65 ans, dans leur très grande majorité, veulent *vivre* leurs dernières années chez eux. Économiquement, c'est possible, à partir du moment où l'aide sociale, dans ce domaine, sera proportionnée aux besoins réels. Le sentiment d'être de trop est toujours insupportable : les familles de revenus modestes et de logements étriqués, ne font, en expédiant les anciens à l'hospice (mais si, on passera te voir tous les dimanches!), que reproduire et confirmer l'attitude de l'ensemble de la collectivité.

Le maintien à domicile est également possible techniquement. S'il arrive quelque chose? Téléphone ou radiophonie peuvent transmettre le message de détresse à un organisme central équipé pour des interventions rapides. Utopie? Le système fonctionne déjà, pour quelques privilégiés, à Rueil-Malmaison et à Poitiers; il a même un nom : « Delta 7 ». A Poitiers notamment, la DDASS couvre tout ou partie des frais téléphoniques d'un certain nombre de personnes âgées, vivant chez elles, bien que handicapées ou privées d'autonomie. Les bénéficiaires ont la possibilité d'appeler directement le Centre en cas d'urgence par compositeur automatique. La question de la sécurité, dans un avenir proche, ne justifiera plus la ségrégation des vieux.

Supprimer les ghettos est encore insuffisant : la retraite est généralement vécue comme exil social. Cet exil est d'une cruauté trop humaine (a-t-on déjà vu des animaux jeunes écarter aussi violemment les animaux vieux de la chasse ou de la pêche?); c'est économiquement aberrant, et socialement dangereux. Il doit toujours y avoir à faire pour tout le monde. Donc une nouvelle répartition sociale du travail : impossible en système capitaliste. Donc balancer le système. Les vieux peuvent être très utiles dans l'éducation des enfants, l'aide aux handicapés ou aux débiles, la garde des animaux, etc. Et, notez, les enfants ne sont pas dégoûtés par les vieux, ils s'entendent souvent très bien. (Qu'est-ce qui est plus dangereux, éducativement, pour un enfant sain et bien portant, qu'un adulte exemplaire rayonnant de connerie ?) La présence discrète d'une vieille dame aux jeux de petits enfants est infiniment préférable à l'activisme pédagogique d'une femme mûre, dont la venimosité s'accroît jusqu'à la ménopause, tous les zoologues vous le diront. On ne trouve pas chez une vieille de 70 ans la méchanceté envers les petites filles et les adolescentes qu'on trouve chez certaines assistantes sociales ou directrices d'établissements « entre deux âges ». Méchanceté dont les composantes pulsionnelles (désir homosexuel refoulé, jalousie maladive, sadisme, etc.) sont connues.

Voilà qui est d'une simplicité, d'une évidence éclatantes (censurantes). Ce n'est jamais aussi simple, la vieillesse n'est jamais aussi heureuse (la tache aveugle grignote, grignote). L'idée même de vieillesse heureuse est une invention de bureaucrate optimiste et borné. On ne peut imaginer que des nuances, des atténuations à l'âge, la possibilité d'une nostalgie douce (quand la douleur et la dégradation marquent le pas).

Ce qui est sûr : ce n'est pas ce chemin-là que prennent les technocrates et futurologues du pouvoir. La désinsertion sociale est brutale et totale; l'aide sociale, paperassière et terroriste. Le terrain est favorable pour une euthanasie bureaucratisée; il suffirait de conditions économiques catastrophiques pour qu'apparaisse à certains la nécessité de diminuer autoritairement l'espérance de vie... Chers vieux, des thanatologues confirmés vous expédieront en douceur. Ou les hôtesses du dernier voyage. On peut même imaginer des mouroirs, pour un acheminement efficace et discret. Ce sera sans douleur, et remarquablement persuasif. Déjà le vieillissement de la population dans les pays occidentaux inquiète les démographes; surtout quand ils envisagent le problème, comme le fait Alfred Sauvy, dans une perspective étroitement nationaliste (défense et illustration de la race blanche). Qu'alors une association se constitue, par exemple sous le sigle MPL, pour dissuader les gens de s'accrocher à l'existence, et leur proposer, dans le cadre classique d'une campagne promotionnelle, le moyen d'en finir à peu de frais tout en faisant preuve d'un sens civique et d'une abnégation sans précédents — voilà qui ne surprendrait pas les théoriciens, qui savent qu'en terrain capitaliste, aide et contrôle sociaux ne sont que les faces complémentaires d'une même activité.

Ainsi, tous les Français et les Françaises de plus de 70 ans trouveraient un jour dans leurs boîtes aux lettres le courrier suivant :

Mouvement Paul Lafargue *Année 1990*

« Ce jour-là, quand le soir fut venu, Jésus dit : Passons sur l'autre rive. » Marc, *IV*, 35.

Chers amis,

Bientôt Noël qui nous rappelle que nous serons sauvés par un enfant. Noël, fête de la famille, fête de l'enfance : les enfants de vos enfants l'attendent avec impatience.

Vous voulez les aider, leur faire plaisir. C'est le moment. Pourquoi le cacher, les difficultés économiques que connaissent la plupart des nations, la cherté des matières premières, les insuffisances de l'approvisionnement créent à l'ensemble de la collectivité, mais aussi à votre famille, des conditions de vie de plus en plus dures.

Pourquoi différer ce moment — vous le savez inéluctable —, alors qu'autour de vous, vos enfants, vos petits-enfants, tous attendent le fier mouvement de cœur qui vous fera dire : « Voilà, j'ai pris la Décision finale. »

Il n'y a que le premier pas qui coûte. Songez aux avantages d'une solution choisie : le grand et somptueux repas de la Fin, dont nous assumons tous les frais, le Livre de votre vie, biographie et réflexions, que nous éditerons pour vos proches, votre photo dans la page hebdomadaire du *Monde*, et pour certains, la participation à l'émission mensuelle de télévision *le Dernier Bateau*.

Mais ces avantages, et la gratuité complète de tous les frais occasionnés par votre départ, tout cela n'est rien devant les regards brillants d'admiration et de reconnaissance des plus petits et l'émotion discrètement contenue des aînés.

Il suffit, pour connaître les procédures, de nous appeler au

000.000.001

Avec votre famille, unie dans la gratitude, nous vous saluons cordialement et respectueusement.

le Secrétaire général

Pour en finir avec la fin

Sur la mort, le discours « scientifique » (thanatologique) ne tient pas. Logos sonne assez mal au cou de Thanatos. La connaissance n'aboutit pas; ou alors, à des attitudes fanfaronnes, pirouettes, pieds de nez au néant. La réflexion la plus froide n'est que fiction, pour colmater la brèche ou masquer la tache. Oui, une fiction, et d'abord : une représentation, ordonnée dans la constellation de toutes les autres. Mais la fiction peut avoir une fonction réelle : d'intégration non violente, par exemple. Les intellectuels n'ont fait que développer, et d'abord pour leur propre usage, les ressources subtiles de la *dénégation.*

L'aide sociale n'a pas à traiter ce désir-là (à inscrire dans le tissu social les modes dénégateurs de la subjectivité). Pas plus qu'à renforcer l'armature objective de la censure dominante. L'incurable doit être averti; plus, il doit pouvoir se donner la mort. L'assistance peut alors avoir un sens : technique.

C'est donc aussi une question politique : le refoulement de la mort fondant la positivité du système, du sens, de la production. Ce refoulement est le prix qu'il a fallu payer pour se maintenir dans ce que Bataille a nommé l'économie restreinte.

Une économie générale suppose la mort. Mais, on l'aura compris, elle n'y *fonctionne* pas.

Il s'agit toujours du sujet (de « l'individu »). L'idée d'une gestion sociale de la mort est une absurdité. Aide sociale très limitée, éducation impossible.

CHAPITRE VIII

Sur l'anti-éducation, positions et propositions

« Rien n'est écrit. » Lawrence.

Posons au départ de cette rumination la marque d'une négativité (« anti- » la désigne, mais assez mal) présente dans le secteur, et dont il faut supposer qu'elle n'a pas laissé intact celui qui, du dedans *et* à distance, en a décrit le travail.

Ayant tenu jusqu'ici cette *position*, paradoxale, de grande proximité *et* d'intense éloignement, je continuerai donc de diriger sur les travailleurs sociaux un faisceau d'énoncés impertinents, sans avoir à entonner, d'une voix de fausset, le cantique du bien de l'enfant. Je sais que les égosillés de ce couplet ne m'entendront pas : ils n'entendent pas plus ce qui dans l'enfant crie sa résistance au bien qu'on lui veut.

Revenons à la conception du rôle de l'éducateur, telle qu'on peut la trouver dans des textes officiels. En 1945, « l'éducateur est celui qui s'occupe des jeunes en dehors des heures de classe et d'atelier ». Donc un gardien ou un pion. Cette définition qui a le mérite, du point de vue des jeunes, de les livrer à un investissement léger est vite jugée trop sommaire par des professionnels de l'éducation, qui veulent se faire reconnaître une compétence. Ce qui donne en 1962 la définition suivante :

> L'éducateur contribue au soutien, à la restructuration et à l'épanouissement de la personnalité ainsi qu'à la normalisation des rapports sociaux des jeunes qui lui sont confiés.

C'est beaucoup plus élaboré, la psychopédagogie a eu le temps d'empoisser le secteur et d'affiner *in vitro* les instruments d'invalidation des jeunes inadaptés. On notera la mention du double registre de l'intervention de l'éducateur : développement psychique *et* réinsertion sociale. La violence (ou la censure) dans cette conception est dans la juxtaposition de finalités que l'on sait le plus souvent antagonistes — quand on n'en reste pas plus simplement à la normalisation. L'Association internationale des éducateurs de jeunes inadaptés, dans une définition plus récente, a tenté d'éliminer ce que « normalisation » pouvait avoir de violent :

> L'éducateur est celui qui a pour fonction de favoriser le développement de la personnalité et la maturation sociale des jeunes inadaptés.

Peu importent les mots (normalisation et maturation sont autant de litotes), si dure la détresse; on voit assez mal le bénéfice que les jeunes inadaptés ont tiré de cet enrichissement progressif des définitions de l'éducateur. Celui-ci n'a fait qu'élargir son terrain de chasse; ceux-là voient se rétrécir leurs chances de s'en tirer.

Si la distance entre l'éducateur et l'inadapté est posée en termes de valeur, à quoi concourent le langage, les méthodes de « détection » et la plupart des équipements — on ne voit pas comment cette distance pourrait se rattraper, ni comment l'action éducative la mieux intentionnée pourrait ne pas la reconduire. On peut être pessimiste, à lire, dans un document déjà rencontré au chapitre VI, ce que déclarent sans rire, du haut de leur comité d'entente, les directeurs des écoles d'éducateurs :

> La finalité du travail de l'éducateur spécialisé *est d'abord* de reconnaître, puis d'aider les personnes en difficulté, dans un contexte donné :
> — grâce à l'appréhension, dans sa globalité, d'un sujet considéré comme singulier,
> — dans une relation individualisée, etc.

Toute la pédante imposture éducative est résumée là : se faire repérer comme personne en difficulté, puis appréhender dans sa globalité, non mais quel culot, ils se prennent pour le bon Dieu ces éducateurs! Et on peut se demander comment quelqu'un qui est d'abord traité en cas (reconnu en difficulté) peut ensuite être considéré en sujet.

Ce qui se montre là, dans ce respect apparent de la personne humaine, c'est l'irréductible inégalité entre l'éducateur et « l'usager », et le droit exorbitant que s'arroge le premier de connaître globalement le second. L'insupportable est précisément, pour l'enfant et surtout pour l'adolescent, d'être connu, mis à nu par le regard curieux du père, du flic, du curé, du pion, du psy (pas surprenant que l'éducateur tienne de toutes ces bêtes-là!).

Assez pataugé dans ces représentations illusoires de l'éducation, voyons comment c'est; à mon tour de proposer une définition : l'éducateur est un adulte qui renonce à l'enfance pour amener l'enfant à renoncer au désir. Pour l'amener à désirer (être) adulte : ce qui revient au même. Désirer adulte : la pédagogie se soutient de cette impossibilité logique. La nécessité de sortir de l'enfance, de se développer pour atteindre l'âge d'homme est à la base de toutes les pédagogies; on pouvait penser que le christianisme ébranlerait ce principe : après tout, certaines pages de l'Évangile... Mais vingt siècles d'éducation religieuse et chrétienne ont dissipé toute inquiétude en imposant le modèle du développement, au besoin par la peur [1], et en ne laissant à l'enfant qu'une innocence mythique devant s'accomplir dans l'intégrité de l'adulte.

On affirme volontiers que la famille, l'école, les mass media conjuguent leurs efforts non pour épanouir les enfants, mais pour les rabougrir et les contrôler. Cette banalité s'enracine idéologiquement dans l'adultocentrisme, elle ne met pas en question le modèle du développement, mais sa technique ou ses finalités politiques. Bref, toujours le thème rousseauiste de la bonne nature enfantine pervertie par l'éducation.

L'anti-éducation, au contraire, pose l'enfance comme affirmation : ni Rousseau ni Hegel; suspend la question du contenu (comme le fait l'existence elle-même, qui va à sa perte et dont le sens échappe); dénonce, en toute relève téléologique, une imposture. Affirmer l'en-

1. Dans un article intitulé « Comment on fait peur aux enfants », Nicole Belmont écrit : « Le père Fouettard n'est pas plus que Croquemitaine une invention populaire. Il appartient au folklore scolaire et aurait été créé par des pédagogues au XVIIIe siècle, probablement par les jésuites, grands amis des punitions corporelles ou leurs émules, les frères des écoles chrétiennes. » Dans *Topique*, n° 13, mai 1974, p. 104.

fance : non comme phase d'un développement, ni comme siège de la pureté des origines. Instance spécifique à laquelle renvoie sans relâche, comme au désir, l'être-là de l'individu; quelque chose d'assez intense pour remplir une existence, ne serait-ce que dans la grande réceptivité sensorielle des premières années. Réactivée, cette mémoire de l'enfance conditionne la production symbolique : voyez Dickens, Van Gogh, Mahler. Dickens, par exemple, écrit toujours enfant : le roman commence toujours par l'enfance (ce n'est pas une nécessité propre à la diachronie biographique), et même quand les personnages — Twist, Chuzzlewit, Copperfield — ont atteint dans le récit l'âge adulte, ils sont des enfants continués, étant les opérateurs de la narration. Il n'y a que l'enfant qui puisse dire je sans pour autant nier l'autre (que je est aussi). Dickens enfant ouvre à l'auteur le chemin de l'écriture, et non l'inverse (les « sortilèges de l'écriture dickensienne » qui permettraient l'évocation de l'enfance!).

Freud : « Pensez au contraste affligeant entre l'intelligence rayonnante d'un enfant bien portant et la faiblesse mentale d'un adulte moyen. » Les jeux entre enfants sont rarement idiots; quand ils le sont, c'est avec force, avec invention; mais introduisez des adultes là-dedans : éducateurs, moniteurs de colo, parents dynamiques, animateurs radio — ça devient débile. Pourquoi? A cause de ces grands gosses tarés qu'essaient de composer les adultes dans une régression volontariste jamais aboutie. Il est vrai qu'aujourd'hui la faiblesse mentale de l'adulte moyen rayonne jusqu'à l'enfance : la télé rend précoce.

L'affirmation anti-éducative de l'enfance ne rencontre en rien l'enfantasme dominant. L'enfant représenté, le paradigme idéologique de l'enfance sont insupportables, que sécrètent télé, cinéma et publicité. Petit merdeux bichonné, puérilisé par l'adulte, et content de l'être; sale petit envers complice de papa-maman jeunes cadres épanouis dans puanteur capitaliste. L'anti-éducateur (pour enfant qu'il soit) vomit les mômeries, le baby-slurp, le léchage de moutards, les zozotements bébétifiants. Ce qui l'intéresse chez l'enfant non puérilisé, c'est son intense activité sensorielle (la sexualité enfantine), sa formidable capacité de mémorisation (son intelligence), son aptitude au bonheur matériel (tartine de confiture, neige, jeux à la mer avec la mère, l'eau et le sable, jeux avec le corps, avec le son, avec l'animé, avec les cent mille odeurs sexuelles du monde). Bref, il n'en a pas peur, il n'y a pas renoncé : il n'a pas d'attitude pour cela, ni d'amour, ni de défense. Contrairement à la plupart des intellectuels qui font le choix d'une attitude, oscillant entre le refus viril et glacé — « moi, les mômes m'emmerdent » —, et l'affectivité dégoulinante.

La puérilisation dominante ne peut faire croire, en dépit des apparences (« on fait tellement pour les jeunes »), à la sollicitude bienveillante et maladroite de l'État. Règle générale : État contre enfance. Plus précisément, l'État ne retient de l'enfance que l'irresponsabilité, la docilité à l'ordre, la recherche de la protection. Pour tout le reste, l'État, par définition, a pour tâche de combattre l'enfance, comme déviance sociale de l'individu ; et il ne s'en prive pas : la puérilité sentimentale masque mal la formidable capacité d'intégration nivelante des appareils idéologiques (institution scolaire, cellule familiale), et plus encore des mass media.

Il ne faut donc pas dire, au vu de la suppression des châtiments corporels, de l'autonomisation d'un droit de l'enfance, de la réduction de la mortalité infantile (dans les pays développés), que la famille et l'école sont moins répressives qu'autrefois : c'est pareil ; simplement, la répression, conçue comme quantité d'énergie sociale investie dans la socialisation, s'appuie sur des supports plus diversifiés. Si cette neutralisation de la désagrégation potentielle du socius est toujours identique en intensité, on peut toutefois affirmer que la répression est de plus en plus précoce. Les déterminants actuels de la modélisation du comportement (qui constituent des ensembles complexes en interaction : mais la famille et l'école n'y ont plus le premier rôle) prennent en charge l'enfant dès les premières années. Le Grand Éducateur Télé contribue de plus en plus tôt à l'épanouissement de la personnalité ; il fait déjà partie du paysage du bambin (lequel y est exposé le plus vite possible, ça l'occupe et l'empêche de crier), mais les gosses sont aussi touchés indirectement dans la mesure où le père et la mère, toute la famille leur apparaissent sous la forme d'absorbeurs de messages télévisés, surtout dans les milieux pauvres ou moyens.

Le Grand Éducateur (directement manipulé par l'État) accomplit à l'égard de l'enfance un rapt massif, *presque* irrémédiable (ce « presque » est la chance de l'anti-éducation), dont on semble assez loin [1] de connaître les conséquences sur la détermination des comportements. A cette fabrication télévisuelle de zombies, les enfants n'échappent que rarement : comment faire comprendre cela aux experts de la communication de masse qui en sont encore à s'extasier de la fin de la galaxie Gutenberg, et à promouvoir la sémiotisation par les mass media de l'environnement comme une étape, nouvelle et glorieuse, du développement humain! Il est sans doute plus juste d'y voir une des dernières phases du procès d'extermination de l'a-social, dont l'histoire des sociétés passées ne peut nous proposer de péripétie aussi réussie (et nommez-le comme vous voudrez, ce procès, déracinement, aliénation, régression historique de l'espèce humaine, désindividuation monstrueuse, de toute façon vous ne serez qu'un incorrigible pessimiste, incapable de penser le progrès technologique).

Pédagogiquement, le Grand Éducateur Télé, pourtant si prégnant, est nul : il affaiblit, c'est une chose connue, l'attention et la mémoire. Ce n'est donc pas par métaphore que l'on parle de débilisation à son propos : l'attention et la mémoire, c'est l'intelligence. Ce qui engage, entre le Grand Éducateur et l'anti-éducateur, une lutte à mort : faire sortir un enfant ou un adolescent du rayonnement télévisuel/familial est, en soi, une victoire. (Cela jeté à la face des animateurs d'arrière-garde qui prônent le bon usage pédagogique de la télévision.)

Curieuse bête, cet anti-éducateur! J'ai affirmé plus haut qu'il n'avait pas d'attitude, monstruosité logique : le non-comportement est logiquement impossible, nous n'échappons pas à un jeu d'attitudes même quand nous prenons l'attitude du jeu; il ne dépend donc pas de l'éducateur d'assumer ou non sa fonction de modèle. Bref, cette anti-éducation ne serait qu'une pédagogie de plus, brassant tous les

1. Comme G. Hocquenghem et R. Schérer, qui, dans *Co-ire, album systématique de l'enfance* (n° spécial de *Recherches*) laissent échapper tout cela, trop préoccupés qu'ils sont d'apparaître en gentils ravisseurs de l'enfant mythique qu'ils baladent avec eux, comme un solitaire sa poupée gonflable. Encore une injuste mauvaise pensée : c'est à lire, toute éducation cessante.

thèmes anti-autoritaires des cinquante dernières années, et lançant à la ronde le message du refus absolu de l'existant? Peut-être. Toujours est-il qu'il n'est pas interdit de prendre *systématiquement* le contre-pied des applications skinneriennes du behaviourisme à la pédagogie [1]. Et plutôt que d'apporter un concours actif à la suppression, politiquement réactionnaire, de la fonction d'éducateur spécialisé, il vaut mieux travailler à supprimer dans la personne de l'éducateur cette épouvantable propension à se penser et à se manifester dans le rôle modélisant de maître, d'adulte, de père, etc. Le mépris *secret* de l'autorité, l'allure non directive ne suffisent pas, si dans les faits vous respectez le mandat social, toujours normalisant, que vous a confié le pouvoir.

Quelle serait alors la position de l'anti-éducateur? Comment la décrire? Comment la tenir?

La règle générale a fait pendant longtemps confier l'éducation des tarés à des ratés; elle souffre aujourd'hui quelques exceptions (tout n'est donc pas perdu). Le travail social s'est ouvert, ces dernières années, à de nouvelles couches de la petite bourgeoisie, poussées par le rétrécissement du marché de l'emploi, que l'on sait saturé dans le domaine des professions intellectuelles — dans celui de l'enseignement notamment. La vocation, le dévouement (et tout ce qui s'y cache) se promènent donc de plus en plus rarement dans le secteur; mais sont menacés également les techniciens et les bureaucrates, qui ont pris la place des bons apôtres, des philanthropes et des pionniers (mouvement entamé dans les années 1950). Les nouveaux travailleurs sociaux ne sont souvent que de passage dans la profession, ils n'y ambitionnent rien, se méfient des classements, des systèmes et des idées en place : la psychologie y fait moins de victimes, l'apostolat social y trouve moins d'adeptes. Bref, ils ne « s'y croient pas ». Et c'est très important : la réticence à assumer une identité et une

1. Les thérapies comportementales sont très utilisées aux USA, dans les HP et dans la rééducation. Pour guérir un ivrogne notoire, on mélange vin et vomitif; par la suite, toute absorption de boisson alcoolisée le fera vomir. Le modèle est le même pour remettre les jeunes délinquants dans le droit chemin, ou pour « déconditionner » les homosexuels (si tu bandes devant des photos de mecs à poil, t'auras le zizi électriquement puni). Cf. la revue *Autrement* (Guérir pour normaliser), n° 4, hiver 1975.

fonction d'éducateur fournit à la relation avec des enfants ou des adolescents l'un des rares supports (« éducatifs », si vous voulez) qui ne soit pas truqué. L'éducateur-éducateur, celui qui y croit, n'y parvient pas.

Donc, si l'on peut dire, une position d'instabilité; identité, conviction, projet — tout ça dérape. Comment il tient cette position? En étant à la fois enfant-intensité et vieux-roublard, adolescent-caractériel et adulte-calculateur (il faut de la ruse pour une pratique de liberté interstitielle), oui, tout cela en même temps, enraciné dans aucun de ces « rôles » — il a perdu la mauvaise habitude de se chercher une essence habitable, une vérité de l'être.

Il ne recouvre rien (au moins, dissout les censures les plus grossières) : ni la violence, ni la faiblesse, ni la maladie, *qui sont.* Ne détourne pas les yeux du crachat, du sang, du vomi, de la merde — qu'il est aussi. Familier de l'*unheimlich*, il ne se dérobe pas à cette

> inquiétante étrangeté du désir destructeur ou violence constitutive de l'ensemble social si souvent scotomisés par la pudeur des pensées éducatives ou socialisantes [...]

qu'évoque Julia Kristeva [1]. Il ne fait pas de l'intérêt supérieur des jeunes le gendarme de sa « vie sexuelle » (qu'il ne sépare pas de sa vie tout court), n'a pas trop de peine à jouir, pratique volontiers le naturisme (comme jouissance, pas comme hygiène), s'interroge toujours sur le sens du mot « décence ». Il ne charge pas l'enfant d'un message pour les générations futures, et ne lui demande pas d'assumer le poids de ses illusions perdues [2].

Ne pas censurer ne veut pas dire s'y complaire. L'anti-éducateur ne recherche pas la compagnie des amis de la religion, de la morbidité, de l'abnégation, des contempleurs (conscients ou refoulés) du corps : il prend souci de la nourriture (plus que de la pédagogie), apprend lui-même à cuisiner, transmet joyeusement son savoir du palais aux gosses, résiste à la dégradation contemporaine des aliments; pousse

1. Dans *Art Press*, n° 11, mai 1974, p. 26.
2. R. Schérer énonce ainsi la teneur du discours latent du pédagogue à l'enfant : « En ton innocence, la mort de la mienne se rend acceptable. » *L'Émile perverti*, Paris, Laffont, 1972, p. 222.

à la pratique du sport (pas comme hygiène, comme jouissance) — et là, sans faire une hiérarchie, il préfère le tennis et le foot au ping-pong et au baby-foot, habituellement pratiqués dans les maisons d'enfants (le tennis de table est la version carcérale, mesquine par manque d'espace, du tennis : rapport étroit avec l'internat); aime et recherche pour lui-même et pour les gosses le grand air, la montagne, la forêt, là où les saisons valent; une grande amitié avec l'eau et la mer; il rejette le tabac et l'alcool, en tant qu'exutoires et supports névrotiques, mais ne se refuse pas le plaisir d'un flacon de bourgogne, d'un bon cigare, d'un gâteau au haschich (surtout avant de faire l'amour).

L'anti-éducateur est athée en pédagogie, pauvre en recettes éducatives. Leur foutre la paix pourrait être sa devise (n'étant pas maso, il veut la réciproque) s'il en avait une. Mais il n'en a pas : peu de goût pour la sentence, pour le mode universel. Il reconnaît d'ailleurs que c'est un peu court; qu'il faut un peu plus que l'indépendance pour s'en tirer. Il a l'avantage, l'étant lui-même, d'un contact facile avec les a-sociaux; chaque fois, c'est une rencontre nouvelle, pas codée par la psychopédagogie — jamais une relation qu'il « conduirait ».

Il *se montre* aussi athée tout court (donc apatride, sans famille ou presque, mauvais partisan, militant réservé); athée, mais sans la conviction de son doute; face aux curés, aux aumôniers, aux prosélytes de toutes sectes, il pratique le ricanement plutôt que l'insulte; il fait confiance aux jeunes pour découvrir, à l'âge où il convient de soulever les jupes de l'Église, toute la saloperie religieuse. Matérialiste? Oui, si le petit partage idéalisme/matérialisme ne lui semblait pas d'une si petite philosophie.

L'anti-éducateur ne se déclare pas tel. Il sait la force d'inertie du système, la veulerie des responsables du secteur. Il pratique donc l'entrisme, l'infiltration — ne s'accorde pas des jouissances de martyr dans un licenciement spectaculaire. Si la situation de l'établissement où il travaille est invivable, intransformable, il part le premier; non sans laisser le cadeau d'un dossier accablant (remis aux syndicats, aux autorités, aux parents, à la presse).

Bien sûr, il laisse traîner les clefs. Il y a des évasions, des fugues nécessaires : à favoriser. Pour la vertu pédagogique de la répression, haussement d'épaules. Mais, comme Celma, l'instituteur viré, quand un gosse lui allonge un coup de pied, il réplique; ça ne fait jamais un drame.

C'est un grand lecteur, un intellectuel, un théoricien, et qui s'affirme comme tel, face à ses pairs, prompts à faire d'ignorance vertu ou à voir dans l'indigence intellectuelle la marque d'une authenticité conservée. Moins par rigueur que par plaisir (du texte). Sa bibliothèque est mince en psychopédagogie (malgré Cooper, Laing, Dolto, Mannoni, Deligny, etc. — les rares indispensables), plus ouverte aux poètes, aux romanciers, aux théoriciens du texte, du social. Il préfère Lautréamont à Proust, Nietzsche à Valéry, mais n'a pas pour autant tracé cette inscription au-dessus de sa porte :

> J'habite ma propre maison,
> N'ai jamais imité personne,
> Et me suis moqué de tout maître
> Qui ne s'est pas moqué de soi [1].

Bel objectif pédagogique pourtant, mais l'anti-éducateur, moins fanfaron, sait irréaliste ce désir de totale autonomie. Minée, la « propre » maison, mimée, l'indépendance : même automoqué, le maître est son valet.

Portrait naïf d'anti-éducateur : c'est une morale, je vous l'avais bien dit. Et un test projectif, qui rende l'auteur visible (lisible et risible). D'ailleurs cet anti-éducateur n'est qu'une fiction discursive, un désir d'écrivain : montrez-nous en! Je reconnais qu'il y faut une certaine biographie (une vie écrite pas n'importe comment), un entraînement précoce à l'irrespect, au rire devant les valeurs sociales, les mœurs et les normes de la vie quotidienne. Un *sens domestique* de l'absurde (pas un sens littéraire ou métaphysique). Bref, un ensemble de conditions favorables rarement rassemblées en un seul individu. Il en existe pourtant : j'en ai rencontré. Si vous poussez jusqu'à l'annexe, vous y lirez le fragment d'un écrit d'élève-(anti-)éducateur, qui se raconte sans trop de censure. Il est même fréquent, à l'état de tendance, chez les travailleurs sociaux. Ayant son lieu, donc pas utopique, il attend son heure.

1. Épigraphe au *Gai Savoir* de Nietzsche.

Pour l'anti-éducation, le concept d'adaptation n'a ni pertinence, ni valeur stratégique. Le grotesque désormais loge dans la norme : il suffit d'ouvrir les yeux pour le voir, ou d'accorder quelques minutes de soumission au Grand Éducateur, qui vous informe (informé = adapté) sur « ce qui se passe dans le monde ». Soit : la non-vie dominante, travail et loisirs abrutissants, consommation standardisée, saccage du milieu, la merde, quoi ! C'est évident, et ça devient banal — il n'y a pas lieu de chercher, en prosélyte de la déterritorialisation (20 lettres en un mot), à s'inadapter. Pas seulement banal, dangereux : on méconnaît le fait que lesdits inadaptés sont le plus souvent démunis et sans armes. Rares sont ceux qui ont choisi la marginalité, qui ne subissent pas ce qui leur arrive (maladie *et* soin, détresse *et* aide, malchance *et* assistance sociale), qui se débrouillent et désertent avec art. Les adolescents des quartiers prolos comme les gosses des foyers piquent souvent dans les supermarchés, mais se font prendre souvent aussi. L'un des objectifs de l'anti-éducateur sera de leur enseigner l'art de prendre sans être pris : il est de plus en plus difficile de se servir dans les supermarchés superprotégés, mais on peut y consommer sur place (exemple de menu — le repas chaud est plus risqué — : saumon fumé, citron, pain bis; viandes froides, pommes chips, tomates; fromage ou yaourt; fruits de saison; sucreries diverses), quand on a faim.

Au moins ceci (d'évident) : l'adaptation est *relative*. Au milieu social; à l'époque; au code sexuel, idéologique, etc. Prenons sur ce point la distance de l'ethnologie : chez les Samoans, tribu océanienne, il n'y a pas, nous dit Margaret Mead [1], de problèmes d'adaptation. Oui, pas d'inadaptés. L'adolescence n'y présente pas le contenu historique et idéologique de répression sexuelle, d'irresponsabilité juridique que nous lui attribuons en Occident (où son invention, comme phase spécifique du développement, dès le XIIIe siècle, est contemporaine du retard apporté, sous la pression de l'Église, à l'âge au mariage).

1. Dans *Mœurs et Sexualité en Océanie*, Paris, Plon, 1963.

La communauté samoane reconnaît d'autres formes de relations sexuelles que le mariage : l'adultère, les relations entre jeunes du même âge avant le mariage. Pour les filles, note M. Mead, il est courant qu'elles se fassent déflorer par un partenaire plus expérimenté et plus vieux : mais ça ne correspond pas au droit de cuissage, car cette forme de relation est moquée, voire punie. Avant d'avoir de nombreux enfants, l'adolescente samoane souhaite avoir connu de nombreux amants : le mariage n'est pas une issue à la répression sexuelle.

Résultat : pas de culpabilité, pas d'angoisse, de tension (« propres », dit-on, à l'adolescence), pas de déviations sexuelles, pas de prostitution, pas d'homosexualité; mais, sur ce dernier point, et contrairement à ce que laisse entendre M. Mead, se marque la compacité hétérosexuelle du code samoan. En tout cas, on ne trouve rien de semblable à ce qui est dit accompagner chez nous l'âge adolescent : forte émotivité, crise mystique, aspirations idéalistes, révolte contre le père et l'autorité. C'est énorme de pouvoir baiser quand le corps y tend; surtout qu'en Occident le retard de l'âge au mariage a entraîné une répression sexuelle accrue (toute l'histoire de l'Église, celle notamment de l'ordre des jésuites, grands pédagogues et grands instaurateurs de systèmes de cruauté, peut se lire comme histoire de l'institution du sexe ascétique). Cette répression s'est affinée avec l'éducation sexuelle, qui détourne du plaisir du sexe aussi sûrement que la leçon de français détourne du plaisir du texte.

L'adolescence n'est donc pas nécessairement une période de tension, comme le démontre M. Mead en comparant les milieux socioculturels respectifs. La norme samoane est compréhensive, simple (culte et morale uniques) et ouverte (comme la famille qui est étendue) : l'adaptation individuelle fait rarement problème. Chez nous l'adaptation se fait par épuisement de l'individu consécutif à l'effort d'adaptation lui-même! C'est irrémédiable en société capitaliste. M. Mead : « Ce qui déconcerte les adolescents dans notre société se trouve être précisément ce qui en constitue la substance même. »

Dans les conditions historiques où il intervient, l'anti-éducateur est donc amené à *poser l'inadaptation comme essence.* Ce renversement de perspective (proche de celui pratiqué par les antipsychiatres) peut trouver une assise idéologique puissante dans le texte occidental, lui-même clivé, surtout depuis le romantisme (qui est une métaphysique de l'inadaptation). A côté des maîtres reconnus, garants de l'ordre des belles-lettres et de la saine pensée, il y a les maudits, les exclus de la littérature — Büchner, Baudelaire, Rimbaud, Lautréamont, Kafka, Artaud, Nizan, et tous les autres : voilà vos frères, anti-éducateurs, et d'eux à vous une rigoureuse leçon d'inadaptation. On ne voit pas pourquoi l'inadaptation qui provoque à l'écriture *(comme pratique a-sociale)* serait d'une nature différente de celle qui conduit à l'IMP, au foyer de délinquants, à l'hôpital psychiatrique.

Mais de cette assise idéologique, il ne faut pas demander plus qu'elle ne peut donner : du champ, de la critique, de l'affirmation — le refus de la résignation. Elle ne remplace pas le combat politique des travailleurs sociaux.

CHAPITRE IX

Pour un combat social

En système capitaliste, une catégorie de travailleurs qui ne lutte pas est une catégorie condamnée. Mais lutter pour quoi? Pour sa survie, sa reconnaissance, son renforcement? Le renforcement quantitatif des travailleurs sociaux suppose l'extension — d'ailleurs prévisible dans les conditions actuelles — de l'inadaptation. Ce qui n'est pas souhaitable. La lutte des travailleurs sociaux sera donc *une lutte spécifique :* comme peut l'être la définition du travail social lui-même. Lutte qui peut amener, à long terme, dans un processus établissant de nouveaux rapports sociaux, la transformation, voire la disparition historique, de cette catégorie de travailleurs.

La nécessité de se battre, il faut y insister, doit être pour l'ensemble des travailleurs sociaux le premier des messages éducatifs : le plus manifeste. Doit être? Reconnaissez que la masse des intervenants sociaux n'en est pas encore là. Beaucoup sortent à peine de la Charité, de la religion. Lesquelles délivrent, comme on sait, de tout autres messages.

Il est exact que nombre de travailleurs sociaux « militent déjà » dans leur travail quotidien. Arracher un gosse à une famille indigne (et les critères d'indignité ne sont pas les mêmes pour les éducateurs et pour l'administration), obtenir un logement, une aide municipale pour tels nécessiteux, refuser d'abandonner un jeune délinquant aux mains des gendarmes, marchander un prix de journée décent ou faire antichambre des matinées entières pour obtenir la construction de locaux nouveaux : tout cela, qui met à contribution les ressources physiques et morales des individus, fait partie de l'engagement professionnel. Exiger en plus un engagement syndical ou politique devient alors difficile. La dépense pulsionnelle est parfois telle, dans certains services, que les gens se battent dans l'imaginaire institutionnel (soit : contre les murs), avec comme conséquences : écœurement, désengagement, démission, ou l'appel à la psychanalyse pour rééquilibrage professionnel.

La nécessité de ce combat social peut s'appréhender selon trois axes : la lutte idéologique, l'engagement syndical, les choix politiques. Il s'agit là d'un dispositif d'exposition, commode si l'on veut à la fois une description critique et une élaboration prospective du champ social défini comme cadre et enjeu de la lutte. Ces trois axes, en réalité, sont intriqués par le seul jeu du développement historique et dialectique des contradictions.

J'attache pour ma part une importance particulière au premier axe : celui de la critique, de l'éclaircissement théorique. Surtout si l'on tente d'éviter à la fois le scepticisme souriant, gentiment complice, et le volontarisme de la lutte fétichisée, forme relevée d'engagement religieux, avec son « cortège » de positions dogmatiques, de censures, de tabous. Et là j'encours une nouvelle critique : celle de Nietzsche (et, après lui, de Lyotard) qui insinue dans le discours critique lui-même le stylet perfide de la religiosité. Que je leur retourne en toute simplicité.

La lutte idéologique [1]

S'interroger, se remettre en question, être en recherche, se livrer à la confrontation des opinions et des expériences : les projets pédagogiques, les traités de rééducation, les séminaires et congrès regorgent de cette littérature. On pourrait penser, à lire ou à entendre ces appels à la théorie, que le champ social fourmille d'individus politiquement ou métaphysiquement *inquiets :* il n'en est rien, les institutions les plus conservatrices savent napper la pédagogie de la main de fer d'une telle sauce moderniste. Bref, *une rhétorique ;* et très précisément,

1. Lutte idéologique signifie *lutte dans l'instance idéologique*. La recherche scientifique est un des aspects de cette lutte. « Idéologique » ici n'est donc pas pris, comme souvent, en mauvaise part, au sens de non scientifique, d'erroné, etc.

car ici rhétorique n'est pas une métaphore, il s'agit d'une figure de pensée par raisonnement, que les rhétoriciens classiques, tel Fontanier, nommaient *délibération*[1]. Figure qui « consiste à feindre de mettre en question, pour en faire valoir les raisons et les motifs, ce qu'on a décidé ou résolu d'une manière à peu près irrévocable ». L'interrogation et la dubitation sont des feintes : pour mieux affirmer, pour mieux tromper l'adversaire.

C'est un des traits marquants du discours du pouvoir de récupérer, en les désarmant, les thématiques qui induisent au doute ou à la relativité sur la question des objectifs ou des méthodes actuels du travail social. La mise en question a donc des limites, en général informulées : les internats de rééducation, *où ça ne change pas*, consacrent beaucoup de temps à ces séances où le personnel est invité à se mettre en question. La religion est évidemment encore là, dans cette incantation de la recherche (où ce qui est « cherché » est déjà trouvé); et puisque la religion est encore là, l'obscurantisme n'est pas loin.

Longtemps les institutions religieuses (déléguées par le capitalisme à la gestion des activités philanthropiques) ont défendu leur innocence devant la montée des périls idéologiques.

Exemple : la psychanalyse. Le processus pédagogique religieux table sur l'inexistence de la sexualité enfantine et sur la responsabilité consciente de chaque sujet. Donc : censures, dénégations, ou pire, accommodations avec le diable. Après tout, Dieu et l'inconscient, hein... La traduction de la topologie freudienne des instances du moi en langage religieux s'est faite en douceur : le sexe s'est relevé désir. Et quoi de plus proche du désir sans objet, toujours insatisfait, que l'amour mystique? Et quand la psychanalyse est revenue des USA comme ego-psychologie, la pédagogie enfin a pu s'en autoriser : adaptation, restructuration, insertion sociale, intégration du moi, bref tout l'arsenal de l'orthopédie « psychanalytique » pour vous coder le ça.

En un sens, la psychanalyse (au sens lacanien du mot) reste encore

1. P. Fontanier, « Des figures autres que tropes » (1827), dans *Les Figures du discours*, Paris, Flammarion, 1969. Cité par C. Brémond, « Le rôle d'influenceur », dans le n° 16 de *Communications*, « Recherches rhétoriques », 1970, p. 68.

largement interdite de séjour. Sa méconnaissance active écrit les projets pédagogiques.

Cette attitude défensive du secteur se marque à la violence des résistances soulevées par la diffusion de certains écrits [1]. Le Centre technique national de l'Enfance et de l'Adolescence inadaptées commandite au CERFI [2] une recherche sur « la formation-adaptation des éducateurs spécialisés ». 17 millions (anciens)... une grosse opération. Les chercheurs du CERFI publient un rapport intermédiaire de recherche; honnêtement, ils y posent la question de la position du chercheur; ils flairent la récupération (« Le CERFI, la psychothérapie institutionnelle, l'Anti-Œdipe, tout ça, ce sont les derniers gadgets à la mode dont le " pouvoir " s'entiche, avec lesquels il est peut-être obligé de composer »), et la duplicité des mécanismes de l'invalidation sociale. (« On parlait de marginalité, d'alcoolisme, de dettes, devant nous, dans des termes tels qu'il était absolument exclu que nous soyons nous-mêmes quelque peu marginaux, quelque peu alcooliques, quelque peu criblés de dettes... et pourtant. ») Il apparaît très vite que ces chercheurs-là ont l'intention de trouver quelque chose, qu'ils ont laissé leurs gants au vestiaire et qu'ils n'abdiqueront pas devant le premier « tout-ça-c'est-pour-le-bien-de-l'enfant » venu. Devant les pressions, les manifestations d'intolérance haineuse, le CTN est obligé de s'incliner : le contrat est rompu.

Le CERFI, c'est des homosexuels drogués de la bande à Baader. Mais une autre recherche court dans le même temps (tout ça se passe en 1974), sur la formation d'adaptation : celle d'un chercheur de l'université de Nancy, Roger Bertaux. Lui, il arrivera jusqu'à la fin, mais la censure portera sur la diffusion de ce travail, violemment contesté lui aussi. Tout le monde s'y met, pour les pressions : élèves-éducateurs d'adaptation, directeur et formateurs d'école, psychiatres, président de CREAI. Bref, le rassemblement de la grande trouille.

Les manifestations d'obscurantisme sont des réactions de peur devant le dévoilement des structures institutionnelles du secteur, devant la confrontation des discours et des pratiques, devant la mise

1. Lire en annexe le *Manifeste d'Amiens*, tract tiré à quelques centaines d'exemplaires, mais qui hérissa jusqu'au ministère!

2. Centre d'études, de recherches et de formations institutionnelles (animé, entre autres, par Guattari).

à nu du sexe et du politique : « qui n'ont rien à voir là-dedans », vous martèlera-t-on.

Cet obscurantisme (ce goût pour l'obscurité) se présente sous les dehors du sérieux et de la responsabilité. Le champ social, qui réunit tous les malheureux, les mal lotis, les faibles, les sans-famille, *doit être protégé*. Protégé de quoi ? Du sexe et du politique évidemment. Des questions d'argent et de motivation. Débusquer dans l'aide sociale le capitalisme philanthropique, reconnaître aux leviers de commande du secteur l'alliance de la grande bourgeoisie d'affaires et de la bureaucratie d'État, remonter à l'origine de la constitution des catégories et des modèles de soin ou de rééducation (par exemple, remonter à l'invention de la débilité), tout cela, qui introduit la suspicion dans le public et jette le doute dans l'esprit des travailleurs sociaux, ne peut être que le fait d'une visée politique sur le secteur. On ne s'étonnera donc pas que les gestionnaires actuels, qui crient au scandale *devant des textes* et ferment les yeux sur des pratiques, se posent en défenseurs et en protecteurs des inadaptés. L'argumentation qu'ils développent habituellement repose sur une accusation qui fait mouche sur le public non informé : les travailleurs sociaux engagés prendraient en otages les usagers des services dont ils ont la responsabilité pour imposer leurs desseins politiques.

On peut retourner l'argument. Le personnel de nombre d'institutions et de services fonctionnant sur des principes éculés pourrait être accusé, s'il ne les dénonçait et ne les combattait, de « non-assistance à personne en danger ». Et là où l'aide sociale n'est qu'une forme de prévention généralisée de la révolte, combien d'éducateurs, d'assistantes sociales, de médecins se contentent d'assister en témoins passifs à la perpétration habituelle d'un crime froid, scientifique et méticuleux, nommé thérapie ou redressement ?

Pour la recherche, il n'y a pas de secteur protégé. La critique peut voir dans l'amour d'autrui autre chose qu'une manifestation du sacré. Le secteur social n'est pas autonome : il est emboîté dans un ensemble que le chercheur est bien contraint de nommer, comme tout le monde, « la société dans laquelle nous vivons ». Penser cet emboîtement ne va pas de soi, tant l'articulation est complexe entre les différents secteurs. Cette complexité est visible à l'enchevêtrement des instances, des ministères impliqués, des services parfois concurrents, des réseaux, filières et modalités de placement; visible encore au nombre des intervenants sociaux (on peut en voir une dizaine et plus fondre sur certains « cas »). Mais cette articulation, qui peut en parler? Le discours que le secteur tient sur lui-même, est-il le plus à même d'en rendre compte? Sûrement pas : l'implication aveugle et l'habitude censure.

Il y a là beaucoup plus qu'une question de méthode : ce qui peut parler (de) l'expérience, ce n'est pas d'abord, ni nécessairement l'expérience elle-même, trop impliquée, mais quelque chose qui lui soit hétérogène, et qui puisse ouvrir une perspective unificatrice et synthétique, autoriser critique et distanciation. Autoriser? Je ne parle pas de compétence, ni de dépêcher des experts ès analyse-institutionnelle [1] dans les boîtes et services pour qu'avec leurs petites machines décodantes ils y foutent une merde dévoilant censures et structures. Les travailleurs sociaux sont en principe — quand ils font l'effort de ne pas confondre expérience et ancienneté, et de ne pas s'appuyer sur une majorité silencieuse traditionnellement immobile — les mieux placés pour dire ce qu'il en est du travail social aujourd'hui. L'existence d'une revue comme *Champ social*, qui pour être un foyer de lutte idéologique ne fait pas pour autant appel à des théoriciens de « l'extérieur », le démontre. Mais les instruments critiques qu'ils utilisent ne leur viennent pas du secteur : plutôt de disciplines peu impliquées dans le fonctionnement des services (contrairement à la psychologie), comme la sociologie, l'histoire, la psychanalyse.

Lutte idéologique désigne la nécessité pour les travailleurs sociaux de prendre (des) position(s) dans un champ de forces dont ils ne sont pas les maîtres, et dont il n'est pas sûr qu'il soit maîtrisable même dans un autre type de société. Les contradictions qu'ils rencontrent doivent être cernées dans leur spécificité. Ainsi l'écart entre la *parole* philanthropique et le *système* capitaliste (contradiction instance idéologique/base réelle) n'est pas équivalent à celui opposant, *dans* la sphère idéologique, deux objectifs également visés, comme « l'épanouissement des jeunes » *et* « la réinsertion sociale » (la réinsertion n'épanouit pas nécessairement, soit dit par litote). La contra-

1. Je renvoie au *Traité des censures*, fragment 10, « Entrisme institutionnel GAI (savoir) », Paris, Éd. de l'Epi, 1975, p. 39.

diction peut se situer entre un objectif et une méthode pédagogiques. Exemple (mais là c'est une incompatibilité : une contradiction indépassable) : en faisant, dans un établissement thérapeutique, d'une psychologue la dépositaire du sens des comportements, on fait passer le message réel, bien qu'informulé, de la nécessité d'une prise en charge définitive, puisque jamais les sujets assistés ne parviendront à comprendre par eux-mêmes ce qu'ils font, ni ce qui leur arrive. Blocage sur la visée contradictoire d'un objectif d'autonomie (fin de la prise en charge) et d'une méthode de surveillance ou tutelle psychologiques, qui inscrit le sujet dans une dépendance réactivée.

Sur ce dernier exemple (casse-tête pédagogique classique : peut-on viser l'autonomie pour autrui?), il faut répondre comme l'a fait Kant à ceux qui voulaient remettre en question l'indépendance accordée à certain peuple d'Afrique : vous dites qu'ils ne sont pas mûrs pour la liberté, mais pour en juger, il faut *d'abord les émanciper*. Et là s'annule la pédagogie (comme idéologie de la colonisation des jeunes générations).

Il y a peu d'endroits où l'écroulement des valeurs humanistes chrétiennes (de l'idéalisme qui les sous-tend) soit aussi perceptible que dans le champ social (perceptible au regard étranger, décodeur [1] — pas nécessairement perçu par ceux qui y sont impliqués). Y claironner, même en sourdine, liberté, égalité, fraternité, serait de la provocation. Aux assistantes sociales, qui détectent les familles défaillantes et les foyers en détresse, aux travailleuses familiales, qui y sont parachutées, aux éducateurs, qui en « traitent » les bavures, à tous les habitués du cri de la misère et de la déchéance — le voile idéologique ne masque plus grand-chose. Sur les moyens, le scepticisme est général; sur les causes, les différences tiennent plus à la nature des concepts qui en articulent l'analyse qu'à l'effet d'un engourdissement mystifié qui empêcherait certains de voir dans l'aide sociale le double complice, *parallèlement sécrété*, de « l'inadaptation ».

Cet écroulement se manifeste aux luttes idéologiques qui prennent le secteur en écharpe — luttes souvent peu éclatantes, interminables

1. Regard pouvant être celui du sociologue, de l'analyste institutionnel, du journaliste progressiste, mais aussi du travailleur social lui-même, quand il s'en est approprié les ressources par l'effet du travail théorique.

(cinq ans pour vider un directeur gênant) ou « réglées » sous vingt-quatre heures, difficiles à rapporter à un mécanisme simple et univoque. Le plus visible : les licenciements (de plus en plus nombreux ces dernières années, souvent masqués par le motif économique), les démissions provoquées, fermetures d'établissement, « restructurations » administratives ou pédagogiques. Les discours que tiennent les professionnels, les textes qu'ils échangent (projets pédagogiques, tracts, circulaires, déclarations d'orientation, etc.), portent la trace de ces affrontements. « Projet pédagogique » est trop connoté, on parlera de plan d'action, de dispositif, etc.; à « l'épanouissement de l'enfant », usé jusqu'à la corde, on préférera l'avènement du sujet désirant.

Si l'on excepte les mystiques et les illuminés, toujours fidèles au poste, on peut dire que les positions les plus fortes dans le secteur sont, d'une part, celles des chrétiens personnalistes (parfois engagés, voire combattus : ce qui les renforce), et, d'autre part, celles des techniciens organisés, ceux-ci plus bureaucratiques, ceux-là plus psychologisants. Les matérialistes, faut-il le souligner, sont la minorité; impossible pour eux d'intervenir à visage découvert (peut-il y avoir un altruiste athée?); ils ne peuvent donc que tenter de ruiner pour le champ social les formules éculées des rationalisations idéalistes qui en articulent le discours et en inspirent les pratiques. Sans pouvoir réel, ils sont les maîtres de la théorie : poursuivant le geste généalogique de Foucault, ou celui, déconstructeur, des socianalystes.

Cette répartition est schématique : elle situe des attitudes, elle ne décrit pas d'individus. Et quant à savoir qui porte le poids de la lutte idéologique, il faut faire confiance aux minorités.

Pour finir sur ce point, je rapporterai le cas d'un foyer de jeunes filles, dans une grande ville de province, qui présente un bel exemple de soulèvement idéologique, dont la répression, féroce, peut donner une idée de l'intensité des luttes dans ce secteur. Ce petit établissement compte en 1974 une vingtaine de jeunes filles de 15 à 18 ans; il est connu pour être assez libéral (et, n'est-ce pas, « plus on leur donne, plus elles en veulent »); le personnel éducatif, qui y pratique une vague pédagogie institutionnelle, est débordé. Et le scandale éclate :

ces filles « caractérielles » parlent publiquement, s'adressent directement aux gens dans deux tracts[1] naïfs et drus, qui disent leur vie médiocre et le désir qu'elles ont d'être respectées, reconnues, considérées :

> Pourquoi les filles dans les foyers ne peuvent-elles pas avoir de belles choses ? Ni apprendre ce que savent les gens qui s'occupent d'elles ? — Ne serait-ce pas fait exprès pour les empêcher de discuter, de montrer qu'elles sont intelligentes et pour les empêcher de changer notre vie ?
> Pourquoi les filles qui sont libres sexuellement on dit qu'elles sont des putains, alors que les gars font ce qu'ils veulent ?
> On dit qu'on est caractérielles. Pourquoi ? [...] C'est peut-être parce qu'on ose dire certaines vérités à la société actuelle qu'on nous traite ainsi. Nous sommes plus évoluées que certaines filles à maman et papa. Nous au moins nous avons une expérience de la vie.
> Nous ne savons pas du tout comment certaines personnes gèrent notre budget. Comme si nous étions incapables de le faire nous-mêmes [...] L'État nous donne 16 F par mois comme argent de loisirs. On se croirait à l'école maternelle.

Cela suffira pour conduire *inéluctablement*, malgré les actions de popularisation d'un comité de soutien, d'ailleurs bien timoré (meeting en pleine ville, avec masques et théâtre de rue, articles dans la presse locale et nationale), à la fermeture du foyer, au licenciement des éducatrices, à la déportation des filles expédiées dans divers établissements de rééducation, en général plus sévères.

Mais le plus grave n'est pas dans la fermeture du foyer, ni même dans l'éparpillement tactique et cynique des filles (encore que la vermine administrative qui couvre ce type d'opération soit parfaitement consciente des traumatismes que la déportation entraîne ou réactive). Le plus grave, c'est qu'à partir d'un certain moment les filles de ce foyer en sont arrivées à ne plus se reconnaître comme *des sujets en lutte*. Que s'est-il passé ? Au début de leur mouvement, on les voit décidées, organisées, soucieuses de leur propre unité, se donner des objectifs, analyser la situation, choisir des moyens, tenter de localiser leurs adversaires (et dans l'Enfance inadaptée ce n'est pas facile : il leur faut aussi se méfier de ceux qui affirment *leur vouloir*

1. On trouvera en annexe le texte de ces deux tracts.

du bien), bref : se battre. Elles ont depuis longtemps l'appui d'une éducatrice particulièrement combative et exigeante, *elle-même encore insoumise à « l'ordre » dominant.* Inutile de préciser que son influence sur les filles, visible aux tracts qu'elles ont rédigés avec son aide, sera dénoncée comme manipulation par les membres bien-pensants du comité de soutien, qui, eux, ont appris à composer et à se soumettre « tactiquement ».

Et les voici à la fin : hystériques, oscillant entre des pleurnicheries de gamines et des glapissements de mégères, revendiquant à cor(ps) et à cris *la reconnaissance de leur irresponsabilité.* Mais regardez-nous, nous sommes des caractérielles, nous l'avons toujours été, donc nous ne sommes pas responsables, on nous a embobinées, etc.

Aux gens de l'extérieur, le « revirement » des filles a paru inexplicable, et l'attitude de ceux qui les « soutenaient », suicidaire. Or, poussées par la majorité du côté du renoncement, de l'humiliation servile (« Allez voir le père B., c'est votre dernière chance »), il n'est pas étonnant que ce soit sur leurs véritables alliés, du foyer et du comité de soutien, qu'elles soient tombées à bras raccourcis, croyant satisfaire au désir de l'institution. Persuadées de l'échec du mouvement, elles croyaient pouvoir rassurer le pouvoir, s'innocenter à ses yeux, en offrant le spectacle d'une recaractérialisation convulsive, démontrant à tous, aux responsables comme *à elles-mêmes*, que rien de politique ne s'était passé.

On ne comprend les choses qu'à les transformer : une des leçons du marxisme. Cette lutte avortée avait conduit des filles destinées par leur origine sociale, leur statut de « cas sociaux », les mesures de placement, par l'ensemble du réseau idéologique et institutionnel où elles étaient insérées, destinées à ne jamais franchir le seuil du champ politique — au bord d'une transgression inouïe qu'aucune action préventive, qu'aucun dispositif pédagogique ne sauraient permettre : passer directement, par l'effet d'une lutte organisée et analysée, de la marge subie à la marge active, de la névrose à la révolution. Je dis : *au bord*, car, même à supposer qu'elles eussent été *reconnues en lutte* jusqu'à la fin, le passage était irréalisable dans le contexte politique du moment.

L'engagement syndical

Oui, j'y suis. Où? A la CGT. Et vous attendez là-dessus quelque *très* mauvaise pensée. Lourdeur, massivité, vieillesse de l'appareil : c'est une organisation. On en dénonce la structure hiérarchisée, le langage stéréotypé : plus de huit ans après Mai 68 (et là les machines syndicales sont apparues comme prises de vitesse par l'histoire), *est-ce que ça peut encore servir?* Question impertinente, et qui peut se retourner : *est-ce qu'on peut s'en passer?*

Et là, ma première mauvaise pensée sera pour vous, jeunes travailleurs sociaux qui croyez pouvoir faire l'économie de l'organisation et qui demandez à la lutte de se produire dans le plus simple appareil : jouissance, fête et révolution. Tu parles! Une fois le conflit lancé, quand le pouvoir commence à montrer les dents (et mes gauchos blottis sous le parapluie intersyndical se posent des problèmes d'organisation, de tactique, envisagent de négocier), la nécessité de partir de l'existant paraît soudain inévitable. Pourquoi tenter de reconstruire ailleurs une organisation qui est déjà là pour la lutte? Immense perte d'énergie pour résultats minables, et la satisfaction (sexuelle) d'appartenir à une minorité radicale (le fameux groupe-sujet, la fusion, jouissance *et* lutte, organisation *et* spontanéité) s'épuise vite devant le constat que *ça ne suit pas* et qu'il faudrait peut-être se poser des questions pour lesquelles Mai 68 ne fournit plus de réponses.

Gramsci notait que l'intellectuel petit-bourgeois se pliait difficilement à une direction politique, à une discipline de parti, trait caractérisant la subjectivité individualiste.

On peut comprendre ainsi les résistances, fréquentes chez les travailleurs sociaux, à donner à la lutte la forme de l'action syndicale; mais en précisant que cette détermination (d'ailleurs assez floue) de l'individualisme est accentuée dans le champ social par les conditions concrètes de la pratique professionnelle. Là en effet les travailleurs sont souvent amenés à intervenir seuls, à payer de leur personne, à faire jouer, dans les contacts humains, des techniques de relation très individualisées. L'autonomie, la liberté d'initiative, la responsabilité que le travailleur social revendique dans le cadre de son travail, il l'exigera également dans celui de la lutte politique. Conscient de la menace que représente pour son identité (son « équilibre ») l'investissement professionnel, il hésitera à la risquer dans un appareil nivelant, au discours puissamment normalisé, aux structures « dépersonnalisantes ».

Ces craintes ne sont pas sans fondement. Il est temps d'ouvrir les yeux là-dessus. Mais qui vous les fermait? quelle censure? On n'attendra quand même pas de l'auteur du *Traité des censures* qu'il refoule, par égard pour le syndicat qui l'accueille, ce qu'il a sur le bout de la langue. C'est jeté : deux mots à la CGT. D'abord je revendique le droit au soutien critique. L'unanimité me paraît toujours suspecte; et cette tendance à vouloir manifester *au-dehors*, pour le public, l'apparence de convictions partagées, de l'absence de divisions, me fait très méchamment penser à la famille petite-bourgeoise dont on sait qu'elle est soucieuse d'assurer sa respectabilité à n'importe quel prix. Il faut laver son linge sale au grand jour, pas en famille. Si les différences entre les individus n'apparaissent pas, comment voulez-vous que l'appareil puisse donner l'apparence de la vie, de la contradiction? Qui vous assure que tout ça n'est pas déjà mort?

L'application studieuse des règles démocratiques conduit à priver de la parole des minorités qui ont des choses à dire, pour la laisser à une majorité dont on sait qu'elle restera silencieuse. Que conjure la répétition de « démocratie » dans le lexique syndical? Voyez ce texte, et comment ça tourne, selon la figure de la périphrase [1] :

> Chacun, quelles que soient ses opinions politiques, philosophiques ou religieuses a sa place à la CGT, mais il serait dangereux et néfaste de ne pas considérer qu'il est de l'intérêt de la CGT et des travailleurs du secteur de tout mettre en œuvre pour engager le débat démocratique avec les syndiqués afin de confier la responsabilité d'appliquer une orientation démocratiquement décidée par la masse des syndiqués, à des responsables qui inscrivent leur action dans le cadre de cette orientation et non aux minorités qui la combattent.

N'y a-t-il pas là comme une pesée (qui rend la phrase si lourde)?

1. *Le Courrier des travailleurs de l'Enfance inadaptée*, n° 76/3 (mars 1976).

Tout mettre en œuvre (*pour* engager le débat démocratique avec les syndiqués) *afin de... :* je souligne la répétition de l'opérateur de finalité et j'inscris la préoccupation démocratique entre parenthèses, puisque ce qui importe après tout, c'est moins la liberté des débats que le résultat. On peut alors se demander si le souci démocratique n'est pas ici une figure de pensée (comme la périphrase est une figure de style) puisqu'il s'agit d'amener, démocratiquement mais fermement, les syndiqués à choisir des responsables-responsables, c'est-à-dire ceux qui reflètent le mieux l'état actuel des opinions dans l'appareil syndical, et qui sont déjà aux postes clefs.

On peut formuler les mêmes réserves, quant au fonctionnement de la démocratie syndicale, en étudiant la façon dont se prépare un congrès national (qui aura pour objectif de définir les grandes orientations du syndicat et de choisir les personnes qui en seront les responsables pour trois ans). Certes on insiste sur la nécessité d'ouvrir une « très large discussion au cours de laquelle toutes les idées, toutes les critiques puissent s'exprimer ». Mais qui va mettre en place le cadre de cette discussion? Les instances dirigeantes du syndicat, précisément la Commission exécutive nationale. Le pouvoir appartient à ceux qui déterminent la forme du débat; en lisant, dans le même numéro du *Courrier des travailleurs :*

> La CE nationale a invité ses organisations à adopter, dès maintenant, un plan de travail précis pour donner à ces débats le caractère le plus démocratique possible,

on tombe, par une ironie bien involontaire, sur une contradiction formelle. L'invitation est une injonction polie, et quant au plan de travail, que le syndicat a pensé pour nous, voici ce que ça donne :

> Au cours des mois de mars et d'avril, chaque section d'établissement tiendra une assemblée avec participation d'un membre de la CE départementale.
> Chaque section départementale tiendra une assemblée départementale statutaire, avec participation d'un membre de la CE nationale...

Le mouvement ne va donc pas de la base au sommet, comme le souci démocratique pourrait l'exiger, mais bien du sommet à la base, puisque c'est le sommet qui met en place le cadre de discussion des grandes orientations, et que, comme on le voit, à chaque niveau de la discussion, un représentant de la hiérarchie syndicale est présent. Que dans un deuxième temps il y ait un retour de la base au sommet, c'est exact, mais les conditions dans lesquelles s'effectue ce retour, *sous le regard des responsables*, rétrécissent considérablement le champ des écarts, des objections, des contradictions possibles. Et conduisent presque inévitablement à l'autoreproduction de l'appareil.

Voilà qui peut rendre sceptique, mais il faut reconnaître que ce caractère de démocratie formelle est notable dans *tous* les syndicats. Vieux débat : nécessité de l'organisation *versus* effets de blocage et de censure qu'elle entraîne. Une *ouverture critique illimitée*, pour atténuer la pesanteur du cadre, est donc au moins aussi nécessaire que le *renforcement* de l'appareil; il semble que ce dernier objectif mobilise toutes les énergies : on augmente le poids du syndicat, sa force de dissuasion, mais pas nécessairement la clairvoyance de ses interventions.

Il y a là pour des marxistes conséquents (c'est-à-dire critiques) une suspicion légitime qui doit pouvoir s'exprimer à propos des objectifs comme des moyens, et notamment sur certaines contradictions entre des revendications, dont on a tendance à oublier le caractère transitoire, et des objectifs à long terme, qui semblent souvent perdus de vue. Ainsi on affirme que doivent être créées « les conditions propres à ouvrir la voie à la transformation socialiste de la Société ». Mais comment une telle transformation, qui doit aussi s'attaquer à l'actuelle division sociale du travail, peut-elle *s'annoncer* si on manifeste par ailleurs un respect scrupuleux des hiérarchies existantes (la CGT considère comme le bon écart pour les salaires, en fonction des qualifications et des responsabilités, celui qui va de 1 à 8 : c'est moins que celui qui existe actuellement, c'est encore de trop)? Et cela au point de célébrer comme une victoire l'octroi, en janvier 1976, d'une avance sur reclassement pour les seuls cadres, et de fustiger l'attitude « viscéralement anti-hiérarchique » de la CFDT, qui, elle, refusa de s'associer à la signature de l'accord.

Face à la sécrétion constante, par le système capitaliste, du « secteur social » *et* de l'inadaptation, face aux successions de phases de démantèlement et de phases de restructuration bureaucratique dont il est l'objet — il importe que la lutte de tous ceux qui y sont impliqués, à un titre ou à un autre, ne s'écrase pas en revendications corporatistes, ni en projets à courte vue. Sans doute les travailleurs sociaux sont-ils des travailleurs; mais ils sont des travailleurs, parce qu'ils sont salariés, qu'ils ont un patron (l'État ou un employeur privé) et non parce qu'ils seraient des producteurs. Il y a dans « travail social » à la fois une litote et une hyperbole : on y fait beaucoup plus et beaucoup moins que du travail. *Que* travaillent-ils?

Poser la question expose la *spécificité* de l'intervention sociale (il vaudrait mieux parler des formes d'intervention sociale, ou des niveaux : l'intervention de l'assistante sociale, par exemple, se situe en amont de celle de l'éducateur spécialisé). La contradiction du « travail » social est de ne se justifier que de l'existence, pour l'instant indépassable, de contradictions sociales. Occulter cette contradiction-là, voilà qui risque de préparer des lendemains qui déchanteront. Dans l'ensemble de la division du travail, qu'elle soit considérée du point de vue technique ou du point de vue social, la position des travailleurs sociaux est originale et menacée : le paradoxe est en ceci que la concrétisation de la menace pour eux signifie un progrès pour les autres.

Impossible donc de parler *sans plus* du droit au travail, de la défense de l'emploi, comme de revendiquer une augmentation massive du nombre des intervenants. Il n'est pas opportun de réclamer la prise en charge par la Sécurité sociale du dépistage systématique si cette pratique est en elle-même porteuse d'inadaptation! Les organisations professionnelles doivent être les premières à lever les équivoques du « travail » dans le domaine de l'action sociale : et je ne parle pas seulement de la compétition malsaine existant entre certains établissements contraints de chasser le débile ou d'éterniser un processus de rééducation pour toucher les prix de journée.

En ce sens, la séparation du politique et du pédagogique, dans les discussions d'orientation, peut conduire à aveugler des contradictions essentielles. Les intérêts des travailleurs sociaux et des « usagers » ne sont pas nécessairement les mêmes; ils peuvent être opposés : c'est particulièrement évident dans les hôpitaux psychiatriques et les prisons (où les gardiens syndiqués font peu de cas, quand il s'agit de sécurité, des conditions de vie des détenus), mais on peut le constater aussi dans le fonctionnement quotidien des services et des institutions du secteur. Et il est un peu facile de renvoyer des préoccupations touchant au bien-être ou à l'intérêt des individus assistés, au registre charismatique. Le respect scrupuleux (fétichiste) des quarante heures est une attitude parfois plus religieuse que la rébellion d'éducateurs soutenant dans leurs revendications de jeunes inadaptés.

...non, pas un dîner de gala. Ces critiques, ces mauvaises humeurs d'un syndicaliste de la base, ne vous y trompez pas, ont leur justification dans la nécessité de la lutte : au même titre que les appareils eux-mêmes. Que serait un syndicat qui ne lutterait pas ? Un imposteur, une machine à endormir les travailleurs : ces organisations existent, on le sait, et sous le nom usurpé de syndicat. Vous n'y couperez pas : posant le problème de la lutte, vous rencontrez celui de l'organisation ; partant, vous rencontrez les organisations existantes (je parle évidemment de celles qui luttent, pas de celles qui collaborent). On n'enjambe pas l'histoire. Pour la majorité des travailleurs de ce secteur, se syndiquer à la CGT ou à la CFDT (les seuls qui comptent, n'étant pas enlisés tout à fait dans le corporatisme) constitue un progrès politique, une étape significative de leur politisation, souvent méconnue par la minorité radicale des travailleurs sociaux. Le pouvoir d'ailleurs ne s'y trompe pas : la répression syndicale est un aspect peu connu, mais vivace [1], de l'activité philanthropique.

Choix et perspectives politiques

On l'a déjà noté, le pouvoir pratique dans le secteur la politique du laisser-faire ; mais jusqu'à un certain point seulement. Par libéra-

1. Un cas parmi d'autres, celui du directeur adjoint de l'École d'éducateurs spécialisés de Sanderval (Marseille), dont le licenciement, refusé en septembre 1975 par l'inspecteur du Travail, qui estimait que ce licenciement « n'était pas sans rapport avec les activités syndicales de celui-ci », est autorisé par le ministre du Travail en janvier 1976. Décision cassée par le tribunal administratif de Marseille en avril de la même année.

lisme, il ne gêne pas l'initiative privée, quand elle le satisfait; par prudence, il contrecarre celle-ci, quand elle le gêne. La duplicité des poids et des mesures est manifeste. Ainsi la coloration politique du conseil d'administration d'une association est plus déterminante, dans les dotations budgétaires, que les orientations pédagogiques qui y sont décidées; mieux vaut le coiffer d'un commissaire de police ou d'un colonel à la retraite que d'un avocat du syndicat de la magistrature ou d'un enseignant de l'École émancipée.

La nouvelle « loi sociale », sinistre farce, accentue cette politique contradictoire de *désengagement autoritaire*, qui permet en même temps au pouvoir de dégager sa responsabilité financière et d'aiguiser, sous le prétexte d'une meilleure coordination, ses instruments de contrôle. On conserve le morcellement des interventions, l'anarchie des structures, la mesquinerie des vérifications bureaucratiques, l'invincibilité des notables — et on met en lumière quelques expériences dites pilotes qui assumeront la « nouveauté » de la loi. En réalité cette loi portant réforme ne réforme que la figure de l'appareil : il serait même excessif de parler de privatisation (le privé a toujours été là), et absurde de crier au démantèlement (on ne démantèle pas une anarchie). Le puissant domaine lucratif — fief de l'Ordre des médecins — ne bouge pas, et s'il vous faut un détail supplémentaire pour juger de cette loi, sachez que les commissions départementales, instituées avec mission consultative auprès des commissaires du gouvernement (directeurs régionaux ou départementaux de l'Action sanitaire et sociale), seront composées de personnalités désignées! On n'est jamais assez prudent.

La reconduction pure et simple du système existant permet aux pouvoirs publics de continuer à tirer les ficelles tout en ayant l'air de ne pas toucher à la liberté d'initiative des gens, voire d'encourager l'innovation pédagogique. La question n'est pas : comment innover dans le secteur ? — mais bien : comment mettre en place les conditions d'une suppression progressive d'un secteur dont on sait qu'en tant que cadre, il entre lui-même dans la combinaison des facteurs pathogènes.

Pour tous les analystes des équipements du secteur, simplifier et clarifier le cadre paraît d'une évidente nécessité. Il n'y a pas alors trente-six solutions : il faut nationaliser les établissements et services, les instituts et centres de formation; unifier les fonctions (pour la seule « fonction éducative », on est en présence de huit « compétences » distinctes, avec chacune des territoires, des mandats, des formations et des rémunérations différents); supprimer la diversité des conventions collectives. Voilà les mesures les plus urgentes à mettre en œuvre.

La clarification des structures pourrait avoir une valeur immédiatement prophylactique, *à la condition* qu'elle rompe avec l'hypocrisie qui produit les secteurs de soin, de prévention et de rééducation comme des choses en soi, des territoires « naturels » dont le problème principal serait celui de la gestion. De ces formes nouvelles, qu'il faut inventer et mettre en place pour répondre à la question de « l'inadaptation », on peut certes avancer qu'elles devront être les plus transparentes et les plus économiques possibles, mais on doit exiger qu'elles ne reproduisent pas ce qu'elles combattent.

Une telle clarification, inutile d'y insister, est impensable dans le système actuel. La confusion, ici comme ailleurs, n'est pas l'effet du hasard : c'est une pièce maîtresse dans le jeu du pouvoir. Y mettre fin demande une transformation politique générale et profonde, dont l'année 1978 sera peut-être la scène. Il se trouve en effet que les grandes lignes, le principe de cette réforme pour le champ social, sont inscrits dans le Programme commun de la gauche. Sur ce point le choix est simple.

Pourtant, là encore, la nationalisation et l'unification de l'existant ne suffisent pas — un pessimisme prudent pourrait même donner à penser que si l'État prend le monopole du traitement de « l'inadaptation », les mécanismes de l'invalidation sociale en seraient plutôt renforcés. Les premiers résultats de la sectorisation psychiatrique devraient faire réfléchir, qui confirment largement les analyses antipsychiatriques. Aucune réforme de structure ne transformera la situation tant que ces mécanismes ne seront pas atteints au cœur, ce qui n'ira pas sans soulever des résistances (déjà perceptibles) chez ceux qui ont construit leur identité, sociale et imaginaire, sur l'assistance réductrice, l'abaissement charitable des gens auxquels ils ont affaire. Les choses bougent; la littérature et le cinéma ont réduit la distance sociologique de l'individu à la folie, à la perversion, à l'inadaptation, du moins dans la petite bourgeoisie intellectuelle (dont proviennent de nombreux travailleurs sociaux). Des attitudes sociales nouvelles par rapport à la débilité, à la délinquance se font jour — dans les supermarchés, il n'y a pas que les pauvres qui piquent ou qui connaissent une caissière. La fragilité des structures subjectives éclate, du normal au pathologique la frontière s'est embrouillée, la marge séduit et la norme paraît soudain moins habitable.

Il faut en finir avec la logique du tout ou rien. Le capitalisme vaut-il une seule mort? Apprendre à composer : par exemple, avec l'électoralisme; avec l'organisation; avec la famille; avec les prises en charge actuelles de « l'inadaptation ». Il serait aussi naïf d'espérer détruire le secteur (et avec lui l'inadaptation) par quelque loi révolutionnaire que d'espérer supprimer l'institution de la famille par quelque coup de force théorique. Anarchie vaincra... cause toujours, la famille tient le coup (mieux que la propriété). D'ailleurs l'objectif de la disparition du secteur est équivoque; en un sens, les pouvoirs publics semblent viser actuellement le même objectif : mettre fin à la « prolifération des professions sociales », raréfier le corps séditieux des éducateurs spécialisés, confier à l'Ordre (des médecins) et aux forces de l'ordre une partie des tâches assumées par les travailleurs sociaux. Entre le progrès et la régression, ce n'est pas qu'une question de nuances : le fascisme fait disparaître l'inadaptation comme problème social, c'est vrai, mais selon des thérapies assez expéditives.

Plutôt donc que d'envisager une improblable disparition, il vaut mieux partir de l'existant, quitte à le retourner, par exemple en promouvant le détournement systématique, conscient, politisé des institutions et des fonctions existant dans le secteur social. Ce détournement ne serait qu'une critique en acte des « mandats » actuels qui font obligation aux travailleurs sociaux de ne traiter que des symptômes, leur interdisant tout accès, même théorique, aux causes; et qui les amènent à respecter en fait les mécanismes de l'exclusion. En ce sens, et contrairement au courant illichien, dont les agents idéologiques fournissent une argumentation brillante et moderniste à la politique actuelle du pouvoir dans le domaine social, on peut avancer que s'affirmeront dans l'avenir la position stratégique des travailleurs sociaux, et la possibilité pour eux de constituer une force de transformation politique.

Ce combat-là ne demande ni générosité militante, ni engagement enthousiaste, ni cœur pur — aucun des avatars de l'héroïsme (l'idéalisme militant). Bien plutôt, du doute, de l'ironie méchante, de la dureté, le sentiment joyeux de la dérision : que délivre le champ social, quand on le soumet à l'épreuve du rire? rien que la figure universelle du grotesque. Ne pas se laisser prendre à l'internationale du cantique, et pas d'illusions là-dessus : vous serez seuls dans ce combat sans foi, le grand public ne suivra pas, et il faudra aussi le mener *à l'intérieur* des organisations (syndicales, politiques) de gauche.

Conclusion

Vampire de l'inadaptation, j'ai recraché fiel et vitriol. Ce livre propose quelques solutions particulières, plus une « solution » politique globale — et c'est tout. Je me suis méfié de l'amour affiché des jeunes, et ne ressens nulle culpabilité — même si le lecteur s'en trouve frustré — de n'avoir pas fait vibrer cette corde-là. D'ailleurs la passion de l'enfance (la pédérastie sublimée) ne dure qu'un temps. Au bout de quelques années, on est plus attentif à sa feuille de salaire qu'à l'épanouissement des jeunes.

Impossible de comprendre ce qu'il en est du travail social dans le cadre conceptuel de l'anhistoricité dominante : il fallait bien saisir la constitution de ces professions sociales, *du champ qu'elles ont créé*, comme un phénomène de la lutte des classes, de la colonisation des faibles par les forts.

Si l'État bourgeois donne aujourd'hui l'impression de vouloir se dégager de ses responsabilités sociales, ce n'est pas le résultat d'une avancée moderniste — Illich, invoqué en haut-lieu, ne fait que ve(r)nir après coup —, visant une prise en charge collective de l'inadaptation, souhaitable certes, mais que rien n'annonce à l'heure actuelle, et surtout pas les quelques expériences micro-sociales masquant la profonde indigence des pouvoirs publics. C'est en réalité le résultat d'une transformation historique amenant la diminution des bénéfices idéologiques et politiques que le capitalisme tirait jusque-là de l'organisation de l'aide sociale.

Du même coup s'énonce l'impossibilité radicale, pour le régime politique actuel, de produire une transformation réelle dans ce domaine aussi. Et j'ajoute : dans ce domaine surtout. Symptôme massif de l'impuissance sociale du pouvoir giscardien : la prise en charge éducative des jeunes échoit *de plus en plus* à l'armée et à la police. Processus assez monstrueusement régressif; ce n'est pas seulement drôle, et misérable, de vouloir le nier — c'est inquiétant, cette présence physique de l'État despotique dans la société « libérale avancée », inquiétant comme le patibulaire d'une face de flic, remontant dans la figure de l'éducateur.

Posant le problème de la délinquance, de la responsabilité individuelle, Félix Guattari écrit [1] :

> Parviendra-t-on enfin à supprimer tous ces appareils hideux de polices, de tribunaux et de prisons? Sans doute l'idée finira-t-elle par s'imposer que la société, plutôt que de confier à des corps spécialisés une fonction de jugement et de punition, devrait donner des moyens de toutes sortes : matériels, économiques, culturels, etc., à des équipes de travailleurs sociaux pour aider les personnes en difficulté à prendre directement en charge leurs problèmes.

Il ajoute avec raison que cette évolution, déjà lointaine, présente en outre le risque (partiellement en voie de réalisation) de voir se constituer « une technocratie envahissante et répressive de l'aide sociale ».

Où je me sépare, à regret, de Guattari, c'est sur l'estimation des moyens termes politiques et de la capacité des forces de gauche, de la classe ouvrière *dans son organisation actuelle* (où le PC et la CGT jouent à nouveau un rôle déterminant) à réduire progressivement les facteurs sociaux pathogènes. Et pas simplement sur le mode ironique — propre à l'intellectuel petit bourgeois opportuniste de gauche — du « ça ne pourra pas être pire qu'avant ». Réponse, donc, en 1978. Pas une raison pour attendre les bras croisés.

Dans la perspective d'une transformation politique radicale, les travailleurs sociaux peuvent dès aujourd'hui inscrire des effets puissants : ne serait-ce qu'en refusant d'endiguer ou de canaliser l'action des analyseurs actuels (du système social) que sont les déviants et les marginaux. Et ce n'est pas seulement le problème des travailleurs sociaux : il faut désenfouir le champ social, ouvrir le secteur au maximum de gens — droit de regard, d'intervention, de critique, d'innovation, de contrôle pour tous, et d'abord pour les usagers. Qui ont

1. Dans sa préface au livre de Ch. Hennion, *Chronique des flagrants délits*, Paris, Stock 2, 1976, p. 16.

des idées sur ce qui leur arrive et sur la façon dont ils entendent être aidés. Devant la bureaucratisation, relativiser les compétences et les rôles, entendre le message antipsychiatrique, casser les féodalités (des privés), et, répétons-le, déserter la rhétorique (notamment, celle, psychanalysante et pseudo-révolutionnaire, de la libération du désir, comme formule incantatoire récemment substituée, dans les rituels pédagogiques, aux bonnes vieilles formules personnalistes du type « épanouissement des enfants », toujours en service).

Tout un programme. Que les travailleurs sociaux voudront commun. Mais au-delà ? A-t-on suffisamment démontré que *l'inadaptation n'est pas un mot juste ?* Ou faut-il d'autres preuves ? Dans l'immense effondrement des valeurs dominantes, *qui* ronge du dedans les concepts de normalité, de santé mentale ? qui, sinon ce qui avance là d'incrusté dans le socius, l'asocial, l'inadapté, mon semblable, mon frère — et ça, tu auras beau t'enfoncer plus avant tes boules Quiès, ça ne rentrera pas dans l'ordre, ça pèse trop lourd pour être pris en *charge*, ça crève à l'avance toute assistance, l'hygiène (sociale) pue l'impropre, il y a là, dans l'inadapté, ce qu'Artaud disait de Van Gogh (donc de lui-même : ce qui s'est barré dans Van Gogh manquait aussi dans Artaud), qu'il est « un vieux choc, un de ces antiques traumatismes rentrés qui tournent en rond de tout leur

corps d'homme le temps de trouver l'issue où sauter
et qui doivent sortir du monde
impayés
ayant achevé leur destinée ».

Strasbourg, mars-septembre 1976

Annexes

ANNEXE I

Le manifeste d'Amiens

Texte rédigé par un petit groupe de formateurs (dont l'auteur de ce livre). Plusieurs des membres de ce groupe ont par la suite été licenciés ou menacés de licenciement. En politique, il n'y a pas de hasard.

Réunis à Amiens le 18 avril 1974, des formateurs de sept écoles d'éducateurs sont venus manifester leur solidarité active à l'équipe pédagogique de l'IRFES d'Amiens (sur 8 instructeurs, 5 licenciés, 3 avertissements).

Un fait se montre à l'évidence : la même violence, éclatante à Amiens, travaille tout le secteur, ici froidement administrative, ailleurs plus feutrée. Le moment est venu d'affirmer des positions politiques claires, et de réunir, autour de cette affirmation, la fraction combative des travailleurs sociaux. Le texte qui suit s'attache plus particulièrement aux implications politiques des problèmes de formation, mais il convient de le lire en référence à la situation des luttes dans l'ensemble du secteur Enfance inadaptée.

Nous ne tolérons plus :

1. L'arbitraire administratif

— Mesures de licenciements (Amiens) ou de démantèlement (Marseille : pour camoufler la liquidation d'un secteur d'opposition à l'IFES), suppression de postes par arrêt de la formation (Aix : pas de promotion 74, bien que 40 élèves aient déjà été sélectionnés), démissions forcées dans les établissements,

— le pouvoir absolu des autorités de tutelle et de gestion sur la détermination matérielle de la vie d'une école ou des établissements (frais engagés dans la sélection, dépenses de prestige : à Amiens, achat de vaisselle de luxe pour 1,5 million).

2. La répression idéologique

— L'usage politiquement réactionnaire qui est fait des discours d'experts (psychanalystes et psychiatres) à des fins d'intimidation ou d'étouffement des luttes,
— rôle des psychologues dans la sélection des élèves et des formateurs; dans les institutions (« conseillers techniques » des directeurs),
— règlement intérieur interdisant « toute publication contraire à la morale chrétienne » (dans une association groupant quatre écoles),
— système des évaluations et des sanctions dans les écoles et les établissements, en termes de jugements de valeur et d'appréciation de la « personnalité »,
— la domination d'un discours idéaliste et psychologiste (« confiture relationnelle » sur assise humaniste-chrétienne), qui fait masque et *barrage* à la théorie et à la pratique du *matérialisme.*

3. La contre-offensive réactionnaire

— Entraves constantes aux libertés syndicales (Amiens : Malineau, le directeur, voudra interdire la création d'une section syndicale, de l'affichage, etc.),
— entraves au fonctionnement des instances ouvrières légales (comité d'établissement à Aix),
— répression frappant tous ceux qui mettent en question et en cause les grands féodaux du secteur (directeurs d'établissements) : éducateurs de prévention à Caen, CO d'Amiens.

Nous refusons :

1. Les fonctions sociales de l'école, dont nous sommes les agents

— Sous le couvert institutionnel d'une pédagogie laïque et libérale fonctionne un dispositif de formation :

— qui filtre les futurs travailleurs (sélection selon l'origine de classe),
— qui reproduit des rapports de pouvoir enseignant/enseigné, assistant/assisté,
— qui introduit une coupure radicale entre la jouissance et le travail, et produit l'abaissement militant de la pulsion et du jeu.

Imposons une nouvelle pratique pédagogique/politique, affirmative et matérialiste, dans les lieux où nous pouvons intervenir, avec les moyens dont nous disposons.

— Sous le couvert d'une fonction spécifique (le « permanent »), nous initions les travailleurs en formation à leurs fonctions de *contrôle social.* Jouant le rôle de « clients », « d'usagers », ils sont entraînés à désamorcer les conflits, à intervenir, avec les catégories psychologiques adéquates, sur des cas individualisés, à répondre à des demandes créées par l'existence d'un service, bref à rabattre la lutte de classes sur des questions de relation ou de groupe.

Imposons de nouveaux types de rapports avec les travailleurs en formation.

— Sous le couvert d'une articulation entre la pratique et la théorie, nous organisons le dosage de pratiques théoriques paralysées par la référence universitaire (modèles d'intelligibilité spéculatifs, non dialectiques) et de savoir-faire transmis sans mise en question de sa finalité.

Imposons une pratique de recherche liée à l'action, aux situations concrètes, dans une pratique théorique du Nouveau.

2. Les rapports dans lesquels nous sommes pris dans les institutions

Ni membres dévoués de la grande famille, ni collaborateurs techniques éclairés, s'identifiant à l'institution et à sa politique.

Imposons des relations salariés-employeurs où nous nous situons comme travailleurs vendant leur force de travail. Imposons le respect par les employeurs des instances ouvrières légales et des autres formes d'organisation choisies par les travailleurs.

3. L'organisation du travail dans les établissements

Ici et là : enfants rossés, dressés, médicalisés, isolés, internés. Toujours pour leur bien. Le bien des enfants : vertu pédagogique de la répression.

A tout cela, nous disons non, avec les travailleurs de l'Enfance inadaptée en lutte.

Nous ne serons pas les garants inconditionnels des objectifs de l'institution, respectueux de la discipline de « l'équipe » ou de l'esprit de la maison.

Ni dresseurs d'enfants, ni embastilleurs de paumés, ni moralisateurs de profession : on est avec eux, de leur côté.

La violence dans le secteur est feutrée, souriante : il faut briser cette conspiration du silence, dénoncer l'absorption tranquille de milliers d'enfants par des services bureaucratisés, nommer les canailles directoriales qui font leurs choux gras du « bien des enfants ».

Imposons des conditions de vie ouvertes aux conflits, au jeu des contradictions, à la parole et aux désirs des enfants.

4. *L'arsenal pédagogique mis en œuvre dans les écoles*

— Le système sélection-évaluation-sanction qui masque et justifie la sélection sociale, inaugure des rapports de pouvoir et de dépendance formateurs/formés, les premiers à la fois juges et parties, les seconds coincés dans l'étalonnage psychologique de leur « valeur éducative »,

— la « permanence » dans l'école, fonction mythique et bureaucratique de gardien de la « maison » et de contrôleur des activités du travailleur en formation,

— l'empoissement de la formation par un discours psychologisant supposé scientifique, qui constitue la référence dominante, théorique et pratique du secteur,

— la neutralité des projets « pédagogiques » qui vise à adapter l'éducateur à toutes les situations, cautionnant à l'avance ce qui se fait sur les terrains,

— la fixation institutionnelle sur des tâches d'organisation et de programmation, avec normes, contraintes, lieux, horaires, moyens, méthodes, prévisions, etc. — toute la cuisine fonctionnaliste écrasant la jouissance, le sexe et la signifiance,

— la coupure avec la réalité sociale et les enjeux politiques concrets d'une formation,

— la nature des tâches « d'animation pédagogique », centrées sur l'apprentissage en « chambre » des techniques de la relation ou l'étude de pédagogies révolutionnaires (qu'il ne faudra surtout pas appliquer).

Ce que nous voulons :

1. Nous organiser pour faire face à la répression : se connaître, se compter, mettre en place un réseau de solidarité et d'information.

2. Mettre en œuvre localement une stratégie de rupture sur des problèmes concrets et précis :
— dénonciation des pratiques répressives dans les établissements;
— boycottage de la sélection à Aix-Marseille.

3. Regrouper l'information sur ces stratégies et approfondir ensemble nos pratiques politiques dans les écoles.

4. Nous situer par rapport aux visées des pouvoirs publics sur la formation des travailleurs sociaux.

ANNEXE II

Des « caractérielles » écrivent

Les deux tracts présentés ici ont été écrits par des filles dites caractérielles du foyer de la Rousselière à Strasbourg. Par la suite (cf. chap. IX), le foyer a été fermé, les filles déportées, et le personnel licencié.

Premier tract

On dit qu'on est caractérielles. Pourquoi? Ce n'est pas parce que nous sommes dans un foyer que nous sommes plus bêtes que les autres. Bien au contraire. C'est peut-être qu'on ose dire certaines vérités à la société actuelle qu'on nous traite ainsi. Nous sommes plus évoluées que certaines filles à maman et papa. Nous au moins nous avons une expérience de la vie. Nous savons nous débrouiller sans l'aide de nos parents et nous en sommes bien contentes. Si certaines personnes ont du pouvoir sur nous, elles en abusent (père B., curé-flic, et le reste de cette association).

Exemple! renvoi d'une fille. Si la tête ne plaît pas aux supérieurs, sans avoir consulté les éducatrices ni les filles. C'est dégueulasse. On fait semblant de nous donner le pouvoir, or ce n'est pas vrai. Nous ne savons pas du tout comment certaines personnes gèrent notre budget. Comme si nous étions incapables de le faire nous-mêmes. Où va-t-il? Avons-nous toujours besoin de papa-maman ou une éducatrice derrière nous?

Exemple! Quand le matin une éducatrice nous laisse nous débrouiller seules, elle reçoit une lettre d'avertissement pour se faire renvoyer, soi-disant que cela est une faute professionnelle grave. En plus la société s'imagine que nos corps et notre jouissance lui appartiennent.

Exemple! Les seuls loisirs qu'on nous propose (entre 14 et 19 ans) : regarder la télé ou découper des fleurs en papier (comme le dit ouvertement B.). L'état nous donne 16 F par mois comme argent de loisirs. On se croirait à l'école maternelle. Nous ne sommes pas du tout d'accord sur ce système de vie. Nous pensons que nous avons le droit d'être libres et de décider de notre vie et que c'est ça la liberté que nous voulons. Nous demandons que les autres filles des foyers s'unissent à nous pour changer le système de mode de vie.

Les filles de la Rousselière

Deuxième tract

Celles qui travaillent touchent un salaire mensuel qui leur est laissé en mains propres sous la seule condition de remettre la moitié de la somme à l'éducatrice qui elle-même la remettra à la directrice. Nous nous demandons ce qu'il advient de notre argent, bien que nous sachions sur leur promesse que cet argent constitue une épargne qui nous sera rendue à notre sortie avec deux conditions : que nous soyons majeures ou mariées, ce qui nous contraint à sortir d'une prison pour entrer dans une autre. Pourquoi ne possédons-nous pas un livret personnel? Pourquoi pas, quand nous n'avons plus de travail ou lorsque nous perdons une place, car nous avons des difficultés à avoir un emploi?

Celles qui étudient doivent subvenir à leurs besoins physiques, hygiéniques, avec une somme dérisoire de 40 F par mois. Comment voulez-vous que ces filles puissent satisfaire leurs plaisirs (sorties, cinéma, etc.). Il est tout à fait compréhensible que ces filles en aient *marre*!!

Comment est-il possible pour une jeune fille de s'entretenir correctement vis-à-vis de celles et de ceux qui sont à l'extérieur d'une manière présentable et jolie, avec une somme de 60 F pour certaines, et 90 F pour d'autres par mois, alors qu'elles travaillent quarante à quarante-cinq heures par semaine?

Nous, les « filles des foyers », nous sommes considérées comme des êtres hors société, des êtres qui sont sans moralité, sans foi, sans loi. Pourquoi cela? Nous avons raison de l'être, vu que c'est la moralité des filles à maman et papa, la foi des curés hypocrites, et la loi de ceux qui nous enferment.

Parce que nous avons une conception différente de la vie... de jeune fille (libre et indépendante), vis-à-vis des garçons (certains garçons), nous passons pour des filles faciles, légères, frivoles, et *j'en passe*.

Pourquoi nous fait-on passer pour ce que nous ne sommes pas? Parce que les gens nous regardent avec des yeux de moralistes.

Nous n'avons pas cette chance d'avoir un soutien de tête-à-tête avec nos problèmes. Les éducatrices, on leur dit quelque chose, elles vont le répéter en réunion ou l'inscrire dans les dossiers dont la lecture nous est interdite.

Nous ne sommes pas des objets ou même des choses avec lesquelles l'on peut jouer! Nous ne demandons qu'une chose, et cette chose est-elle trop demander à vous les garçons que l'on appelle des hommes? Être considérées mieux que toutes les autres filles, celles que vous jugez plus respectables que nous, « filles des foyers », qui sommes capables de dire ce que nous pensons!

Il est un fait : nous reconnaissons que parmi nous il y a des cas à part, mais il ne faut pas généraliser, et bien voir les faits et les circonstances qui ont contribué à les rendre ainsi.

Nous cherchons comme toutes les filles à avoir notre bonheur. Les filles des foyers ont droit à la parole, à l'action, et au pouvoir de décider de notre avenir.

Pourquoi n'avons-nous pas droit à cela? Il est un fait que la société soi-disant respectable trouve toujours l'excuse de dire : « Ce n'est pas nous qui les avons mises là où elles sont », mais elle pourrait au moins prendre connaissance d'un sujet, celui qui représente l'avenir des filles qui sont enfermées, et dangereuses parce qu'elles disent des choses choquantes pour des gens qui se font passer pour des gens bien.

Nous acceptons tous conseils pouvant soutenir notre cause, alors, écrivez-nous dans les délais les plus brefs.

Les filles de la Rousselière

ANNEXE III

Fragment d'un écrit anti-éducatif

Ce texte est extrait d'un mémoire très remarquable rédigé par un éducateur en formation dans une école d'éducateurs spécialisés. Diffusé dans cette école et dans l'IMP où il travaillait, cet écrit a soulevé de vives résistances, notamment dans le personnel de l'IMP, qui a jugé ne plus pouvoir collaborer avec lui.

[...] je suis né en 1943 à hanoï d'une mère française et d'un père franco-juif. un an et demi après ma naissance, ma famille et moi, nous nous sommes retrouvés, comme l'ensemble des français d'indochine, dans un camp de prisonniers japonais. nous avons été bombardés par les américains et les anglais, puis libérés au lendemain d'hiroshima. je dois la vie à la bombe atomique. ce détail rigolo m'a radicalement privé de toute aptitude à prendre les choses au sérieux. je serai toujours, au mieux, un clown.

dans mon enfance, je n'aimais pas me laver. je n'ai commencé à me laver avec quelque régularité et du plaisir que lorsque je me suis intéressé activement aux filles, c'est-à-dire assez tard. je suis flemmard. beaucoup des meilleurs moments de mon existence, je les ai passés allongé à ne rien faire, ou presque. ça ne me gêne pas du tout d'entendre un enfant dire des gros mots, se balancer sur une chaise, porter un falzar crasseux. ça le regarde. il m'arrive d'en faire autant. je fais rarement mon lit. je passe l'aspiro une fois par semaine, quand ça va bien.

au cours de mon analyse, je me suis découvert des pulsions homosexuelles et pédérastiques non négligeables. je prétends ici que tout éducateur mâle est un pédéraste refoulé ou sublimé. il m'est arrivé autrefois, autres mœurs, de voler des livres dans des librairies. j'ai arrêté parce que j'ai failli être pris et que ça m'a flanqué la frousse. depuis l'âge de six ans jusqu'à cette nouvelle année, j'ai été un trouillard comme on en rencontre peu. même à l'heure actuelle, j'ai des accès de peur assez pénibles. le nouveau pour moi, c'est la colère. il m'arrive à intervalles irréguliers de me saouler la gueule. rarement au point d'être malade, mais j'apprécie l'état d'ivresse.

la plupart de mes meilleurs amis, mes frères et sœurs sont des marginaux, des homosexuels, des drogués, des névrosés, d'anciens hippies, d'anciens maos, d'anciens pasteurs. je trouve chez eux une intensité de vie, une sincérité dans leurs rapports à eux-mêmes et à autrui, une gentillesse, une forme étrange de courage, un désir de lucidité, toutes qualités que je rencontre assez rarement chez les gens dits normaux. je déteste l'armée, ses pompes et ses œuvres, mais je ne méprise pas inconditionnellement tous les militaires. idem pour la police. nous avons tous notre adjudant et notre flic en nous. si nous éprouvons le besoin de cracher, inutile de s'adresser à côté. je n'ai pas de morale, hormis un certain souci de vérité.

pour entrer à l'école d'éducateurs spécialisés, j'ai fait comme bien d'autres. face à une procédure de sélection que je désapprouvais, je n'ai pas ressenti de scrupules à tricher. j'ai mis un masque. et quand je vais travailler, je fais la même chose, en plus complet. un peu comme un policier enfile son uniforme, j'endosse ma tenue intérieure quand je passe la porte de l'imp. je saisis à peu près l'esprit de la maison et j'essaie de m'y conformer, à la fois pour ne pas trahir ma convention d'embauche tacite et explicite, et pour ne pas me faire jeter. je ne crois pas d'ailleurs être le seul à procéder à ce genre de déguisement quotidien, d'où un certain manque de spontanéité dans les relations interpersonnelles [...]

ANNEXE IV

Éloge de la dissimulation [1]

Franchement, y a-t-il aujourd'hui art plus difficile et plus nécessaire que celui de dissimuler ? Paradoxe, c'est aussi le plus décrié. Qui, en cette époque de cœurs ouverts et de mains sur la table, se pique d'être sournois ?

On dit le vice caché comme si, à se cacher, il n'y avait pas quelque vertu. D'ailleurs, à l'exception de quelques disciplines très spécialisées — le dessin, le judo, la comptabilité des impôts —, l'art de dissimuler, la science du feindre ne font l'objet d'aucun enseignement spécifique. Navrante lacune.

Comme si nous n'étions pas menacés, comme s'il ne fallait pas sans cesse se défendre, tenir tête, retarder l'inévitable catastrophe !

Oui, cette menace existe, et pas qu'imaginaire, comme le voulait l'aliéniste délirant qui nomma *délire de persécution* la conscience du complot tramé contre chacun par l'ordre même des choses.

Si donc, comme on ne manque pas de me le faire remarquer, je rase les murs, c'est par réflexe d'auto-défense, et non par humilité : de ce côté-ci, du moins, il ne peut rien m'arriver. Je préfère, assailli, savoir le mur derrière moi. Tous les agoraphobes vous le diront, la foule a le vagin denté : il faut éviter de s'y perdre, fuir les lieux publics vertigineusement creusés dans le sens du regard d'autrui. Qui est mortel à haute dose.

Le pur plaisir de l'obscurité

Traverser une salle (un foyer de théâtre, par exemple), où chuchotent des dizaines de personnes, est un exercice périlleux ; on a toutes les chances d'être vu, scruté, commenté de la tête aux pieds (« qu'est-ce que c'est que ce type ? », « un singe dans son gilet », « il a des bottines serrées jusqu'au cou »), bref pétrifié. Il vaut donc mieux longer les murs.

C'est la même raison qui me fait rechercher, au théâtre comme au cinéma,

1. Paru dans *Le Monde* du 21 février 1979.

le dernier rang, le seul où l'on soit sûr de n'avoir aucun regard dans le dos. Et quel soulagement, quel plaisir, quand l'obscurité se fait et que tous les regards se portent vers l'écran ou la scène! Enfin tranquille, on peut quitter la garde, sortir de soi, rêver.

Ce bonheur de l'obscurité est sans doute archaïque. Mais il existe. Pourquoi diable certains scénographes s'obstinent-ils à nous en priver? Par vénération pour le saint sacrement de la distanciation critique? Par souci d'intégrer le spectateur au spectacle? C'est grotesque. Il faudrait une loi pour protéger les obscurités acquises.

Vouloir la lumière à tout prix et sur tout, quelle vulgarité! Encore un travers de l'époque. Si je vous demande ce que vous faites ce soir ou si vous habitez chez vos parents, vous trouverez la question indiscrète. Elle n'est pas plus indiscrète que la question rituellement posée au théoricien : d'où parlez-vous?

Tirés au clair, plus d'une intuition se dissipe et plus d'un sentiment périt. Eurydice ne dit-elle pas que la vérité n'est pas envisageable, et Marivaux que l'amour n'est pas un sentiment avouable? Cela ne s'entend guère aujourd'hui, en cette époque puissamment analytique, où il s'agit de clarifier les structures fantasmatiques de chacun.

On sait que le malaise, la froideur, le retrait (dans la relation) sont, pour certaines professions, des facteurs suffisants d'élimination : la psychologue, au cours de l'entretien préalable, les détectera. Gare à ne pas rougir si elle est attrayante, c'est un signe d'inhibition, de flou dans l'identification sexuelle.

Au cours d'une enquête sociologique sur la sexualité dans des foyers de jeunes, des étudiants ont été surpris par la « résistance », les attitudes de « fuite » rencontrées chez les personnes qu'ils interrogeaient. Ces « blocages », ils les ont attribués à la nature de l'objet de leur enquête : comme si parler du sexe allait de soi, comme si leurs questions n'étaient pas autant d'effractions à l'intimité d'autrui!

Que dissimule la revendication contemporaine de la transparence? *La dictature du social*, pas moins : il faut que tout soit patent, visible (donc contrôlable), il faut réduire sans cesse la sphère du privé, il faut conduire, pour qu'elle s'y éduque et s'y socialise, la différence singulière dans le sûr asile de la maison de verre.

Il m'est arrivé de lutter pour quelques dévoilements, de tenter quelques démystifications — des mécanismes de l'information, du système de l'aide sociale, de l'édition —, me voici contraint aujourd'hui de prononcer ce dérisoire éloge de la dissimulation. Dérisoire : chacun sait que ce qui refuse de s'exhiber, de s'étaler est condamné.

ÉLOGE A LA DISSIMULATION

L'intolérable dans les pratiques carcérales (prison, asile, internat) est qu'elles n'autorisent même pas à ceux qui les subissent cet espace minimum de dissimulation qui évite à chacun la suffocation. Il paraît qu'on humanise les prisons; mais dans le même temps l'humanité s'emprisonne dans la visibilité obligatoire de l'étreinte sociale. Bientôt quartier de haute surveillance pour tous et *par tous*, bientôt liquidation absolue de l'espace privé, interdiction de rien cacher, jusqu'aux gestes les plus infimes, au regard étatique.

La transparence peut être un masque, le plus dangereux de tous. Quand il n'y aura plus rien à cacher, ni crime, ni bonheur, il ne restera plus rien à vivre. Tout fonctionnera au plein jour : et nous serons morts, infiniment visibles en cette maison de verre...

Table

Préface à la deuxième édition 7

Introduction 21

I. Le champ social : mécanismes d'invalidation, structures d'assistance 26

Comment on fait honte aux gens 27
Qui sont les travailleurs sociaux ? 33
Équipement, structures : l'audace du pouvoir 38

II. Sur les pratiques altruistes (capitalisme et philanthropie) . . . 45

Coup d'œil sur une politique en trompe-l'œil 46
Des faits 46
Des idées 49
Des mobiles 51
Pour une sociopathologie du bénévolat 54

III. La psychomédicalisation : ce que soigner veut dire 64

La détresse et le lucre 65
Position des psychiatres 69
Faits et dires de la psychologie ordinaire 76

IV. Un foyer : scènes de semi-liberté 85

Décrire 86
Éducateur ! 88
Pédagogie, quand tu nous tiens 89

Le couple directif 91
Scènes 93
Semi-liberté ou pleine répression ? 94
Qui regarde ? 97
L'amour éducateur 100
Liliane 103
La sortie d'Élisa 107
Que faire ? 110

V. **Modèles et messages éducatifs** 114

La pédagogie, l'enfant, la merde et les faciès éducateurs . . . 114
Les bons éducateurs et leurs œuvres 122
Le langage des institutions, ou comment les structures éduquent 129

VI. **En formation** 134

Les élèves : origine scolaire, cursus scolaire, motivations . . 135
Le désir de méconnaissance 137
Qui forme, et à quoi ? 139
Le sens désarticulé 142
Critique et technique — la main de l'aide maternelle 144
La question des « techniques éducatives » 147

VII. **L'éducation, l'aide sociale et la mort** 153

D'un trait remarquable du travail social 153
La danse de mort des théoriciens 154
Mort et société 155
Contradiction principale 156
L'éducation à la mort 157
La prohibition du suicide 160
Vers l'euthanasie douce ? 164
Pour en finir avec la fin 169

VIII. **Sur l'anti-éducation, positions et propositions** 170

IX. Pour un combat social 183

La lutte idéologique 184
L'engagement syndical 193
Choix et perspectives politiques 198

Conclusion 203

Annexes

Annexe 1. Le manifeste d'Amiens 209
Annexe 2. Des « caractérielles » écrivent 214
Annexe 3. Fragment d'un écrit anti-éducatif 217
Annexe 4. Éloge de la dissimulation 219

IMPRIMERIE HÉRISSEY À ÉVREUX (1-88)
DÉPÔT LÉGAL 3e TRIM. 1980. N° 5620-2 (44368)